U0062384

鶡華掃庵

鹊华秋色

赵孟頫的生平与画艺

李铸晋 著

上海人民美術出版社

图书在版编目（CIP）数据

鹊华秋色：赵孟頫的生平与画艺/李铸晋著. --上海：
上海人民美术出版社，2019.1（2020.5 重印）
ISBN 978-7-5586-1023-3

Ⅰ. ①鹊… Ⅱ. ①李… Ⅲ. ①赵孟頫（1254-1322）
-生平事迹②赵孟頫（1254-1322）-书画艺术-艺术评论
Ⅳ.①K825.72②J212.052

中国版本图书馆CIP数据核字(2018)第211424号

鹊华秋色：赵孟頫的生平与画艺
著　　者：李铸晋
审　　校：张天民
责任编辑：潘　毅
技术编辑：陈思聪
装帧排版：袁　力
出版发行：上海人民美术出版社
　　　　　（上海长乐路672弄33号）
　　　　　邮编：200040　电话：021-54044520
网　　址：www.shrmbooks.com
印　　刷：上海天地海设计印刷有限公司
开　　本：787×1092　1/16　16.5印张
版　　次：2019年1月第1版
印　　次：2020年5月第2次
书　　号：ISBN 978-7-5586-1023-3
定　　价：108.00元

目 录
Contents

序   VII

赵孟頫的生平

赵孟頫的世系   3

赵孟頫的师承   13

赵孟頫一家的艺术与文学   29

赵孟頫仕元的几种问题   41

赵孟頫的画艺

赵孟頫红衣天竺僧图卷   63

吴兴赵氏三世人马图卷   73

赵孟頫鹊华秋色图卷   95

赵孟頫二羊图卷   181

赵氏一门三竹图卷   227

序

赵孟頫研究的契机

　　在中国的文化艺术史上，赵孟頫无疑是一位最复杂且最难了解，但却是成就最高的中心人物。虽为宋宗室，却生长在南宋赵家已至穷途末路之时。及其壮年，更亲眼目睹南宋为蒙古人所征服，导致其大半生都生活在蒙古人的统治下。这样一位极其聪慧而又十分敏感的知识分子，身处变乱纷呈的宋末元初社会，其内心所感受到的痛苦可想而知。然而表面上，赵孟頫似乎颇能适应那个大时代，至元二十三年（1286），其接受元世祖忽必烈的邀请，成为首批南人赴大都（北京）之廷任高官之一员，这个个人决定不仅为其一生之转捩点，更为宋元之间的文化困境打开了一条新出路。

　　值得庆幸的是，赵孟頫经历的是元朝最英明的皇帝忽必烈的在位时期，忽必烈首先重用汉人、在政治上力求汉化，而后更任用南人来建立其功业，赵孟頫能够深刻了解忽必烈的方针，此亦为其过人之处。对我本人而言，赵孟頫研究也是我学术生涯中的一个新开端。我虽打小对文学艺术皆有兴趣，然对赵孟頫并无所知，可谓我开始接触赵孟頫的机缘并不算太早。小时习字时但以汉碑（《史晨碑》）为主，并无接触赵字，而文学上所读又皆为唐诗宋词，对元文学全无闻问。及至小学、中学的美术课程，一直都以铅笔、炭笔及水彩为主，没有国画课程。我在中学期间的兴趣则大半在电影及小说上，从无走入元朝文艺之路。大学时代正当抗战期间，我因主修英文而读了不少英、美文学名著，后来在一偶然机会下开始接触美术史。之后赴美留学，专攻西洋文学及艺术名作之余，我对中国传统艺术开始有了粗浅认识。

　　开始任教之后，由于身为中国人之故，每每都需回归中国文化传统，我因此才开始专注于对祖国文化传统的研究。那时的美国正值二次世界大战之后，对亚洲历史文化普遍都有浓厚兴趣，与此同时，台北故宫正式建馆，开始有正式的研究设施。而日本的汉学研究一直都十分蓬勃。也就在这样的大环境下，我沉浸于中国美术史的研究，并开始对赵孟頫及元画展开深入探索。

从着手赵孟頫研究至今，转眼已过了大约半个世纪。期间由于堪萨斯大学与普林斯顿大学对中国美术史教学的注重，以及克利夫兰博物馆对收藏元画持续不断的兴趣，使得整个元画研究相当蓬勃。许多关于元代书画家（包括钱选、赵孟頫、鲜于枢、李衎、高克恭、曹知白、盛懋、陈汝言、康棣、方从义、普明雪窗、朱德润、黄公望、吴镇、王蒙、倪瓒、王冕等人）的博硕士论文或学术专论都已出版。我们可以说元画研究以其特别丰富的收获，成为中国断代美术史上发展最大的一个朝代。

在此，我希望这本论文集可以作为一个里程碑，将来若有其他机会，我亦期待我的其他元画专论文章也能结集成册。

李铸晋 识

二〇〇三年冬

赵孟頫的生平

赵孟頫的世系

在赵宋宗室的世系里，有许多杰出的画家和书法家，
其中的赵伯驹、赵伯骕两兄弟，更是南宋时代青绿山水画的佼佼者。
因其"伯"字辈分，与赵孟頫的高祖赵伯况属同一辈，
所以一些研究者可能一时不察，
便阴错阳差地把赵伯驹列为是赵孟頫的曾祖父；
这个错误，李铸晋教授以抽丝剥茧的方式，
不厌其烦地详述赵孟頫的世系，最终证明赵伯驹与赵孟頫，
并非曾祖父与曾孙的关系，
最多只能说是同为赵宋宗室的远房亲戚罢了。

　　元代画家中，其政治、文化地位最高，影响最大，而艺术成就最为特出者，大概莫过于赵孟頫了。

　　关于赵氏的成就，笔者曾在本刊（编按：此指《故宫季刊》）发表过赵孟頫《鹊华秋色图卷》一文（第 3 卷第 4 期及第 4 卷第 1 期），其后又在《香港中文大学中国文化研究所学报》发表《赵孟頫二羊图之意义》（第 6 卷第 1 期）。最近又有机会对赵氏之生平及其艺术做了一些研究，涉及若干问题，愿在此陆续写下，供大家参考。

　　有关元代画史之研究，近十几年来，可谓十分蓬勃。以最近几年所出版的书籍而论，已有八种之多：《元四大家：黄公望、吴镇、倪瓒、王蒙》（台北：台北故宫博物院，1975）；张光宾，《元代书画史研究论集》（台北：台北故宫博物院，1979）；何惠鉴等，《黄公望、吴镇、倪瓒、王蒙》（《文人画粹编》，第 3 册，东京都：中央公论社，1979）；傅申，《元代皇室书画收藏史略》（台北：台北故宫博物院，1981），陈高华，《元代画家史料》（上海：上海人民美术出版社，1980）；姜一涵，《元代奎章阁及奎章人物》（台北：联经出版社，1981）；James Cahill, Hills Beyond A River（New York: Weatherhill, 1979）（编者按：此书已译为中文《隔江山色》，由台湾石头出版社出版）；John D. Langlois, Jr. Ed., China Under Mongol Rule（Princeton, N.J.: Princeton University Press, 1981）。最近台北又出版了《元人传记资料索引》（已出版两册）（编按：此套书籍为台北新文丰所出，目前已出有五册），这些书籍对于元代画史之研究，提供了不少参考材料。其他有关元代书画之论文，亦为数不少，尤以美国为甚，近来以元画为博士之论文者，其数亦颇为可观，所论及者计有：钱选、高克恭、鲜于枢、李衎、任仁发、盛懋、方从义、倪瓒、王蒙、顾瑛、王冕、黄公望、陈汝言，以及元宫廷画和元花鸟画等。反映了目前对元画之研究，正在蓬勃发展中，是一个很令人兴奋的现象。

对于元画之研究，无论从任何一个角度来看，赵孟頫都是一位中心人物。除了以上所提及笔者发表的两篇有关赵孟頫之论文外，近来比较专门的研究有姜一涵之《赵孟頫书湖州妙严寺》（《故宫季刊》第10卷第3期）及《赵氏一门合札研究》（《故宫季刊》第11卷第4期），陈葆真的《管道昇和她的竹石图》（《故宫季刊》第11卷第4期），张光宾之《辨赵孟頫书急就章册为俞和临本》（《故宫季刊》第12卷第3期），高居翰原著颜娟英翻译的《钱选与赵孟頫》（《故宫季刊》第12卷第4期），郑瑶锡之《元赵孟頫的书法与其对后世之影响》（《故宫英文双月刊》第12卷第4期），傅乐淑的《万柳堂图考》（《故宫季刊》第14卷第4期）。穆益勤之《赵孟頫的绘画艺术》（《故宫博物院院刊》1980年第4期），Richard Vinograd 之《赵孟頫江村渔乐图》（ Artibus Asiae, 40: 2-3 ），和李雪曼的《赵孟頫江村渔乐图》（ The bulletin of the Cleveland Museum of Art, Oct. 1979 ），以及笔者之《元初蒙古统治下吴兴艺术的发展》（ 收录于 John D. Langlois, Jr. Ed., China Under Mongol Rule ）。以上乃最近一般元美术史学者对赵孟頫研究之具体成果。

除了以上所提起之外，在现有的资料中，历史之材料、地方志、文集、书画史籍，以及现存的书画卷轴上，有关赵孟頫的资料，可说是在元代画家中最丰富的。现拟加以整理，以札记的体裁陆续发表。材料既多，问题也愈复杂，错漏在所难免，尚祈海内外从事美术史研究之同道，能予赐正为感。

赵孟頫的家世，据一般所知，是宋宗室。然未得其详。最近因研究某些问题，特地把他的家庭世系，逐步澄清。赵宋的世系，在宋史中记载得颇为详细[1]。自宋太祖以下，每一代排名的第二个字是完全一致的，在世代的关系上，交待得较清楚，因而一些问题也较易于解决。

根据《松雪斋文集．外集》之《五兄圹志（代侄作）》[2]，赵孟頫的世系已显示大半。这篇志是由赵代他的侄子由辰为其五兄孟頫（1251至1305）之死而作（孟頫行七）。孟頫在宋朝时，曾以父荫任微官。入元之后，即退隐，"日以翰墨为娱"且喜与名僧游。孟頫在志中提到其家世：

先君讳孟頫，字景鲁，姓赵氏。宋秀安僖王至先君六世矣。宋南渡，自大梁来居吴兴，遂为吴兴人。曾祖师垂，宋太师，新兴郡王，谥恭襄……祖讳希永，宋朝奉直大夫，华文阁赠通议大

1 赵宋的世系在《宋史》中甚详，见《宋史》（《四部备要》本，台北：中华书局，1965）卷215至卷241。

2 见《松雪斋文集》（《四部丛刊》本）外集，页16至17。

夫……考讳舆訔，宋正议大夫，户部侍郎，赠银青光禄大夫……

由是可知，孟頫之先人，自秀安僖王南渡之后，即世居吴兴，至孟頫是为第六代。如果继续从宋史追溯其世系，则可知其为宋太祖第四子秦康惠王德芳之后裔。自宋太祖以来，孟頫是为第十一代，其世系表如下：

太祖匡胤—德芳—惟宪—从郁—世将—令僧—（南渡后）子偁（秀安僖王）—伯圭—师垂—希永（戙）—舆訔—孟頫[3]。

南渡之前，大概都世居汴京；南渡以后，则世居湖州。此为其家庭历史之概况。

以上所列的，只是一个正式的族谱世系。如果我们多注意一下，可以发现一些特点。首先，从世系来看。宋太祖有四子，但其中二子均早死，故仅剩二子。一为二子德昭，即燕王。另一为四子德芳，即秦王，是为太祖所传的另一支。这一支经过五世，至南渡时，大概和原来德昭的一系，已相当疏远[4]。宋室南渡，或有许多宗室未曾南迁。而高宗的儿子却都早死，因此纳了子偁的第二子伯琮入宫，后来立为皇太子，是为孝宗（1163~1189 在位）。子偁的长子伯圭仍保持其家的一支[5]。由是，本来他们这支已跟皇室十分的疏远，却又密切起来，有了亲生兄弟之亲。孟頫虽然隔了五代，然而与皇室的关系，又因而较近了。以他这种关系，入元之后，因元世祖之召而仕元一生，是一个颇大的转变，以致受了不少的责难。

其次，在血统上，也有一个特别的问题。杨载在他的《赵文敏公行状》中，有如下的记载：

公讳孟頫，字子昂，姓赵氏。宋太祖子秦王德芳之后。五世祖秀安僖王子偁实生孝宗，始赐第湖州。故公为湖州人。祖孝太常府君早卒，无子。祖妣夫人郑氏，选同宗子之后。魏公本出兰溪房。时侍兄殿撰舆曓侹湖州。夫人一见，爱其凝重，曰："是真吾子，况昭穆又相当乎。"遂以上闻，内降许之。公魏公第七子也。[6]

3　见《宋史》，卷 222，页 17。此表与蒋天格之《辩赵孟坚与赵孟頫之间的关系》（《文物》，1962 年，第 12 期，页 27）一文中所列者完全相同。又姜一涵之《赵孟頫年谱》（未定稿）亦有详列，与蒋表相同。本文亦参考该稿材料。

4　关于德昭及德芳之传记，可参阅《宋史》，卷 244，记载甚详。

5　《子偁传》亦见于《宋史》，卷 244。

6　杨载之行状，附于《松雪斋文集》后。

以上所提到的是，赵孟頫的祖父希永早死无子，由其夫人选同宗子过继，结果选了与訔。这就是说，在血统上，他和他的祖父希永并无直接的关系。实际上，与訔是宋太祖第二子德昭的后代。但由于过继，这两支便合而为一。因此，孟頫可谓与太祖的两个儿子都有关系。在这一支上，他的世系应该如下所示：

太祖匡胤—德昭—惟吉—从节—世延—令续—子经—伯况—师寔—希瓛—与訔—孟頫。[7]

把这种关系澄清之后，我们可以将最近李雪曼所发表认为赵伯驹是赵孟頫的曾祖这一点，深入研究一下。李氏最近在 The bulletin of the Cleveland Museum of Art 曾发表《赵孟頫江村渔乐图》一文（Oct. 1979），曾引庄肃《画继补遗》中有关赵伯驹的一段：

赵伯驹，字千里，宋太祖七世孙。建炎随驾南渡，流寓钱唐。善青绿山水。图写人物，似其为人，雅洁异常。余与其曾孙学士，交游颇稔。备道千里尝与士友画一扇。偶流入厮士之手，适为宫中张太尉所见，奏呈高宗。时高宗虽天下俶扰，犹孜孜于书画间，一见大喜。访画人姓名，则千里也。上怜其为太祖诸孙，幸逃北迁之难。遂并其弟希远召见，每称为王侄。仕至浙东兵马钤辖。而享受不永，卒于是官。故其遗迹，于世绝少。余尝见高宗题其横卷长江六月图，真有董北苑、王都尉气格。（原见《画继补遗》，卷上，页3。1963年北京版。）

根据以上所录，李雪曼认为所谓"余与其曾孙学士，交游颇稔"之学士，应为赵孟頫。因赵为翰林学士承旨。按赵应元世祖之召，入京仕元，时为至元廿三年（1286）。庄为吴郡人，与赵熟识。故一切均吻合，似不成问题。也就是说，文中所谓学士，系指赵孟頫。

然而，就前述及之两重世系而论，赵孟頫的曾祖，实不可能为赵伯驹。以他本身的血缘关系来说，他的曾祖的上一代，同为"伯"字辈的是伯况。如果从他的本家世系来说，他的曾祖是伯圭，即孝宗的哥哥，故又非伯驹。再者，自《宋史》中把赵伯驹的世系查出，则又与前面的完全不同：

7　此表是根据《宋史》，卷215，页17之世系表构成。

太祖匡胤—德昭—惟忠—从谨—世恬—令畎—子笈—伯驹—
师舒—希焘—与道[8]

这些都是十分明显的。所以从赵孟頫的种种关系来说，无论在血统
或世系上，赵伯驹都不可能是他的曾祖。如果从太祖的二子德昭这支来看，
则赵孟頫是惟吉的一系，而赵伯驹属惟忠的一系，二者完全不同系。

吴升《大观录》载有赵孟頫题赵伯骕《万松金阙图卷》云：

> 宋南渡后，有宗室伯驹，字千里；弟伯骕，字希远。皆能绘
> 事，尤精傅色。高宗作堂，处伯骕禁中。意所欲画者，辄传旨宣索。
> 此《万松金阙图》，断为希远所作。清润雅丽，自成一家，亦近
> 世之奇也。孟頫跋。[9]

此画现在北京故宫博物院，最近发表于《中国文物》第4期。该
画无赵伯骕款印，是否其画，并无确证。孟頫跋居首，行书五行，字
迹佳妙，有款无印。这张画之题为赵伯骕，当系其首先鉴定。其后尚
有二跋。倪瓒题诗，壬子春（1372）作，虽未提到伯骕，然其后二句"留
得前朝金碧画，仙人天际若为招。"已暗示为伯驹、伯骕兄弟二人之作。
另有张绅一跋，与孟頫之跋相似，兹录于下：

> 二赵度江，高宗初未之知。无于市肆涂抹，与庸工杂处。后
> 为中宫画扇，始经宸览，即召对。赐印皇叔，外人不可得。此名
> 万松金阙，当是被遇后，写禁中景，故特工耳。齐郡张绅识。

除此三跋之外，尚有梁清标，安仪周藏印多方。画之作风甚为特别，
其笔墨与米芾及赵大年相近，但亦有其特殊之处。山头青绿，而有直
横墨点，与一般所谓青绿山水者，又有所不同，是一件重要的南宋初
年作品。徐邦达在其附文中，提到下列一点：

> 又按：赵伯骕的画，明清时流传就极稀少。友人抄示梁清标
> 题赵伯驹《兰亭修禊图》轴边跋，曾说：'余藏历代画七百余件，
> 独伯驹兄弟画如麟角凤毛。幸购得伯骕《万松金阙卷》，有松雪、

8 此表是根据《宋史》，卷
218，页30之世系表构成。

9 见《大观录》，卷14，页1。
又见安岐《墨缘汇观》，卷
4，南宋，页1。

云林、张绅等题识，疑信半焉。闻严荦（戴明说）处藏一纨箑小
幅松林栖鹤，有高宗题诗。借以相照，方知《金阙卷》无疑真迹。'
可为此卷鉴定补证，附录于后。(《中国文物》第 4 期，页 8)

此卷是否即为伯骕所作，虽仍有问题，但赵孟頫之跋，却完全真确。
如果赵伯驹确是他的曾祖，则赵必定会提及。然就跋内所言，似乎并
无直接关系存在。故二赵间之关系，实难以证明。

因此，我们的结论是：赵伯驹与赵孟頫并无任何直接的关系，只
是远亲而已。当然，还有其他可能存在。一是中国家庭常因无子而以
过继的方法以延续香火。这种过继，通常在族谱或其他正式记录上，
均漏而不载。在赵孟頫的父亲与嵩尚未过继之前，再上溯三代至"伯"
字辈之间，有无因过继之关系，而把他们之间的关系拉近，是很难说的。
但推敲起来，这种可能性也不大。再者，《画继补遗》上所提到的"学
士"，并不一定是指赵孟頫，或许另有姓赵的学士，是伯驹的后代。元
史卷 168，载有一位赵与㠭（1242~1303），字晦叔，宋宗室。浙台州黄
岩人。宋进士，为鄂州教授。宋亡，元世祖召见，为宋宗室任元官之
第一人，累至翰林学士，谥文简。与㠭既活至 1303 年，则庄肃 1298 年
《画继补遗》成书之时，当已是"学士"了。按《宋史》世系表，赵伯
驹之后裔，仅载有师舒、希㸄及与道三代，尚未及"孟"字辈的一代。
而这三代都似乎仅及宋，尚未至元。按，自"孟"字辈上溯，及"伯"
字辈，已相隔四代，当不止曾祖了。若自"与"字辈回溯，则"伯"
字辈恰为曾祖。据《宋史》卷 216（页 28），与㠭的世系向上推是为希
冲、师雍和伯沐。这和伯驹又有很大的距离。必也推至太祖二子德昭，
方为共同之祖先。因此，与㠭又似乎不是《画继补遗》中所提到的"学
士"。或许另有伯驹的后裔，是"与"字辈的，为庄肃所提及，而现存
的资料中已无可追寻，也有可能是庄肃本人弄错了。我们目前只能说，
赵伯驹与赵孟頫之间，似乎没有什么直接的关系。

除了血缘和世系，二赵之间可能有其他的关系。这是可以在此补
充说明的。原来伯驹、伯骕兄弟，虽寓钱塘，南宋初期，伯骕有段时
期曾任湖州太守[10]。伯骕与伯驹同以青绿山水著名，因此伯骕的作品，
很可能曾留传一些在吴兴一带，而为赵孟頫所见过。上面所提到的《万
松金阙图》就是一个很好的例证。赵孟頫必定看过不少他的画，因此
有充分的把握，来鉴定《万松金阙图》是他的作品，以画风而论，《万

10 《嘉泰吴兴志》载，伯骕
为"两浙西路提点刑狱
公事，淳熙六年（1179）
四月被旨兼权。"（卷 14，
页 49）。《万历湖州府志》
有云："淳熙六年，被旨
兼权，兼摄州事。"（卷 9，
页 19）。

松金阙图》似乎有影响孟頫的《鹊华秋色图》之处。我们现在谈到青绿山水之渊源，认为元初（或宋末）发源于吴兴，以钱选、赵孟頫二人为主[11]。从钱、赵二人上溯，则可及赵伯驹兄弟二人。盖因南宋初年，作青绿山水的，以他们二人为主。此外，还有赵大亨是他们二人的皂隶；另有张训礼，也是学他们的[12]。因此，赵伯骕与吴兴的关系，可能是钱选、赵孟頫二人青绿山水的渊源之一。还有，伯骕之孙希苍，字汉英，亦曾为湖州太守，这也是一个重要的关键（《吴兴备志》，第 5 卷，页 36）。

当然，以上这些资料，大半都是根据《宋史》而来。而《宋史》也可能有错。钱大昕及赵翼，都曾批评过《宋史》的重复与错漏[13]。原因是《宋史》的撰修，虽始于元初，而赵孟頫亦曾参与编修工作，然而实际正式的撰写，是在元朝晚期的 1343 至 1345 年间，由脱脱主持而修成。当时已是至正天顺年间，距元灭南宋已有 70 年左右。有了这一段时间上的距离，许多资料也许因此消失了。《宋史》之编撰，大致根据南宋史官已备好之资料，在元世祖时，已写成一些稿子，故脱脱及其他学者，仅花了两年多的时间，写成宋辽金史，如此重大的工作，其中错漏，当不能免。尤其是论及宋宗室世系，在南宋末年，因为局势较乱，也不免遗漏了许多。例如：据载赵孟坚与其弟孟淳，属南宋伯圭的一支，即应与赵孟頫相当接近[14]。检宋史宗室系表，则查不出伯圭系有这一支。表中其他数处，虽列有"孟坚"与"孟淳"，但并非列为兄弟，且与伯圭系无关[15]。故仅可能是同名而已。而"孟坚"与"孟淳"其中总有遗漏之处，与《图绘宝鉴》所载，又有所不同。赵翼亦曾指明，《宋史》中北宋的资料极为充实，但论及南宋，尤其是南宋末年，就遗漏了不少。这是因元军入临安时，造成破坏的结果。而赵孟坚家居海盐，虽与临安很近，但他的世系，却无法弄清楚了。

但话又得说回来，既然赵孟頫、赵与訔以及赵伯驹的世系，在宋宗室表上都相当清楚，想来不致有大错。如果未曾记载，那可说是遗漏了，既然已经列出，而且赵孟頫本人也提供了不少他家庭的史料，我们还是认为赵伯驹与赵孟頫之间的关系，仍然不可能是曾祖与曾孙。我们只能说他们同是宋宗室，而且是远房的，并非直属一系。这一点是比较能成立的。但在画风的渊源上，他们却可能有一些关系，这一点，以后当详细论及。

11　关于青绿山水，尤其是与赵孟頫的关系，最近有数种论文谈及，即 Richard Vinograd, "River Village-The Pleasure of Fishing and Chao Meng-Fu's Li-Kuo Style Landscape," Artibus Asiae, 40/2-3(1978), pp.124-134; Sherman E. Lee, "River Village-Fisherman's Joy," Bulletin of The Cleveland Museum of Art, 66/7(Oct. 1979), pp.271-288; Chu-Tsing Li, "The Role of Wu-hsing in Early Yüan Artistic Development Under Mongol Rule," John D. Langlois, Jr. ed., China Under Mongol Rule (Princeton: Princeton University Press, 1981), pp. 331-370; Richard Vinograd, "Some Landscapes Related to The Blue-And-Green Manner from The Early Yüan period," Artibus Asiae, 11/2-3(1979), pp.101-131.

12　关于赵大亨及张训礼的记载，见夏文彦《图绘宝鉴》（台北：商务印书馆，1956），卷 4，页 80。

13　赵翼《廿二史劄记》，卷 23。

14　赵孟坚及孟淳，均见夏文彦《图绘宝鉴》卷 4，页 69 至 70。

15　赵孟坚之世系表，见《宋史》卷 216，页 14。前面提到蒋天格之论文，亦以此为据，将赵孟坚世系表构成如下：

太祖—德昭—惟吉—守巽—世该—令款—子煜—伯颖—师尧（森）—希仰—与采—孟坚。

但此处并无列出孟淳之名。孟淳则列于卷 218，页 31 之世系中。是否有同名之可能，亦不可知。

趙文敏公小像贊

趙文敏公以唐人青綠濃自寫小像僅寸許而
湏眉活動風神蕭散然在循竹清流之地望
之使人塵慮銷鑠不問可知為文敏公也公題
其寫像時為大德己亥則是年公定在吳興八
之集賢直學士提舉江浙儒學時年四十有
七月歲囊於公者不曾一覩今去公五十有五載而後
晚之人思慕至治辛酉今去公五十有
民以每像贊見徵曰得託名其間豈非顧韋敢為
之贊曰
珠玉之容錦繡之胸烏巾鶴氅雲屋霜筇或容
與於湅波水竹之際或翱翔於玉堂金馬之中
人所度之不可及學問之不可窮此所謂松雪
其所知者以其文章之妙翰墨之工未盡知者
前也洪武八年乙卯三月初古翰林侍講學
士中順大夫知制誥同循國史兼太子
贊善大夫金華宗濂謹贊

赵孟頫的师承

天资聪颖、才气横溢的赵孟頫，

是中国艺术史上难得的书画全才，影响后世文人书画家甚巨；

但这么厉害的人物，却很少人谈到他的师承。

根据李铸晋教授的研究，赵孟頫除家学渊源外，

经史方面的知识得自吴兴大儒敖君善，

当时的"吴兴八俊"多出其门下；

佛道方面，则随温日观和杜道坚学过一些；

而其书法，则多赖摹仿古人碑帖自成一家；

至于赵孟頫的画艺，多数人认为赵曾向钱选学画，

其实应是两人友情甚笃，常在一起吟诗作画，

而互相影响所产生的误会！

赵孟頫天资聪颖，才气横溢。一般记载多论及他对当时或后世文
人书画家之影响，但很少谈到他个人的师承来源。然而，一位重要人
物之早年教育，是影响其将来任何成就的一项重大因素。赵孟頫学识
渊博，除了在文学、艺术、经史上有很高的造诣之外，还有不少关于
军事、政治、经济、社会等多方面的知识。因此，在这一方面，值得
我们深入研究。

关于赵孟頫早年的求学经过，目前资料很少。现在仅能从其他记
载略知一二。一个人才之形成，其父亲的影响，亦常为一个重要之因
素。孟頫之父赵与訔（1213~1265），在南宋晚年一直担任官职，初以祖
荫任饶州（江西）司户参军，其后历任盐官多次，浙江提刑司干办公事，
除知萧山县，通判临安府，监三省枢密院门，太府寺丞，知嘉兴府等。
孟頫生于1254年，时与訔差主管建康府崇禧观，故孟頫可能生于建康（今
南京）。往后数年，与訔任职镇江、隆兴（南昌）、临安（杭州）、平江（苏
州）等地，最后于临安官拜户部侍郎兼知临安府浙西安抚使，卒于任
内[1]，时为1265年，孟頫年仅12岁。以当时一般惯例而言，官员调职
家眷多同行；但远行就任者，则家眷未必同行。赵与訔家口众多，有子
八人，女十四人，虽年龄各异，且有婚嫁者，但在家人口仍甚多。如
每有调迁均同行，则变动颇大。而与訔任职之地，多数都离吴兴不远，
因此，大有同行之可能。据此而论，则孟頫幼年似应多在临安、平江，
以至于隆兴一带，来往既繁，而见识亦广。虽然在一个大家庭内，直
接受他父亲教导的时间不一定很多，但兄弟姊妹既多，又是皇族，因此，
必定延师在家指导。

有关赵孟頫之早期教育，仅得两种记载。一是孟頫所撰《隆道冲
真崇正真人杜（道坚）公碑》内云：

1 关于赵与訔的传记，其最
重要之来源当为《松雪斋
文集》卷8中之《先侍郎
阡表》，其他各地方志之
传多按此而来。可参考《成
化湖州府志》，卷19，页9。

> 孟頫粤从髫岁，凤慕高标。先君将漕于金陵，真人假馆于书
> 塾，携持保抱，缘契相投。[2]

这也就是说孟頫早年曾居金陵，并入书塾。大概是其幼年之时。另一记载是"松雪微时，尝馆于嘉定沈文辉、沈方营义塾"[3]。此项未指明何时，而赵与訔似未曾至嘉定任官，沈文辉其人亦无传可寻。因此，详情如何实不可知。然而赵氏既为宋之宗室，家庭于教育方面必定十分重视，以上所提到的两种书塾，似乎均有可能。

此外，明王肯堂《郁冈斋笔尘》亦有云：

> 赵承旨子昂，少于朱家舫斋学书，旧迹犹存。学乙字先作群
> 鹅乙乙乙乀，学子字不字，先作群雁孑孑孑孑，学为字如字
> 先作戏鼠ㄥㄥㄍㄌ，累幅以极其变。此法真行草飞白皆然，唯于
> 章草见之耳。（第2卷，页21）

这应是指他少年时期，专心学书法时所经历之训练。

1265年，赵与訔过世。杨载所撰之《行状》内云：

> 生母丘夫人，董（督）公使为学曰："汝幼孤，不能自强于学问，
> 终无以觊成人，吾世则亦已矣！"语已，泪下沾襟。公由是刻厉，
> 昼夜不休。性通敏，书一目辄成诵。未弱冠，试中国子监。[4]

《元史·本传》亦本此，并加注："为文操笔立就"[5]。由是可知！孟頫除得其父亲之教导外，亦曾受其母亲之督促。

孟頫丧父后二年，即1267年，年仅14岁即以父荫补官。大概最初多在临安一带。1274年调真州（今江苏仪征）司户参军。至1276年春，元将伯颜大军入临安止。其后赵返祖籍吴兴，专心读书。当时孟頫年方23岁，《行状》云：

> 皇元混一后，闲居里中，丘夫人语公曰："圣朝必收江南才
> 能之士而用之。汝非多读书，何以异于常人？"公益自力于学。[6]

2　见《松雪斋文集》卷9。按赵与訔在金陵期间似甚短，仅一年左右。孟頫之入书塾，可能在其少年时送之入学。

3　见《吴兴备志》卷29，页14。

4　杨载所撰《行状》，附于《松雪斋文集》之后。

5　《元史·本传》，见《元史》，卷172（《列传》卷59）。

6　见注4所提之《行状》。

这又点明他母亲对其学历之影响。

当时在吴兴，以老儒敖君善之学问最为高深。孟頫拜敖为师，学问大进。《行状》又云：

> 时从老儒敖继公质问疑义，经时行修，声闻涌溢，达于朝廷。

按：敖君善，字继公，福建长乐（今福州）人。其先徙居乌程，故寓居湖州。筑一小楼坐卧其中，冬不炉，夏不扇，出入进止皆有常度。日从事于经史。初为定成尉，以父任当得京官，让于弟。寻擢进士，对策忤时相，遂不仕。吴下名士从之游者甚众。赵孟頫、钱选以及名儒倪渊等，皆出其门。高克恭（一作高显卿）任浙西平章政事时（约1297~1301年之间）荐之于朝廷，授信州（江西）教授，命下而卒，著有《仪礼集说》20卷。[7]

吴兴当时有所谓"吴兴八俊"者，包括赵孟頫、钱选、牟应龙、萧何、陈无逸、陈悫、姚式及张刚父。这八人很可能大部分是敖的学生。虽然八俊中，有年长如钱选者，比赵孟頫大15岁左右，或有如牟应龙者，是湖州大儒牟巘之子，其中当以赵孟頫的学问为个中翘楚。张羽《静居集》有云：

> 吴兴当元初时，有"八俊"之号。盖以子昂为称首，而钱舜举与焉。

赵孟頫于1287年在大都所作的《送吴幼清（澄）南还序》中，曾提到敖君善，称其为"吾师"，其他六人则称之为"吾友"[8]。因此，赵与敖之间的关系是十分明确的。赵居吴兴期间，治尚书，作古今文集注，大概就是受了敖的影响，可惜这些书今都不传。赵序则收于《松雪斋文集》第6卷内。

赵孟頫一生中最尊敬的老师，大概就是敖君善。这也是中国过去的传统，最重视教授经史的老师，教授书画或其他技艺的则没有那么重要。根据中国之传统，对于一些僧道也十分尊重，而时常称之为师。赵孟頫对几位方外也称为"老师"，这是赵特别尊重他们的表现。

方外之中，年纪较长而被赵称为师的是温日观，或子温日观。温

7 《敖君善小传》见《嘉靖湖州府志》卷4，页3；《同治湖州府志》卷90，页23；《吴兴掌故集》（万历版）卷3，页11。

8 "吴兴八俊"之全部成员，最先见《张羽静居集》（《四部丛刊》本），卷3，页7。《静居集》刊于1491年。其实赵孟頫在其1287年于大都所撰之《送吴幼清南还序》中已列出其中六人为其友，再加上他本人，即有七俊。唯一未提及者是牟应龙，或许因为赵与牟父巘较熟，但与应龙则不太熟之故。序见《松雪斋文集》卷6。

字仲言，号知非子。华亭人。宋亡，出家萍游四方，至杭州玛瑙寺为僧。善草书，以水墨画葡萄自成一家[9]。赵孟頫曾题其《葡萄卷》云：

> 日观老师作墨葡萄，初若不经意，而枝叶肯繁。细玩之，纤悉皆具，殆非学所能至。俗人恳恳求之，靳不与一笔；遇佳士虽不求，辄索纸笔挥洒，无吝色。岂可谓道人胸中无泾渭耶。吾与师仅一再面。去冬曾君自吴来燕，辱以一纸见寄。相望数千里，不遐遗乃尔。展转把玩，因想胜风，欲相从西湖山水间，何可得也？……辛卯岁（1291）二月廿一日，吴兴赵孟頫。[10]

以此跋而论，赵孟頫之称温为师，或许是因为曾随温学过一些佛法。因为，温在宋亡后才出家，故赵随侍他时也应在宋亡之后。至于是否曾随他学画，则是另一问题。温日观专作葡萄，但在赵画中则未见有此题材，即使有亦极少。因此，赵画受温画的影响也不大。也许在当时对儒、佛、道，一般都相当的尊敬，赵也因此特别称温为"老师"了。

另一位被赵称为老师的，是上面已提过的道士南谷真人杜道坚（1239~1318）。杜为当涂采石人，年14，得异书于异人，决意为方外游。宋庆宗时赐号辅教大师，住武康昇元报德观，遂成为道教正一教之重要人物。元军南渡，庶黎涂炭，真人冒矢石叩军门，为民请命。元将伯颜厚待之，并送之大都，觐见世祖。因此，他也是南方正一教北上之第一人。上书言求贤、养贤、用贤之道。帝嘉纳之，命住持杭州宗阳宫。大德七年（1303），授杭州路道录教门高士。仁宗赐号"隆道冲真崇正真人"，依旧主持杭州宗阳宫，兼湖州计筹山昇元报德观、白石通玄观真人。以此常往来于杭州、吴兴之间，与赵孟頫时有见面。又于吴兴通玄观建揽古楼，聚书数万卷。著有《老子原旨》及《原旨发挥》、《关尹阐玄》、《文子缵义》等书，数十万言，皆理造幽微，文含混厚。读之者知大道之要；行之者得先圣之心。可谓学业淹深，文行俱备。延佑五年（1318）逝世后，孟頫为作《隆道冲真崇正真人杜公碑》[11]，内云：

> 孟頫粤从龆岁，凤慕高标。先君将漕于金陵，真人假馆于书塾，携持保抱，缘契相投。云间拜鸿濛为师，缅怀维旧，太白为紫阳铭墓。（《松雪斋文集》卷9）

9 《温日观小传》，曾由笔者写成，载于德国慕尼黑大学《东亚研究丛书》第17册之《宋人传记》（画家编）中，该书于1976年出版，温传见页147至150。

10 此卷著录甚多，见李日华《六砚斋三笔》卷1，页32；及吴升《大观录》卷50，页55。

11 此碑见《松雪斋文集》卷9。

由此可见孟頫与杜道坚的关系相当密切。杜较赵年长几廿岁，与赵与嵒相熟识，学问渊博，在元初道教中地位甚高。赵尊之为师，是极为自然的事。

现存资料中，《式古堂书画汇考》所载《赵集贤南谷先生帖》赵题云：

> 南谷先生杜尊师，余自儿时识之。居昇元观，来十年。昇元盖文子旧隐，其地常有光怪，亦仙灵所栖胜处也。师属余作老子及十子像，并采诸家之言，为列传十一传，见之以明老子之道。将藏诸名山，以贻后人。余谓兹事不可以辞，乃神交千古，彷佛此卷，用成斯美。师名道坚，南谷其自号云。至元廿三年（1286）元日吴兴赵孟頫。（卷16，页99）

这原是1286年所作之画的题识，原画与款识均已不存。但这一题识却把他们之间的关系说得很清楚。其时杜已受世祖委任为杭州宗阳宫住持，并兼昇元宫。赵当时以元入主中原，仍读书乡里。孟頫自儿时已识杜真人，故相知必深，而受教亦多了。赵尊称杜为老师，也是十分自然的。

《式古堂书画汇考》还载有《赵集贤南谷二帖》（卷16，页90），也说明了他们之间的感情。此外，赵孟頫的一位好友任士林，曾为杜撰《通元观记》，亦提及两人之间的关系：

> 道坚师有道之士。吴兴赵公时与之游，执弟子礼。以此知松雪于处逸道契相合，曾来白石崖，其留题亦当在大德间也。（《吴兴金石记》卷15，页12）

从这些资料来看，赵孟頫大概受益于杜道坚的道家思想不浅。后来赵之应程钜夫之召，赴大都仕元，杜也许亦曾鼓励之。

另一位方外，对孟頫有重大影响，而被他称为"老师"的，是中峰明本（1263~1323）禅师。在年龄上，其实中峰比赵年轻得多，小了9岁。他本姓孙氏，钱塘人。15岁时决志出家，想系元军入临安后，其个人对当时环境的反应。他先往天目山从高峰原妙（1238~1295），甚受器重，道法日高，声誉渐隆，诸公请住山开法，皆坚辞避之。至元间（1294 年之前），爱吴兴弁山幽寂，可栖禅，遂创庵名幻住。与赵子昂交，赵尊之为师。

中峰弟子祖顺于 1324 年所撰之《中峰和尚行录》[12]，载下列一事，时为 1303 年：

> 时吴兴赵公孟頫，提举江淛儒学，叩师心要。师为说防情复性之旨。公后入翰林，复遣问金刚般若大意，师答以略意一卷。公每见师所为文，辄手书，又画师像，以遗同参者。（《中峰广录》卷 30，页 9）

其下又载 1318 年事：

> 九月，上（仁宗）顾谓近臣曰："朕闻天目山中峰和尚道行久矣。累欲召之来，卿每谓其有疾，不可戒道。宜褒宠，旌累之。"其赐号佛慈圆照广慧禅师，并赐金襕袈裟。仍敕杭州路，优礼外护，俾安心禅寂。改师子禅院为师子正中禅寺。诏翰林学士承旨赵公孟頫撰碑以赐。（《中峰广录》卷 30，页 106 至 111）

由此可见，赵孟頫无论于公、于私，对中峰都十分敬重。

又，虞集所撰《有元敕赐智觉禅师法云塔铭》，其中亦提到二人之间的关系，且更为明显：

> 翰林学士承旨赵公孟頫，每受师书，必焚香望拜。与师书，必自称弟子。（《中峰广录》卷 30，页 18）

此外，宋本所作《有元普应国师道行碑》亦提及：

> 以故当世公卿大夫，器识如敬君威卿，清慎如郑君鹏南，才艺如赵君子昂，一闻师之道，固已知敬；及接师言容，无不歆美终其身。（《中峰广录》卷 30，页 24）

赵孟頫之于中峰，一直都十分敬重且尊之为师，由是可见。

这种关系，在赵孟頫的书画上，所提到的资料也不少。例如《石

12 关于中峰明本事迹，此行录最详。一般有关中峰小传均据此而来。载《中峰广录》（洪武版）卷30。

渠宝笈》所载赵之《为月林上人书苏轼古诗》，款云：

> 大德十年（1306）十月初，余谒中峰老师，适他出。与我月林上人话及东坡次韵潜师之语，出纸墨索书一通，以为禅房清玩。呵！呵！三教弟子赵孟頫记。（卷30）

另又有《中峰上人怀净土诗后系赞》云：

> 净土偈者，中峰和尚之所作也。偈凡一百八首，按数珠一周也。悯群生之迷途，道佛之极乐。或驱而纳之，或诱而进之，及其至焉，一也。弟子赵孟頫欲重宣此义而说偈。延佑三年（1316）六月廿四书于大都咸宜坊。（《式古堂书画汇考》卷16，页24）

又自识云：

> 右中峰上人净土偈，因智俊上人衔中峰之命远来京师相看，故为俊公书此一卷，并画阿尼陀佛于卷首云。（《石渠宝笈》卷5）

1319年，管道昇逝世后，赵孟頫极为悲伤，前后上书中峰共数札，请求中峰为其亡妻化缘普渡。赵致中峰之函，现存者仍有九札，其中八札现在故宫所藏《赵氏一门法书》内，另一札现在普林士顿大学《赵氏一门合札》内，均为1319至赵本人逝世之1322年间所书[13]。赵屡次相求，其情最为真切感人者，乃延佑六年（1319）八月廿二日札：

> 孟頫自先妻云亡，凡事罔知所措。幸得雍子种种用力，稍宽焦烦。两日来眠食粗佳，但衰年无绪，终是苦恼。小儿时去东衡营治丧事，略有次第。择九月四日安厝，势在朔旦日起灵。区区欲躬诣丈室，拜屈尊者，为先妻起灵掩土。亦想师父寻常爱念之笃，勤勤受记。先妻于师父所言、所惠字、所付话头、未尝顷刻忘。今日至此，实是可怜。师父无奈何，只得特为力疾出山，庶见三生结集非一时偶然会合之薄缘耳。弟子本当亲去礼拜，而老病不可去；欲令小儿去，又以丧葬事繁，萃于此子，又去不得。故专浼月师兄代陈下情，惟师父慈悲，必肯为弟子一来。若蒙以

13 《赵氏一门法书册》载于《故宫书画录》（1955年增订本）卷3，页231至240。关于《赵氏一门合札》，最近有姜一涵一文记载讨论甚详，载于《故宫季刊》卷11，页23至50，第4期。

他故见拒，则是师父与亡妻不复有慈悲之念，而有生死之异也。
孟頫复何言哉！……八月廿二日。(《故宫书画录》卷 3，页 235
至 236)

结果中峰未允下山，仅派其徒千江庵主主持普渡之事。但赵与中
峰关系之深，对其教法之礼重，于字里行间可见之。又，至治元年 (1321)，
赵孟頫书中峰和尚《勉学赋》，全文甚长，其后赵跋云：

中峰和尚所作《勉学赋》，言言皆实，乃学人喫紧用力，下
工夫之法门也。岂止于老婆心切而已。学者于此玩诵，而有得焉。
于无奈处，豁然开悟，则此赋亦为暗室之薪烛，迷途之乡导矣。
因以中上人见示，于是疾书一过。至治元年三月廿二日吴兴赵孟
頫记。(《式古堂书画汇考》卷 16，页 85)

以上所录赵孟頫自称"三教弟子"者，实有其因。赵最尊重的老
师，有名儒敖君善，道长杜道坚，以及禅师中峰明本。三人都对赵之
思想颇有影响，而孟頫也一直尊称他们为老师，这都不是偶然的。赵
孟頫的思想从他们三人而来，继而综合为一，这也是赵的特别过人之
处。虞集尝题马远《三教图》卷云："近年吴兴赵公子昂，常称三教弟
子。"(《式古堂书画汇考》卷 14) 元朝士人画家中，自称三教弟子者不
少。这是元朝宗教上的一种特殊现象，或许由于在变乱的时代中，儒
士文人既因政治变动不得出仕，愤而出家为僧为道者不少。故道家之
北方全真教及南方之正一教都与儒家接近，提倡三教合一。佛教之禅
宗亦与儒者接近，故不少儒士都自称三教弟子。黄公望、倪云林，都
是其中表表者，赵氏个人或仍为前辈，先有此作风，而影响及于后辈。
无论从赵孟頫画风之形成，或书法之发展而论，都可谓集过去之大成，
启未来之先河。在思想上，则赵氏亦有此新发展，合儒、道、佛三家
于一炉，这也是他一生折衷汉、胡文化，综合儒家理学与元所推崇之
佛老为一之作风，更是他个人仕元的一种理想。[14]

除了以上所提到的几位之外，赵一生所熟识的方外友人不少，尤
以道教的正一教大师吴全节，与赵的关系也颇深，不过没有师生的密切，
所以在这里也不必多提了。

至于书画方面，赵孟頫的师承如何？一直没有完整的资料，因而

14　元代三教合一的观念，
请参见孙克宽《元代道
教之发展》(台中县：
东海大学，1968)，下
编，《元代道教的特
质》一文内；Wai-Kam
Ho, "Chinese Under
The Mongols," Sherman
E. Lee and Wai-Kam Ho
ed., *Chinese Art Under
The Mongols: The Yuan
Dynasty* (Cleveland: The
Cleveland Museum of
Art, 1968)。现存元画中
亦有题为三教合一者数
轴。

问题也极多。陶宗仪《辍耕录》载赵氏自题千字文一卷云：

> 因思自五岁入小学，即从师学书，不过如世人漫尔学之耳……

可知赵孟頫自幼即有所师承。然其时已远，无从查究谁为其师了。前面提到孟頫幼时曾学书于朱家，然未得其详。此外亦无其他记载。不过关于赵氏书法的渊源，后人有些研究，可以在此略提。明初宋濂题赵孟頫延佑三年（1316）书《高上大洞玉经》有云：

> 盖公之字法凡屡变。初临思陵（宋高宗），后则取钟繇及羲、献（晋王羲之、献之父子），未复留意李北海。此正所谓学羲、献者也。(《式古堂书画汇考》书部，卷16，页7下）。

又明中叶书画家文嘉，对赵书大有研究，其所题《高上大洞玉经卷》（另卷，与上不同）有云：

> 盖公于古人书法之佳者，无不仿学。如元魏常侍沈馥所书魏定鼎碑，亦常效之。谓其得钟法可爱，则其于元常（钟繇）固惓惓矣。至其晚年，乃专法二王。右军（王羲之）《黄庭》、子敬（王献之）《十三行》之外，不杂他人一笔，所以深造自得，为一代书学之祖也。(《式古堂书画汇考》书部，卷16，页6上）

另文嘉题赵之书白云法师净土词十二首，亦有同样看法：

> 按公于古人书无不临。近见其《千文》，谓时方师沈馥魏《定鼎碑》，以其有钟法，则于他书临习者多矣。故能会萃众美，书法大成。至谓虞、褚而下，又谓上下一千年，纵横二万里，无有与并者，岂虚语哉。(《式古堂书画汇考》书部，卷16，页88上）

宋濂、文嘉，虽非赵孟頫同时人，但因有半世纪以至一世纪半之时间距离，而对赵书法渊源，所见甚为精到。因此可知赵书法之成就，靠其直接师承者少，赖其摹仿古人碑帖者多。赵之书画款识，一向甚少提及其师承。书法作风，赵都从古人碑帖中来，尤以汉魏间之钟繇，晋之王羲之、献之父子，及唐之李北海为最，所谓"会萃众美，书法大成"，自成一家者，即是他个人的独特成就，实已超越任何师承。因此，后人很少提及他的老师，而多论及其所学碑帖。此乃赵氏书法特点之一。

至于赵孟頫的画法，历来资料亦甚少谈及。似乎其画之师承，一如其书法，系自学古人而来。这可以根据《图绘宝鉴》所载"书法二王，画法晋唐，俱入神品。"得到印证。但现存资料中，有数处提到赵孟頫尝从钱选学画，这是一个颇大的疑问[15]。钱、赵两人关系之深，自不待言。又两人皆为吴兴人，都生于宋季，曾任宋官。宋亡后，均返乡居，潜心于学，遂皆为"吴兴八俊"之成员。两人之中，钱选年纪较大，钱约生于1240年左右，故较赵约年长十四五岁。1262年，钱已是进士，其时钱之学问当较赵为高深。但后来二者同住吴兴，成为"八俊"时，赵则俨然为其首。故二人实各有所长。在宋亡后十年间，隐居吴兴之际，或许成为至友，时以诗文酬唱，互赠书画，亦是可能。在赵孟頫之诗文中，则从未称钱选为师。也许在当时的中国社会，一般称之为师的，多限于经史或诗文方面的老师。在书画方面，只是互相观摩研究，并不完全视之为师。赵孟頫在其《送吴幼清南还序》中，有如下一段：

> 吾乡有教君善者，吾师也。曰钱选舜举、曰萧何子中、曰张复亨刚父、曰陈悫仲信、曰姚式子敬、曰陈康祖无逸，吾友也。……余既书所赋诗三章以赠行，又列吾师友之姓名。使吴君因相见而道吾情。至杭见戴表元率初者，鄞人也；邓文原善之者，蜀人也，亦吾友也。其亦以是致吾意焉。（《松雪斋文集》卷6，页6至7）

15　关于钱、赵二人师生关系的问题，下列各文章内亦有论及，意见不一：James Cahill, "Ch'ien Hsüan and His Figure Paintings," *Archives of The Chinese Art Society of America*, XII（1958），pp.11-29；Wen Fong, "钱选的问题"，载于 Art Bulletin, XLII（Sept. 1960），pp. 173-189；Li, Chu-tsing, The Uses of the Past in Yüan Landscape Painting, Christian Murch eds., *Artists and Traditions: Uses of the Past in Chinese Culture* (Princeton: The Art Museum, 1976), pp. 73-88。

赵孟頫书此序之时，是于至元廿三年（1286）应程钜夫之邀至大都觐见元世祖途中，抵维扬而会吴澄，吴亦应召去京。至京后，孟頫颇受恩宠；而吴澄则甚失望，故即请准南归。赵书此序为别，时至元廿四年（1287）初，当时恰为赵隐居吴兴十年之后。如果赵孟頫与钱选系师生关系，赵当有所说明。但在序中赵仅称钱为"吾友"，显然已表明了他们两人之间的关系。或因两人友情虽笃，来往亦多，但多以朋友关系相待，故赵不曾称钱为师。

在其他的资料中，却有不少提到赵孟頫尝从钱选学画之事。现列于下：

张雨题钱选《浮玉山居图卷》（现藏上海博物馆）："吴兴公
蚤岁得画法于舜举。舜举多写人物、花鸟。故所图山水当世罕
传……"

黄公望题同卷："雪溪翁，吴兴硕学，其于经史贯串于胸中，
时人莫之知也。独与敖君善讲明酬酢，咸诣理奥。而赵文敏公
尝师之，不特师其画，至于古今事物之外，又深于音律之学。
其人品之高如此，而世间往往以画史称之。是特其游戏，而遂
掩其所学。"

王思善《士夫画》（见《六如居士画谱》内）："赵子昂问钱
舜举曰：'如何是士大夫画？'舜举答曰：'隶家画也。'子昂曰：'然
观之王维、李成、徐熙、李伯时，皆士大夫之高尚。所画盖与物
传神，尽其妙也。近世作士夫画者，其谬甚矣！'"（此段亦见于《格
古要论》，略有不同）

倪瓒题钱舜举《牡丹卷》（现藏台北故宫博物院）："水晶宫
里仙人笔，曾就溪翁学画花。今日披图闲觅句，空青奕奕暎丹
砂（赵荣禄早年尝从钱公学画花鸟设色）。"（《故宫书画录》卷4，
页75）

陈继儒《妮古录》："钱玉谭，名选。宏才硕学，人品甚高……
赵魏公早岁从之问画法。乡人经其指授，类皆以能画见称。"（《湖
州府志》卷94，页11）

《两浙名贤录》："钱选，字舜举。乌程人。举进士，善诗画，
尤工花卉。设色有嫣然之态。论著以钱舜举画，赵子昂字，冯应科笔，
为吴兴三绝云。"（亦见《嘉靖湖州府志》卷16，页11）

以上所引，除最后一项外，都认为赵学画于钱。其中虽然无人完
全与钱、赵同时，但张雨、黄公望都很近，可说是他们的晚辈。尤其
是张雨，与赵孟頫相熟识，并从其学书法。因此，其说不可能无中生有。
奇怪的是赵本人仅称钱为"吾友"，从未称其为"吾师"。这应作何解释？
是一个问题。我们认为只可以说两人虽然年龄上有差别，但才能相若，
同居吴兴，同师敖君善，又同为"吴兴八俊"之一。二人友情本来甚
笃，以年龄而论，钱虽略为年长；以地位而论，赵则被认为八俊之首。
因此，赵之所以称钱为"吾友"，而不以"吾师"待之，可能是钱选早
以画名，孟頫则常观其作画，偶亦同时作画，因而从中获得若干启发。

由是，一些文士即因此而认为赵是钱的弟子。另有一种可能是，赵孟頫以宋宗室而仕元，颇受人责难；而钱选则拒绝仕元，以诗画流连终身，一般敬之为遗民。因之而有扬钱贬赵，强调钱为赵师之说了。

无论钱、赵二人师友关系如何，他们二人十分接近是毫无问题的。钱选的画有好些均有赵孟頫之题跋，如《八花图卷》（现藏北京故宫博物院）、《花卉二页》（现藏美国华盛顿弗利尔美术馆）、《牡丹卷》（现藏台北故宫博物院）等。又《松雪斋文集》中，也有六首为钱题画或唱和之诗，其中有些表示他对钱的敬慕，最能代表的是《四慕诗和钱舜举韵》一首：

> 子晳有高志，悠然舞雩春。接舆谅非狂，行歌归隐沦。周也实旷士，天地视一身。去之千载下，渊明亦其人。归来北窗里，势屈道自伸。仕止固有时，四子乃不泯。九原如可作，执鞭良所欣。（《松雪斋文集》卷2）

钱选原来的《四慕诗》可惜现已不存，不能与赵诗作一比较。但孟頫以诗唱和舜举之诗，其原意及音韵当与钱诗相关。因此，赵诗所提到的四位高士，即曾点（孔子弟子，疾礼教不行，欲修之）、陆通（字接舆，佯狂不仕）、庄周（亦不仕，而以天地为其挚友）及陶潜（辞官归田园），也就是钱选原诗中表示敬慕的对象，表明了钱本人不随赵孟頫及其他吴兴文士之后尘而仕元，因而自行退隐。最后四句，除了总结以上四子外，也足以表明赵对钱之处境及意志的一种了解。

元末苏州画家张羽，在其《静居集》内，有诗题钱舜举《溪岸图》，对钱、赵二人之关系，颇有特别观察，现特录之：

> 忆昔至元全盛日，天子诏下征遗逸。
> 吴兴八俊皆奇才，秀邸王孙称第一。
> 一朝玉马去朝周，诸子声名总辉赫。
> 岂知钱郎节独苦，老作画师头雪白。
> 江南没骨传者希，钱也得法夸精奇。
> 晴窗点染弄颜色，得钱沽酒不复疑。
> 今人祇知重花鸟，岂识此图夺天巧。
> 玄云抱石雷雨垂，苍山夹水龙蛇绕。

岸侧溪回共杳冥，蒲稗深沉映鱼鸟。

渔舟乍随远烟散，客子竞渡澄江晓。

自云布置师北苑，只恐庸工未深了。

卷余更有赵公题，字似钟王差未老。

郑侯得之恐神授，使我一见喜绝倒。

双溪流水清何极，城外南山空黛色。

文章翰墨何代无，二子侪能蹑其迹。

为君题诗三叹息，于乎古人难再得。

吴兴当元初时，有八俊之号。盖以子昂为称首，而舜举与焉。
至元间，子昂被荐入朝，诸公皆相附取宦达，独舜举龃龉不合，
流连诗画以终其身。故云二公之诗，各言己志。而子昂微有风意，
览者当自得之也。（卷3，页8至9）

　　这张画提到钱、赵二人的关系，及其对仕元的不同态度。虽然这
里提到舜举龃龉不合，大概只是表示他们二人对仕元看法之不同，但
在个人感情上，仍互相敬重保持友谊。因此，许多钱选的画都有赵孟
頫的诗跋。这些都显示了他们之间关系之密切。既然在许多资料中，
赵孟頫都未曾尊钱选为其师。因此，我们可以说，他们两人之间友情
甚笃，当赵早年之时，他们也许经常一起吟诗作画。年龄上，虽有差别，
但二人趣味相投，互相砥砺。所以，在赵孟頫这方面来看，钱是其"友"
而非其"师"；但以后人的角度来看，就以为他们有师生关系了。台北
故宫博物院所藏钱选《兰亭观鹅图卷》，有董其昌跋，指出其二人关系，
甚为中肯，兹录于下：

　　钱舜举宋进士，赵吴兴以先进事之。尝问士大夫画于舜举，
舜举曰："隶法者是"吴兴甚服膺之。及其自为画，乃刻画赵千里，
几于当行家矣。古人作事不肯造次，所谓人巧极天工错，不独赋
家尔尔也。[16]

　　即使以钱、赵二人之画而论，他们的画风也有相当近似之处，这可见
之于他们的山水画，但也不尽相同。尤其是二者的青绿山水，大概都受了
些晋、唐以及赵伯驹的影响。至于他们所形成的个人风格，则各具面目自
成一家。这种精神正是赵孟頫、钱选之所以成为元初名家的原因所在。

16　此画现有二本，一在故
宫，一在纽约大都会博
物馆，二本之章法完全
相同。董跋在故宫本，
字体甚佳，故可以接受
为真。此跋提及赵问士
大夫画于舜举之事，当
系以《格古要论》所记
为主。但董其昌对钱、
赵二人之关系有其见
解，甚为正确。见《故
宫书画录》增订本，卷4，
页73。

赵孟頫一家的艺术与文学

在中国美术史上，

赵孟頫一家的文学与艺术之成就，于元一代，

可算是最显赫的"艺术家族"。

在这个艺术家族中，赵孟頫是始肇立基业者，

无论在文学、经史、绘画、书法等各方面，都可以说是一代宗师；

其后第二代的赵雍、赵奕、第三代的赵凤、赵麟、王蒙（孟頫外孙），

也都有杰出的表现；尤其王蒙，除继承家学传统外，

又自创新意，被列为元四大家之一。

他们对于整个元代的画坛和文坛影响甚大，

然而这个家族却也随着元朝的灭亡而没落了。

在中国美术史上，赵孟頫一家的天才与成就，可算是最显赫的。东晋的王羲之、献之父子，唐代的阎立本、立德兄弟，李思训、昭道父子，都是早期的著名的艺术家庭。到了南宋，马远一家数代，人才辈出，至为有名。明清之后，这种家族的艺术表现，更为强烈。如文徵明一家数代，支配了明代后半期的苏州画坛。到了清朝，王时敏、王原祁祖孙，以及他们的后代，以及王石谷一家数代的建树，也支配了清代前半江南的画坛。这些都成为中国美术史上的佳话了。比较上来说，赵孟頫一家，人才众多，成就甚高，影响很大，对于整个元代的画坛及文坛，都占极重要的地位。本文把所知赵家的文艺人才列出，可以表现这一家族的大概。[1]

赵孟頫的一家，自宋南渡以后，即居湖州（即吴兴），传了五代，到赵孟頫。因为他们家中是宋宗室，而且南宋的第二代伯圭，是宋孝宗之兄，因此他们一家与朝廷关系很深，而历代都有任高官，但却没有以文艺知名。赵孟頫的父亲与訔（1213~1265），一生都多在江苏、浙江一带任官，曾知嘉兴、平江、临安等府及浙西安抚使等职。但并未以文艺知名，因此赵孟頫在书、画、诗、文各方面的成就，是他个人的，而非家中的传统。不错，宋代的帝王，以书画知名的不少，如仁宗（1023~1063）以画菩萨及马著名，徽宗（1101~1125）及高宗（1127~1162）均以书画知名，成就甚高。且在其任内，皆极力提倡书画。此外宋代三百余年间，王公、侍臣，以书画名者，不在少数。最著名者，如北宋神宗驸马王诜，宗室赵令穰等，都是中国画史上的重要人物。不过赵孟頫与他们太疏远了，所以并无什么直接的关系，但他与南宋宗室的画家，却可能有些关系。如南宋初年的宗室画家赵伯驹、伯骕（1124~1182）兄弟，都居临安附近，而且后者曾居吴兴一个时期。他

1　本文为笔者多年来所作元代画家赵孟頫研究之一部。与此有关之已发表文章有下列各种：有关赵之生平的有《赵孟頫的世系》，《故宫季刊》卷16，第2期（1981年冬季号）；《赵孟頫的师承》，《故宫季刊》卷16，第3期（1982年冬季号）；《赵孟頫仕元的几种问题》，《香港大学冯平山图书馆金禧纪念论文集1932-1982》（香港：香港大学冯平山图书馆，1982）。此外有关其绘画的有 The Autumn Colors

有两个儿子，都是画家。一名师睾（1148~1217），曾四尹临安，善画花草，另一名师宰，居天台临海，善画竹。他们所居与临安、湖州都不远，因此他们的画艺，可能对赵孟頫有些影响。其他有住在海盐的赵孟坚、孟淳二兄弟，都是著名画家，孟坚曾为湖州椽，而且他在赵孟頫出生之时，仍然在世，故对后者一定有相当的影响，他的白描兰蕙、水仙和孟淳的墨竹，可能影响了孟頫的竹石。此外居住在湖州还有一位与孟頫同辈的孟奎，以竹石、兰蕙名。他的父亲赵与訔（1179~1260），是宋朝的进士，曾知平江府，但世居湖州。他的弟弟与懃，原居青田，后曾知临安府，亦以墨竹名，其收藏古书画极为丰富。赵孟頫年轻时，亦可能曾见其所藏。

赵孟頫小时，随其父任官而迁移。多在平江、临安一带，但他12岁时，其父卒于临安，葬湖州。到他14岁时，即以父荫补官，大概都在临安附近。到1276年，他23岁，元军取临安，他就回到湖州，读书10年。1286年，程钜夫奉元世祖之命，赴江南网罗人才，孟頫奉召赴北京。也在同一年他与管道昇结婚。1289年，其子赵雍出生，其后又生赵奕。后来赵雍又生子赵凤、赵麟，都能画，因此赵孟頫全家及亲戚，从事书画或诗、文者不少，现将其一家之文艺人物列下[2]：

一　赵孟頫的父亲有子八人，赵孟頫排行第七。另有女十四人，因此他同辈的亲戚就不少，其中于书、画、诗、文著名的有数人：

（一）赵孟頵，字子奇，赵孟頫的长兄，曾任将仕佐郎，杭州路儒

---

on the Ch'iao and Hua Mountains: A Landscape by Chao Meng-fu (Ascona, Switzerland: Artibus Asiae, 1965)，中译本《赵孟頫鹊华秋色图卷》分载于《故宫季刊》卷3，第4期与卷4，第1期，另北京人民美术出版社有简化字单行本，1990 年 刊；" The Freer Sheep and Goat and Chao Meng-fu's Horse Paintings, Artibus Asiae, vol. 30, no. 4 (1969), pp. 297-326，中译本《赵孟頫二羊图的意义》载于《香港大学中国文化

研究所学报》卷6，第1期（1973年）;《赵氏一门三竹图卷》,《新亚学术集刊》,"中国艺术专号"，第4期（1983年）;" Grooms and Horses by Three Members of the Chao Family," Alfreda Murck and Wen Fong eds., Words and Images: Chinese Poetry, Calligraphy and Painting (New York: Metropolitan Museum of Art, 1991);《赵孟頫红衣天竺僧图卷》, 辽宁省博物馆藏宝录编辑委员会编,《辽宁省博物馆藏宝录》,[上海：上海文艺出版社；香港：三联书店（香港）有限公司，1994]；此外其他有关赵孟頫之元画论文中，有下列各篇:"Role of Wu-hsing in Early Yüan Artistic Development under Mongol Rule," John Langlois, Jr., ed., China under Mongol Rule (Princeton: Princeton University Press, 1981);《从元初到元末：谈元画的转变与锐变》, Wai Kam Ho ed., Chinese art under the Mongols : the Yuan dynasty (1279-1368) (Cleveland: The Cleveland Museum of Art, 1968);《元画之复古与创新》, 1991年台北《台北故宫博物院国际讨论会论文集》。

2　本文提及赵孟頫家族各成员中，其参考材料可见下列出版之数种书中：王德毅、李荣村、潘柏澄合编《元人传记资料索引》（台北：新文丰出版公司，1980~1981）；陈高华编著《元代画家史料》,（上海：上海人民美术出版社，1980）；任道斌《赵孟頫系年》（郑州：河南人民出版社，1974）。其他另有出处者另在文中注明。

学教授。(见赵孟頫《先侍郎阡表》,《松雪斋集》, 卷 8)。

（二）赵孟頖（1251~1305）, 字景鲁, 孟頫的五兄。宋时曾以父荫任官临安。宋亡不仕。"日以翰墨为娱。书《九经》一过, 细字谨楷, 人传以为玩。喜与名僧游, 书《莲花》《华严》《楞严》《圆觉》《金刚》诸经, 皆数过。"(见赵孟頫,《五兄圹志·代侄作》,《松雪斋集·外集》)。

（三）赵孟籲, 字子俊, 孟頫之弟, 继孟頖之后, 亦任元官, 大德元年, 曾官至延平路（今福建南平）同知。画人物、花鸟。与孟頫颇接近。《松雪斋集》中, 有诗多首, 皆为子俊作。其画已无存, 惟其书迹, 仍见于赵孟頫画卷之题跋中。(《图绘宝鉴》及《书史会要》均有记载)。

（四）张伯淳（1243~1303）, 字师道, 浙江崇德人。孟頫姊夫, 宋咸淳进士, 曾任官临安, 宋亡后, 居家。至元廿三年（1286）程钜夫至江南搜罗人才, 与赵孟頫同被荐赴京, 授杭州路儒学教授。至元廿九年（1292）入京见世祖, 问政事, 皆称旨, 大为赏识, 授翰林院直学士, 拜侍讲学士。其诗文皆优, 有《养蒙先生集》。死后程钜夫为写墓志铭。(见程钜夫《程雪楼集》卷 17, 页 1,《翰林侍讲学士张公墓志铭》, 又《元史》有传, 卷 178, 页 15)。

二 赵孟頫家中之能书画者, 有下列各人; 及其同辈, 即赵家第二代:

（一）管道昇（1262~1319）, 字仲姬, 湖州德清县人。其父管伸, 以无子, 特钟爱仲姬, 因与孟頫同里, 至元廿三年（1286）嫁孟頫。至元廿六年与孟頫同赴大都, 其后随夫南北宦游。至延佑六年（1319）以疾自大都返吴兴, 舟至山东临清, 逝于舟中。手书《金刚经》至数大卷, 以施名山名僧。天子命夫人寄《千文》, 敕玉工磨玉轴, 送秘书监装池收藏……又尝画墨竹及设色竹图以进, 亦蒙圣奖, 赐内府上尊酒。"(见赵孟頫《魏国夫人管氏墓志铭》,《松雪斋集·外集》)。有子三人, 亮早卒; 雍、奕皆书画名, 女六人, 其一嫁王国器, 即王蒙之父。现存画中, 以北京故宫之《赵氏一门三竹图》之一段为最佳。(见李铸晋《赵氏一门三竹图卷》, 载《新亚学术季刊》, 1983 年)[3]。

（二）赵雍（1289~ 约 1363）, 字仲穆, 号山斋, 孟頫及管道昇次子。可能生于大都。少时随其父母南北往来, 已甚有名, 得与京城名流来往。柯九思有诗云 :"忆昔京华陪胜集, 郎君妙年才二十。" 1322

---

3 有关管道昇较详尽之研究, 见冼玉清,《元管仲姬（1262~1319）之书画》,《岭南学报》卷 3, 页 181~223, 第 2 期（1933）。

年孟頫故后，赵雍以父荫，初于 1327 年授昌国州（今浙江定海）知州，后又授淮安路海宁州（今江苏海州）知州。其后江南一带，以张士诚、方国珍、朱元璋等起兵自成独立势力，战火频仍，异常动乱。湖州一带，兵家所争，变乱尤烈。1352 年，红巾陷湖州，焚戮特甚。赵雍此时仍与元廷保持关系。1354 年，奉召入京，觐见顺帝，官至翰林院待制。但当时元政日衰，赵雍颇为失望。1356 年受任湖州路总管府事南返。虽系家乡，然一切均未如意，是年适张士诚叛元，派部下潘元明由平江督师攻吴兴，时防守者为苗军，虽仕元朝，其性残暴，居民受灾甚大。赵雍与苗军同处吴兴，想必困难重重，湖州一带，直至元亡，皆有战乱，赵雍何时逝世，亦不可知，仅知在 1363 年之后。赵雍姿貌雄伟，豪爽有风，有乃父风。尤工于书画，并时为其父代笔，人莫能辨云。善山水、人物、马牛及竹石。山水师董、巨，后亦有受郭熙影响。人马多师李公麟，此外并作兰、竹、界画及青绿山水等。现存之画，为数不少，其诗词亦佳，有《赵待制遗稿》（其材料见《赵待制遗稿》《图绘宝鉴》《吴兴金石志》《湖州府志》等）。[4]

（三）王国器，字德琏，号筠庵，吴兴人。赵孟頫第四女婿，赵雍姊夫。善诗词，好收藏书画及古玩。其子王蒙，为元末明初名画家。（见翁同文，《王蒙之父王国器考》，收录于艺文印书馆之《百部丛书》）。

（四）赵奕，字仲光，孟頫第三子，雍弟。举茂才，隐居不仕。日以诗酒自娱。工真、行、草书，可与其父乱真。作诗文皆有家法，尤好古雅。晚居吴中，与顾瑛友善，常在玉山雅集唱和。（见《画史会要》，《光绪重修归安县志》等）

（五）张景亮，孟頫外甥，可能为张伯淳之子。人欲得孟頫书者，多往景亮索觅。（见《过云楼书画录》书 2，页 2 下）

（六）赵由宸，字明仲，号云石道人，孟頫五兄孟頖之子。孟頫为其作《五兄圹志》。曾官承务郎松江府判官，曾题孟頫《人骑图》及李士行之《江乡秋晚图卷》。

（七）赵由儁，字仲时，孟頫侄。曾题孟頫《水村图卷》，又曾客于甫里陆行直之门。（见《湖州词征》卷 22，页 2 上）

三　赵家第三代，人才亦甚众：

（一）赵凤，字允文，雍长子，"画兰竹，与乃父乱真。集贤（祖孟頫）

4　有关赵雍生卒年问题，学者翁同文《画人生卒年考》，《故宫季刊》卷 4 第 3 期及姜一涵《画史随笔（八）》，《艺坛》第 90 期均有讨论，并继续有短文补充。此外又有 Jerome Silbergeld, "In Praise of Government: Chao Yung's Painting, Noble Steeds, and Late Yüan Politics," *Artibus Asiae*, vol. 46, no. 3 (1985), pp.159-198。

每题作已画，以酬索者，故其名不显。"（见《图绘宝鉴》）

（二）赵麟，字彦征，雍次子，"以国子生登第，今为江浙行省检校，善画人马。"（见《图绘宝鉴》）。元末曾为莒州（山东）知州。与顾瑛为友，常到昆山顾之玉山草堂，曾赋玉山草堂诗。其书画有乃祖之风，据王绂言，"今世传子昂画马，半系彦征所仿。"现存画不多，有《赵氏三世人马图卷》（美国纽约大都会博物馆藏）之末段，1359年作；又《相马图轴》（台北故宫藏）；《临阎立本萧翼赚兰亭图卷》（瑞士苏黎世瑞堡博物馆藏）。

（三）赵彦正，"仲穆侄，工画人马。"（见《图绘宝鉴》）。

（四）赵彦享，孟頫之从孙，通《周易》，至正乙己（1365）试艺浙江乡闱与荐。（见《宋景濂集》）

（五）赵肃，字彦恭，孟頫侄由宸之子，曾仕松江府华亭县务税课大使，及将仕佐郎。台北故宫现存有为其母《元松江府判官赵公宜人卫氏墓志》一卷，书于至正廿三年（1363）。卷后有王国器、赵麟等题跋，此外尚有元人郑元佑，谢恂，唐肃等题跋，其画承孟頫家法。此外又有《樵林枫叶诗帖》传世。

（六）王蒙（1308~1385），字叔明，孟頫外孙，赵雍之甥，王国器之子，元末四大家之一。"强记力学，作诗文书画尽有家法，尤精史学。游寓京师，馆阁诸公咸与友善，故名重侪辈。"（见《草堂雅集》）。元末曾进隐于杭州附近之黄鹤山，故又号黄鹤山樵。后又多居苏州，与当地文人时有雅集。张士诚据苏州后，曾多方收罗文士，王蒙，亦初在其下曾任理问。明初曾在山东任知州，后受胡惟庸案牵连入狱，1385年死于狱中。《图绘宝鉴》载"画山水师巨然，甚得用墨法，秀润可喜。亦善人物。"惟现存画迹，均为山水，仅有一竹石，但无人物。现存画迹颇多，多在台北故宫，北京故宫及上海博物馆。

（七）林静，字子山，号愚斋，孟頫外孙。曾祖弁、祖友信、父德骧，皆为武职，管军总管，俱读书知文。静髫龄时，即解缀篇什，有外祖赵文敏家法。研穷经史百氏，虽老释玄诠秘典，悉掇其芳润。从金华宋濂游，为诸生。郡县累辟不就，著《愚斋集》，宗濂为之序，亦能图画。（见《宋学士文集》《张光弼集》《苏平仲集》及成化《湖州府志》。）

（八）崔复（1318~1356），钱塘人。祖晋，隐居，好古，博雅，与赵文敏有世契之好，赵每过杭，必留其家，故复妻文敏孙、仲穆长女赵淑端（1318~1373）。洪武六年（1373），徐一夔为铭其墓，有云："复有学行，善绘事。"赵孟頫有《吴兴清远图卷》，早年所作（现藏上海博物馆），为复所得，作一摹本与复。有子崔晟，亦善画。（见《吴兴备志》)

（九）韩介玉，会稽人。沈梦麟《花溪集》（卷 2，页 216）有云："会稽儒者韩征君，渠是魏国赵公之外孙，胸蟠神秀有源委，落笔群峭生云烟。"又《为杜玄德题韩介玉山水十景》中，有"每爱韩生画，清温似魏公"（卷 3，页 16）句。张羽《静君集》有《韩介玉画为童中州掌教题注》云："介玉乃张仲举（翥）门人"，诗云："诸生白面今已老，三载儒官空潦倒。罢归百事无所为，万壑千岩咨挥扫。"（卷 3，页 13）。又《赵氏三世人马图》（大都会博物馆）赵雍自题有见武林韩介石者，可能为其兄弟。

（十）陶宗仪（1315~1403 之后），字九成，号南村，黄岩人。"称赵雍为舅，王蒙则为妻费氏之姨表兄。按赵孟頫有次女，适费雄，陶妻费氏当为其女。故陶当为赵孟頫之外孙女婿。陶工诗文，深究古学，元时举进士，一不中即弃去。家贫，教授自给。洪武初，累征不就。晚年，有司聘为教官。有《辍耕录》30 卷，《南村诗集》40 卷，《说郛》及《书史汇要》等。（见昌彼得《陶南村年谱初稿》)

（十一）沈梦麟，字原昭，吴兴人。为孟頫姻家，传其诗法，时称沈八句。又博通群经。大邃于易。元季应进士举，以乙科授婺州学正，迁武康令。后解官归隐，居华溪之滨。洪武二十三年（1390），上闻其经学，以贤良征，辞不起。后应聘入浙、闽，校文者三，会试同考者再。又聘为京闱考官，辞归。太祖称他"老诚官"，知其志不可屈，亦不强以仕。梦麟以七言律体最工，有《花溪集》三卷传世。（《两浙名贤录》卷 27，页 38，《吴兴备志》卷 7，页 26 下）。

四 此外还有第四代：

（一）崔晟，字彦晖，号雪林生。崔复次子，钱塘人。赵雍之外孙，曾隐居卖药于杭州盐桥市，口不二价，当时以为壶隐。爱吴兴山水，营别业一区于弁山之麓，号云林小隐，徐贲为作记，苏平仲为作《云林小隐词》。喜隶、篆、词、赋，画亦超诣，王蒙曾为作画。（见《吴兴备志》卷 21，页 1；《湖州府志》卷 90，页 26 上；《杭州府志》（1578）卷 75，页 12。）

从以上 23 人之略历中，可知赵孟頫一家在元朝四代中，每一代都有不少天才。他们和同辈的交往不少，因此影响很大，赵的书法，可说是差不多支配了元朝书法的发展，而他的画艺，亦对整个元代有多方面的影响。可惜现存的元画中，上列许多人，都没有画流传，但是前三代每代都有代表人物，留存的画不少。第一代以赵孟頫为主，而管道昇亦有作品留下，第二代以赵雍为主，现存的画亦有相当数量。第三代以赵麟为主，亦略有留存，但同代的王蒙，却留下不少作品。因此我们往返这三代的画家的作品中，就可以看到元朝画艺发展的大概。

毫无疑问，在赵家这几代的成员中，无论在书、画、诗、文等方面，赵孟頫都是一个承前启后的人物。他以官位甚高，南北宦游，才华超越，因此到处有机会接触不少古代名画，后六朝、隋、唐、五代、北宋以至南宋，所见名作不少，因此对古代绘画有很深而广的认识，而时常仿古作画，并认定"古意"为其作品中最重要因素之一。而且从仿古之中，他无论佛道、人物、花鸟、马羊、竹石、山水等的题材，都有采用。而技巧方面，他有着色，有青绿山水，有界画，有纯水墨，有白描，有飞白，有以书法作画，而在仿古之中，他亦注重新创，尤以在墨笔山水及竹石，贡献最大。因此他的画艺，是发源于传统，而且正如他强调界画之重要一样，必须对传统各种技巧，有根深蒂固的把握，才能从中创新。他虽然没有一本具体的画论流传下来，但在一些他自己作品的题识及在古人画上的题跋中，已有很多基本的概念表达出来。他这种理论，也就影响到他家族中数代的书画家，而且遍及整个江南绘画的发展。

到了第二代时，赵雍就继承了他的全部理论与技巧。赵雍的题材，也一样的广，现存画中，有人物，马牛，青绿山水，墨笔山水，着色花鸟以及竹石等，技巧方面，也有各种不同的表现，在与他同代的元画家中，他亦是多方面才能最广的，不过他只是一秉承父亲的后继者，在他的技巧及理论方面，可说并无多大独创之处。

第三代的画家中，赵麟还是一脉相传的承继祖父及父亲的作风，但以人马为主。以他现存的画来说，主要是画马，也有人物，但却未见山水。此外王蒙是元末明初一位重量级的画家，但他与赵雍、赵麟有很大的不同，后二位都只是赵孟頫的承继者，而自己创意不大。王蒙则不然，记载中虽曾提及他写人物，其实他的人物画，似乎已成为山水画了，现存北京故宫的《葛稚川移居图轴》，是一张着色画，以人物

元　王蒙　葛稚川移居图
北京故宫博物院

故事为题材，但从画上来看，则全画已以山水为主，人物仅出现于画下部一小段而已。这就表明，王蒙的主要绘画，实以山水为主。在他现存的画中，除了这一张人物故事画外，另有一张墨笔竹石轴（现藏苏州博物馆），其他的数十件，都是山水，而且大半都是墨笔山水为多，这就表明王蒙虽然从赵孟頫的家庭传统出来，却十分有创意，他与元末的许多文人画家一样，从仿古出来，却注重创新，以山水表达他心中的感情与理想，而予元末绘画以一种一新耳目的作风。

在政治方面，王蒙的作风，也有不同。赵孟頫开始仕元而赵雍、赵麟都以父荫，继续为元官。王蒙则似有不同，他元末时曾退隐于黄鹤山，但后来又与苏州的文士同入张士诚幕僚中，可能因有一段时间，张士诚服役于元。但入明之后，他就接受了明太祖之请，出任山东知州，他同代的赵家亲戚中，沈梦麟亦曾出仕于明，但赵家直属赵姓的后代中，却未闻有何出仕。因赵雍、赵麟等均系元官，丧身于兵灾之中，而其后代亦藉藉无闻。其后王蒙下狱，病死狱中，亦断去一线。赵孟頫一家之文艺天才,曾经引领过元代江南文人画的发展。但这一个家族,也随着元朝的灭亡而没落了。

至治元年八月十二日

松雪翁為中上人作

《趙氏一門三竹圖》局部

赵孟頫仕元的几种问题

赵孟頫以宋宗室的身份，出仕元朝为官，

并连续受到五位皇帝的赏识宠爱。

这在南人来说，算是十分难得的，但却也因此惹来责难非议。

从赵孟頫的时代一直到现在，正反两面的言论始终不断。

气节忠贞与现实生活的权衡，

常是中国文人心理上的矛盾，有时它也是一种文化的矛盾。

而本书作者李铸晋教授认为赵孟頫之有此书画全才的成就，

得归功于出仕元朝为官，才有机会南北往来，

在各地看到不少古人的名作，方能集大成。

从文化的角度看，这也是一种贡献。

　　赵孟頫是元朝初年一位代表性的人物。他以南人且为宋宗室在元朝任高官，无论在政治、经济、军事、社会上，都表现了他的才干与见识。尤其在文艺方面，诗、文、书、画以及音乐上，他都有极高的成就。关于他的生平，《元史》《新元史》和许多有关元史的书籍内，都有颇为详尽的记载。另有地方志、文集、札记等，有关他的资料，亦复不少。笔者最近把这些资料集中，正为赵氏撰写一个较为详尽的传记。[1] 其中有关他仕元的资料不少，所引起关于他仕元的问题也甚多。[2] 因此，现在先把这些资料作一整理，可以使我们对他之所以仕元的种种问题，有一较为客观的认识。有了这个基础之后，才能对他一生中其他的活动与行径，有进一步的了解。继而对他的艺术，能有更深入的认识。

　　赵孟頫是宋宗室，自宋太祖四子秦王德芳以下十代，皆曾任官职于宋朝。[3] 孟頫本人，于年近弱冠之时，亦以父荫任真州司户参军，至宋亡为止。至元廿三年（1268），元世祖命程钜夫赴江南，起用南方文士，得廿余人，以赵孟頫为首。自此以后，在大都，在山东，在江南，赵均任元官，前后蒙受五位皇帝之恩宠。他也因此颇受责难，后人以为他背弃其宋室传统，许多的故事传闻，也都含有对他的批评。这类事迹，最近有些新发现的资料，现列于下。

　　《元史》卷173《崔彧传》载："崔彧，字文卿，小字拜帖木儿，弘州人。负才气，刚直敢言，世祖甚器重之。至元十六年，奉诏偕牙纳木至江南，访求艺术之人。"[4] 此乃元世祖访求南人之始。然而这里所谓之"艺术"并非现代所谓之"美术"，而是相当于"技术"，即熟习机械、工程、建筑，以至于医术之人。正式访贤始于1286年，《元史》卷一七二《程钜夫传》所载有关搜访江南遗逸之事："（至元）廿三年，见帝，首陈：'兴国建学，遣使江南搜访遗逸。御使台、按察司，并宜参用南北

1　笔者过去发表之关于赵孟頫的研究有下列数种：The Autumn Colors on the Chiao and Hua Mountains: A Landscape by Chao Meng-fu（Ascona, Switzerland, 1965）；中译本由曾嘉宝译《赵孟頫鹊华秋色图卷》，载于《故宫季刊》卷3，第4期（1969年），页15至70及卷4，第1期（1969年），页41至70；"The Freer Sheep and Goat and Chao Meng-fu's Horse Painting," Artibus Asiae, vol. 30, no.4（1969），pp. 297-326，中译本由曾嘉宝译《赵孟頫二羊图的意义》，载于《香港中文大学中国文化研究所学报》卷6，第1期（1973年），页61至108；"The Uses of the Past in Yüan Landscape Painting," Chistian Murck ed., Artists and Traditions: uses of the past in Chinese culture（Princeton, N.J.: The Art Museum, Princeton University: distributed by Princeton University Press, c1976）；"The Role of Wuhsing in Early Yüan Artistic Development under Mongol Rule," John Langlois, Jr. ed., China under Mongol Rule（Princeton, N.J.: Princeton University Press, c1981）。其他有关赵的研究，过去最详尽的是冼玉清《元赵松雪（1254~1322）之书画》，《岭南学报》卷2，第4期（1933年6月），页1至

70。以及最近的陈高华《元代画家史料》(上海:上海人民美术出版社,1980);穆益勒《赵孟頫的绘画艺术》,《故宫博物院院刊》第4期(1979年5月),页26至34。此外最近较专门的研究有:姜一涵《赵孟頫书湖州妙岩寺》,《故宫季刊》卷10,第3期(1976年),页59至80及《赵氏一门合札研究》,《故宫季刊》卷11,第4期(1977年),页23至50;张光宾《辨赵孟頫书急就章册为俞和临本》,《故宫季刊》卷12,第3期(1978年),页29至50;高居翰(James Cahill)著,颜娟英译《钱选与赵孟頫》,《故宫季刊》卷12,第4期(1978年),页63至82;郑瑶锡《元赵孟頫之书法与其对后世之影响》,《故宫英文通讯》卷12,第4期(1977年9、10月),页1至9;傅乐叔《万柳堂图考》,《故宫季刊》卷14,第4期(1980年),页1至18;Richard Vinograd, "River Village: The Pleasures of Fishing and Chao Meng-fu's Li-kuo Style Landscape" Artibus Asiae, vol. 40, no. 2-3(1978);Sherman E. Lee. "River Village: The Joy of Fishing," Bulletin of The Cleveland Museum of Art(October 1979)。从以上所列的著作,亦可知赵孟頫的研究正方兴未艾。

2 关于元初南方儒士仕元的问题,过去也有不少的研究:周祖谟《宋亡后仕元之儒学教授》,《辅仁学志》卷14,第1、2期(1946年12月),页191至215;姚从吾《忽必烈对于汉化态度的分析》,《大陆杂志》,卷11,第1期(1955年7月),页22至32;《程钜夫与忽必烈平宋以后的安定南人问题》,《文史哲学报》,第17期(1968年6月),页353至379;孙克宽《江南访贤与延佑儒治》,《东海学报》卷8,第1

之人。'帝嘉纳之。"又:"……奉诏求贤于江南……。帝索闻赵孟藡、叶李名。钜夫临当行,帝密谕必致此二人。钜夫又荐赵孟頫、余恁、万一鹗、张伯淳、胡梦魁、曾晞颜、孔洙、曾仲子、凌时中、包铸等廿余人,帝皆擢置台宪及文学之职。"[5] 此外,曾在宋季任丞相之职的留梦炎,于1275年元军至其家乡衢州时降元,被起为礼部尚书,又迁翰林承旨,亦曾奉诏赴江南访贤。《宋史》、《元史》均无留传,其事迹仅见于其他传内(《元史》卷190熊朋来及牟应龙二传)。

这些记载,有几点应该指明。一是元世祖最想罗致的宋宗室人材是赵孟藡,而非赵孟頫。孟藡在元初,必有相当之名望,方得元世祖如此垂青。可惜他在《宋史》及《元史》均无传,何处人?有何特殊成就?都无法得知。但他与孟頫同为宋宗室,似无问题,而两人之名同冠"孟"字,当是同辈,故孟藡亦当居杭州或其附近。《宋史》卷222之世系表列有孟藡,可能是同一人。[6] 如果属实,则他与孟頫的关系并不太近。虽然都是秦王德芳的后裔,但已有八代之别,故十分疏远。他与孟頫是否相识?亦不可知。大概他较孟頫年长,在南宋晚年,可能与叶李一样,已位居高官,颇有政声,为元世祖所闻,因而想延揽他。程钜夫到杭州时,他或许没有接受邀请,因而留下来,以遗老终其身。钜夫在杭州时,很可能耳闻赵孟頫之名。赵当时已为"吴兴八俊"之

期(1967年1月),页1至9;Lao Yen-hsuan, "Southern Chinese Scholars and Educational Institutions in Early Yüan: Some Preliminary Remarks," John Langlois, Jr. ed., China under Mongol Rule(Princeton, N.J.: Princeton University Press, c1981),pp.107-133。

3 关于赵的世系,请参见笔者《赵孟頫之研究(一)》,《故宫季刊》,第16卷,第2期,页33至40。

4 《元史》(开明版《二十五史》本,台北:开明书店,1969),卷173,页406。

5 《元史》卷172,页404。孙克宽在其《江南访贤与延佑儒治》一文,已对所列各儒士,加以注释。其中除赵孟頫及张伯淳外,只有胡梦魁、曾冲子及余恁三人有史料记载,其他的均无可考。

6 赵孟藡之世系,见《宋史》(开明版《二十五史》本,台北:开明书店,1969),卷222,页577。

7 "吴兴八俊"一词,最早见于元末张羽之《静居集》(《四部丛刊》本),卷3,页7。《静居集》刊于1491年,其所有名单在唐枢等纂《湖州府志》(万历癸酉刊本),卷75,页2下,《张复亨传》中可见,即张复亨(刚父)、钱选(舜举)、牟应龙(伯成)、萧何(子中)、陈恬(信仲)、姚式(子敬)、陈康祖(无逸)及赵孟頫。其实赵孟頫在1287《送吴幼清南还序》中,早已列其中六人为"吾友",以介绍吴澄认识,仅未提及牟应龙而已。见赵孟頫《松雪斋文集》(《四部丛刊初编》本,上海商务印书馆据刊本缩印),卷6,页62。据张传:"皆能诗,号'吴兴八俊'。虞邵庵尝称唐人之后,惟吴兴八俊可继其音。"故此八俊当以诗而名。

一,[7]且居其首,故最先为程所罗致。而那时孟頫年仅三十二三岁左右,尚年轻,即受程之邀,以当时南宋遗老多聚居杭州一带而言,应属一种特别的荣誉。在程所访得的遗老二三十人中,赵孟頫特别受重视。《元史·赵孟頫传》云:"孟頫才气英迈,神采焕发,如神仙中人。世祖顾之喜,使坐右丞叶李上,或言孟頫宋宗室子,不宜使近左右,帝不听。"[8]从这一段来看,叶李乃元世祖指明要罗致者,且在南宋时曾为丞相,当是程所搜访中,最重要的一人。然世祖命孟頫坐其上,也就表明孟頫的确才气甚高。故即使年纪尚轻,已先得程钜夫之推崇,再而获世祖之赏识。这种表现,证明孟頫确有过人之处。

另一方面,赵孟頫之所以特别出众,也是因为程、崔抵江南时,许多宋遗老都不接受他们的邀请。前面提到的赵孟蕑,即是一例。其他还有不少,现仅列数人于下,以见大概:

一、文及翁,字时举,绵州人,徙居吴兴。宝佑元年(1253)进士,仕宋资政殿学士。景定间,言公田事,有名朝野。宋亡,元世祖累征不起。闭门读书,有文集20卷。[9]

二、方逢辰(1221~1291),初名梦魁,字君锡。严州淳安人。淳佑十年(1250)举进士第一,累官兵部侍郎、国史修撰,兼侍读,除吏、礼部尚书,俱不拜。入元,世祖诏御史中丞崔或起之,辞不赴,卒于家。[10]

三、方逢振,字君玉,逢辰弟。景定三年(1262)进士,历国史实录院检阅文字,迁太府寺簿。宋亡,退隐于家。元世祖诏侍御史程文海起为淮西北道按察金事,辞不赴。聚徒讲学于石峡书院以终。[11]

四、何梦桂,字岩叟,号潜斋。淳安人。咸淳元年(1265)进士,累官太常博士,监察御史。入元,家居。御史程文海荐之朝,授江西儒学提举。以疾辞,不赴。筑室小有源,不复与世接。著书自娱,有《潜斋集》11卷。[12]

五、何逢原,字文澜。分水人。咸淳间累官中书舍人。尝因轮对时政十事,言甚剀切。已而知时事不可为,遂引疾去。元至元中,御史程文海荐之朝,授福建儒学提举,辞不赴,卒于家。有《玉华集》10卷,《感遇诗》1卷。[13]

六、范晞文,字景文,号药庄。钱塘人。宋太学生。咸淳丙寅(1266)同叶李、萧规等上书劾贾似道。元世祖时,程钜夫荐晞文及赵孟頫于朝。孟頫应召即出。晞文初不受职,后除杭州路学,转长兴县丞。后居无

8 《元史》卷172,页404。

9 陆心源《宋史翼》(台北:文海出版社影印光绪刊本,1976)卷34,页9下。徐献忠,《吴兴掌故集》(明嘉靖三十九年湖州刊本)卷3,页6下。

10 黄溍《金华黄先生文集》(台北:艺文印书馆据1924年永康胡氏梦选廔刊本影印,1979)卷30,页1;万斯同《宋季忠义录》(《四明丛书》本)(台北:中国文化学院,1964)卷13,页7。

11 《宋史翼》卷34,页10下;《宋季忠义录》卷13,页8。

12 《宋史翼》卷34,页10上;《宋季忠义录》卷13,页8。

13 《宋季忠义录》卷13,页9。

锡以终。[14]

七、曾子良，字仲材，号平山。金溪人。咸淳四年（1268）进士，知淳安县。入元，程钜夫荐为宪金，不赴。[15]

八、丁易东，字石潭，又字汉臣。武陵人，或作龙阳人。宋咸淳四年进士，历官太府寺簿，兼枢密院编修。入元，隐于郡东黄龙坡，建精舍曰石坛。远近来学者众。郡守李彝、宪使姚抑斋交荐，皆不起。因授以山长，赐额沅阳书院。至元中，常德郡监哈珊仰其高风，植松万株，幽雅为一时胜。[16]

九、庞朴，字夷简。吴兴人。宋末补春秋员。家松陵。贾似道聘为塾师，不赴，锢不得试。从方逢辰讲学。元初诏行台御使访南士，征，不起。强至，再出，授翰林修撰，兼礼部，时校修宋、辽、金三史。总裁脱脱，同官多北人，欲统金附宋。朴引归，寓居南浔。赵孟頫、陈孚咸举倡和，自号五湖狂叟。[17]

十、祝泌，字子泾。德兴人。咸淳十年（1274）以进士授饶州路三司提干。传邵雍皇极之学。元世祖诏征，不赴。[18]

十一、章德茂，字德一。归安人。10岁能文，比长，不乐仕进。程钜夫荐之，不起。[19]

十二、孙潼发（1244~1310），字帝锡，又字君文。睦州桐庐人。宋咸淳四年（1268）进士，调衢州军事判官，有廉能声。宋亡，隐居不仕，以古人风节自期。御史程钜夫奉敕求江南遗贤，以潼发应诏坚辞不起。后前宋相留梦炎入元为吏部尚书，荐潼发，亦不起。卒于家。与乡人袁易，魏新之为友。[20]

十三、孟文龙，字震翁。吴人。宋昭慈后五世孙，官浙东提举。宋亡，平章史弼等荐之，以死辞。不出户庭者三十年。著《周易大全》2卷。[21]

十四、陈允平，字仲衡，号西麓。鄞县人。才高博学，一时名公卿皆为倾倒。放情山水，往来吴、松。著有《西麓诗稿》、《石湖渔唱》。元初以人才征至北都，不受官，放还。世尤高之。[22]

十五、谢国光，字观夫。嘉兴人。咸淳间，对策言时事剀切。主司畏贾似道，不使登第，补太学生，不仕。诏书侍御使程钜夫奉诏搜贤，咸荐国光。辄杜门称疾，以经史自娱。及卒，遗命题其墓曰："安节谢国光之墓"。[23]

十六、陆正，字行正。嘉兴人，居武原乡。博学笃行，通律吕，

14 张伯淳《养蒙先生文集》（台北，1970）卷2，页65至67；席世臣《元诗选》癸集（光绪戊子席氏扫叶山房刊本）之乙，页65。

15 《宋史翼》卷35，页8；《宋季忠义录》卷16，页4。

16 《新元史》（开明版《二十五史》本，台北：开明书局，1969）卷253，页3；陆心源，《宋诗纪事补遗》（台北：中华书局，1971）卷75，页18；《元诗选》癸集之甲，页19。

17 董斯张《吴兴备志》（《四库全书珍本》九集，台北：商务印书馆，1979）卷13，页29。

18 《宋史翼》卷35，页9上；《宋季忠义录》卷16，页11。

19 唐枢、粟祁编《万历癸酉湖州府志》卷8，页4。

20 《新元史》卷241，页459；《宋季忠义录》卷13，页10。

21 《新元史》卷235，页405；《吴中人物志》（台北：学生书局，1969）卷2，页9。

22 宋如林纂《松江府志》（松江府学明伦堂嘉庆二十三年刊本）卷62，页6上。

23 《宋季忠义录》卷14，页13。

象数之学。元侍御程文海荐之，不起。后与刘容城同征，俱不赴。隐居教授，其学以慎独存心为要。[24]

十七、王泰来（1236~1308），字复元。自金陵徙华亭。宝佑、开庆间，以诗鸣于时。由乡贡入太学，弃去，放浪江湖。至元中，侍御史程钜夫奉旨同叶李召见，馆于集贤。论事每至夜半，命中使及卫士炳炬导归以为常。将授以官，力请归。卒年73。赵孟頫为其作墓志铭。[25]

十八、宗必经，字子文。南昌人。景定二年（1261）以词学科发解。明年壬戌进士，判瑞州，晋藩兵副。与枢密陈宜中不合，谢归。及宋祚革，元世祖诏求江南人士，留梦炎，程文海交荐谢枋得等二十余人，子文与焉。固辞，追胁以去，械至元都，系狱三岁乃放还，归隐于家。[26]

十九、吴仲轩，进贤人。度宗时第进士。语江万里曰："国步日蹙，吾不复仕矣。"遂归隐，教授于乡，四方从游者众。侍御史程钜夫疏荐不起。[27]

二十、胡幼黄，字成玉。永新人。咸淳甲戌（1274）进士，授节度推官。宋亡，遂退居山中，创读书楼，日吟讽其中。元世祖用留梦炎等议令所在，搜求宋遗士，以闻同榜王龙泽起为监察御史。独幼黄邀进士豫章熊朋来、安成刘应凤，皆避匿不出，时论韪之。[28]

廿一、孙兴礼，字庆甫。宁都人。力行孝友。元至元间，御史程文海荐之，以病辞。后以孙飔贵赠官。[29]

廿二、刘诜（1268~1350），字桂翁。吉安之庐陵人。性颖悟，幼失父，知自树立。年12作为科场律赋论笔之文，蔚然有老成气象。宋之遗老钜公，一见即以斯文之任期之。既冠，重厚醇雅，素以师道自居，教学者有法，声誉日隆。江南行御史台，屡以教官馆职遗逸荐，皆不报。有《桂隐集》。[30]

廿三、白珽（1248~1328），字廷玉。钱塘人。年十三受经太学，以诗名于时。元丞相伯颜平江南，闻先生贤，檄为安丰丞，辞不赴。乃客授藏书之家，如是者一十七年。程文宪公钜夫，刘中丞伯宣前后交荐之，复以疾辞。[31]

廿四、吴澄（1249~1333），字幼清。抚州崇仁人。宋咸淳六年（1270）领乡荐。侍御使程钜夫奉诏求贤江南，起澄至京。与赵孟頫遇于维扬，同行北上。至京师未几，以母老辞归。孟頫有《送吴幼清南还序》。[32]

以上所举24人，各人境遇不同。有决不应召，隐逸以终者；有不赴京师，教授乡里者；又有初不应召，后强至京师，终失望而归者。吴

24 同上注，卷14，页14。

25 赵孟頫《松雪斋文集》卷8，页16；《元诗选》癸集之甲，页30。

26 《宋季忠义录》卷16，页1。

27 同上注，卷16，页2。

28 同注26，卷16，页3。

29 同注26，卷16，页17。

30 同注26，卷16，页19。

31 宋濂《宋文宪公全集》《四部备要》本，上海：中华书局，1934）卷19，页62。

32 《元史》卷171，页404；《松雪斋文集》卷6，页62。

澄初应召，至京失望即南归，而后又再出仕元。故各类情形均有。崔彧、程钜夫、留梦炎及其他奉诏赴江南访搜遗老以仕元，其对象当不仅此数。大概有不少优秀人才，或先受程、崔、留之邀请，而后决定不仕，因而被埋没的。[33] 以此而论，赵孟頫的应召仕元，也就显得较为特别。同时，更因为他是宋宗室，所以益遭后人之责难。

程钜夫于江南所请之文士中，不少都是宋宗室，或和其有关者。一方面表明了元世祖对宋之态度，是较为宽宏大量而肯用南人；另一方面，也点出他确有过人之处，而能鸿才大略，一揽天下。事实上，赵孟頫并非他所任用的第一位宋宗室之文士。在赵之前，世祖早已任用了赵与訔。《元史》卷168，提及其事：

> 赵与訔，字晦叔。宋宗室子，尝登进士第，为鄂州教授。至元十一年，丞相伯颜既渡江，与訔率其宗人之在鄂州者，诣军门上书，力陈不嗜杀人可以一天下，且乞全其宗党。后伯颜朝京师，世祖问宋宗室之贤者，伯颜首以与訔对。十三年秋九月，遣使召至上京，幅巾深衣以见，言宋败亡之故，悉由误用权奸，词旨激切，令人感动。世祖念之，即授翰林待制。朝廷立法，多所咨访。与訔忠言谠论，无所顾惜。进直学士，转侍讲。[34]

其后世祖对他更为器重，累迁翰林学士，死后并赠通议大夫。这都证明他受元重用，甚得世祖及成宗之信任。也许是由于他的献议，元世祖特派程钜夫南下，以招致赵孟蓰。但孟蓰不应，后来程找到赵孟頫及其姊夫张伯淳。这几位都是宋宗室的人，而孟頫及伯淳均应召至京，得世祖之重用。这也表现了元世祖对宋宗室的宽大。

赵孟頫仕元，甚受后人之责难。其实，赵确有许多苦衷。关于赵之生平，据一般所知，是在临安陷元之前，即1276之前，赵以父荫为小官。宋亡后，似返吴兴归隐，致力诗文。至1286年，程钜夫抵江南搜访，乃应召至京。但最近发现之资料，有所不同。其情形甚为复杂，而且也表出赵孟頫之态度。此一来源，是《宋史翼·赵若恢传》：

> 赵若恢，字文叔。东阳人，咸淳乙丑进士。宋亡，避地新昌山（此地未明何处，或可能在绍兴），遇族子孟頫，与居，相得甚。时元主方求赵氏之贤者。子昂转入天台，依杨氏，为元所获。若

33　关于元世祖最先采用汉人图治的情形，已有不少研究。注2所列周祖谟、姚从吾，孙克宽及劳延煊各文，均列有仕元之宋儒士。不过，各人所列，其目的均不同。本文所列者，为曾受程、崔、留或其他受元世祖命赴江南访搜遗老仕元而应邀不起的一部分，以见当时情形。

34　《元史》卷168，页398。

恢以间得脱。程钜夫之使江南也，有司强起之，称疾，且曰："尧、
舜在上，下有巢、由。今孟頫孟贯已为微、箕，愿容某为巢、由
也。"钜夫感其义，释之。[35]

　　由此可见，赵之仕元，并非如以前所认为他是十分情愿的。孟頫
的态度，当与一般宋宗室子弟一样，都以避隐为主。即使可能有些做作，
以表示他们的态度，这也至少说明他并非完全愿意应召的。赵的性格，
以及他对忠于宋与仕于元的情形，亦可在此见到。
　　赵孟頫之仕元，既非完全自愿。后来到了北京，虽然在南人仕元之
文士中，以官位及待遇而言，已相当不错，但他的境遇，也并非完全顺利。
杨载写他行状中，已提及许多这种事情，如初见世祖，世祖甚悦，使
其坐叶李上，因而受人谗言。他论至元钞法，又受人批评。他入朝稍迟，
受到笞辱。以及受世祖恩宠，自思必危，力请外补。这些在《元史》、《新
元史》内均有详述，不必赘叙。其他有关的，可在此一提。
　　赵孟頫应程钜夫之邀后，首次赴北京，途经维扬（今扬州），遇儒
士吴澄，同上北京。抵达后不久，吴即请南归，赵孟頫为他写一序，内云：

　　　程公思解天子渴贤之心，得临川吴君澄，与偕来。吴君博学
　　多识，经明而行修，达时而知务，诚称所举矣，而余亦滥在举中。
　　既至京师，吴君翻然有归志，曰："吾之学无用也，迂而不可行。
　　赋渊明之诗一章，朱子之诗二章而归。"吴君之心，余之心也。
　　以余之不才，去吴君何啻百倍，吴君且往，则余当何如也？[36]

　　由最后一句，可知赵孟頫初抵京后之境遇，也并不太如意。因而
见吴澄南归，他也藉此一抒自己的胸怀，这是很自然的。
　　责难赵孟頫的，多为宋末元初之儒士，且入元后退隐不仕的。赵
的同乡牟巘（1227~1311），宋朝进士，曾为大理少卿，以忤贾似道去官，
入元不仕，闭户 36 年，学者称陵阳先生。其子牟应龙，也是"吴兴八俊"
之一。因此，赵与牟氏父子都熟识。牟巘长孟頫几三十岁，是其长辈。
牟于宋亡后不仕，故对赵亦略有责意。不过他这种长辈之言，乃是一
种亲密中略含责备而已。在牟的《陵阳集》中，有《简赵子昂》诗：

　　　君维大雅姿，被服蔼兰丝。

35 《宋史翼》卷 34，页 11 上。
据《宋史》之世系表，"若"
字辈系由魏王十子而来，
因此与"孟"字辈的，又
是较为疏远的一支。"若"
字辈当与孟頫之父"与"
字辈的同辈。见《宋史》
卷 234 以下。

36 《松雪斋文集》卷 6《送吴
幼清南还序》，页 62。

胸次综流略，本本又元元。

手追七子作，凌厉气所吞。

馀事到翰墨，藉甚声价喧。

居然难自藏，珠玉走中原。

四年郎省户，小滞当高骞。[37]

另有《别赵子昂》诗云：

粉省是郎蹦晓班，暂随使传走人间。

荆州利得习凿齿，江左今称庾子山。

君意颇为蓴菜喜，人情争美锦衣还。

但怜老病匆匆别，白发如何更可删。[38]

《陵阳集》印行时之编者吴兴刘承干跋云：

先生诗文笃雅有节，在眉山、剑南间。而身丁易世，其嚼然不谆之意，时于诗文见之。如《简赵子昂》云："馀事到翰墨，藉甚声价喧。居然难自藏，珠玉走中原。"曰"藉甚"，曰"居然"皆隐寓不足之辞也。又《别赵子昂》诗云："荆州利得习凿齿，江左今称庾子山"亦以子昂之仕元而哀之也。

牟巘的诗，只是表露有点可惜，也并非完全责难。至于牟、赵之间，牟是长辈，他还赠赵以诗，则二人感情应属不错，而且他对赵的才识，大概也颇为欣赏，因而赠赵诗不少。牟巘身故后，其墓志铭也是由赵孟頫所撰的。可知他们关系甚深。牟子应龙，与赵一样，也曾任元官，可能是由赵所推介的。[39] 因为赵应程钜夫之召而任官，后来返杭州任江浙儒学提举，大概在任内推荐了不少他的友人出仕。所以牟巘的诗，仅略表可惜而已。

另有一位胡汲仲，对赵亦有相似之看待。《东园友闻》有如下之记载：

胡牧仲先生，以经学名世。行义闻望，著于东南。国初金、宋诸老宗之。吴兴赵承旨，尝有诗挽之曰："泪湿黔娄被，情伤

37　牟巘《陵阳集》（刘氏嘉业堂刊本）卷1，页5。

38　同上注，卷4，页5。

39　虞集《道园学古录》（《四部丛刊》本，上海涵芬楼景印明泰元小字本）有《牟伯成墓碑》，内云："……而宋亡矣。故相留公梦炎事世祖皇帝，为吏部尚书，以书招先生曰：'苟至，翰林可得也。'先生不答。留尚书愧之。既而，家益贫。稍起，教授溧阳州，遂以上元县主簿致仕。此先生之历官也。"（卷15，页5上）此处未提赵孟頫，不过，以赵与之甚熟，又在京师甚久，可能由其介绍与留梦炎，而以书招先生者。上面提及之张羽《静居集》有云："吴兴当至元时，有八俊之号。盖以子昂为称首，而舜举与焉。至元间，子昂被荐入朝，诸公皆相附取宦达，独舜举龃龉不合，流连诗画，以终其身。"（卷3，页8至9）故吴兴八俊，除钱选外，其他的均仕元，且多由赵孟頫荐之而致。又赵撰《牟巘墓铭》，见《吴兴备志》卷24，页11上

郭泰巾。"观此则先生之为人可知矣。所谓独行不愧影，独寝不思衾。先生其人也。

　　弟汲仲先生，亦特立独行，一毫不苟取。赵承旨尝为罗司徒以礼请先生作其父墓铭。先生涔然怒曰："我岂为宦官作墓铭耶？"观此，则其刚介可知。当时承旨为司徒以金百定奉先生润笔。是日先生在陈，其子千里，以情白座上诸客，劝先生受。先生却之益坚。[40]

　　虽然胡汲仲是发罗司徒的脾气，但赵代罗请求，也因而有受责之意。不过赵和胡氏兄弟都是朋友，对他们也都相当敬重。因此，胡汲仲对赵的这种态度，也算不得是如何的责难了。

　　另有一位秦钦，字敬之。西洞庭人。宋亡，隐居不仕。与赵孟頫为友。《苏州府志》引《足征集》云：

　　　　故人赵子昂送历日，谢之以诗曰："野人无历也知春，多谢王孙岁月真。六十余年藏甲子，今朝愁见旧时新。"子昂大惭。[41]

　　这也是以一个友人的身份，对他的一种轻微的责难。难得的是，赵对这些遗民，一直都保持友谊，且十分尊敬他们。此外，还有两项记载，也可以表明赵孟頫之心境：

　　　　陈应麟，字天祺。鄞人。称通儒。至元间，朝廷以安车召贤良，应麟谓使者曰："吾祖宗以为宋臣，子孙不忍食元禄。"固辞不起。赐号纯德先生。时赵文敏公尝为《逸民诗》以美焉。[42]

　　　　吴焱，字用晦。宁海人。咸淳进士。宋亡不仕元。至元间，浙东造征日本舟，材铁百需，赋重民急。焱不忍其号呼，鬻田代输，家以破耗，意犹不怠。卒，赵子昂为题其墓。[43]

　　这都表现了赵对遗民的敬重，也是他的雅量。

　　另有许多记载，似乎均为虚构，以讽刺赵孟頫的。其中最常见的，当为他与赵孟坚的故事。这段轶事，各种载录甚多，但均源出于元姚桐寿之《乐郊私语》，原文如下：

40　《东园友闻》，《古今说海》本（清刊本），页1下至2上。

41　《同治重修苏州府志》（光绪九年江苏书局刊本）卷78，页24下。

42　《宋季忠义录》卷14，页6。

43　同上注，卷13，页23。

赵子固，宋宗室也。入本朝，不乐仕进，隐居州之广陈镇……公从弟子昂自苕中来访，公闭门不纳，夫人劝之，始令从后门入。坐定，弟问："弁山、笠泽近来佳否？"子昂云："佳"公曰："弟奈山、泽佳何？"子昂惭退。公便令苍头濯其坐具。盖恶其作宾朝家也。[44]

后人引述此事的甚多，皆以为真。最近蒋天格为文，证明其为虚构。主要的原因，是赵孟坚生于1195年，大约卒于1264年左右。孟坚与孟頫父亲同时，他死时孟頫才10岁左右。因此，上述之事，根本没有可能，全属虚构，藉以讽刺孟頫而已。[45]

类似的故事，还有赵孟頫与另一位宋遗民郑思肖之间的一段轶事。王鏊《姑苏志》有如下之记载：

赵孟頫才名重当世，思肖恶其宗室而受元聘，遂与之绝。孟頫数往候之，终不得见。叹息而去。[46]

郑思肖生于1239年，卒于1316年，与孟頫大致同时，年长十余岁而已。因此，在年代方面，此事似有可能，然其所载内容，酷似与赵孟坚之事，恐亦为虚构而已。

赵孟頫与另一位宋遗民画家龚开，却保持了较好的关系。龚开于宋亡后隐居苏州，赵似曾去见他，而且在龚的画上也有题跋。赵的一本山水册，现藏上海博物馆，其上有龚开之印章。这些都证明他们两人间友谊之佳，也显示出赵对龚之敬重。[47]

不过，责备赵孟頫的确实不少，尤以在明朝的为多。下面可以列出一部分，以明概略：

赵子昂画竹，不减文与可。得其真迹者，甚珍爱之。余鄞有一家，出折枝一幅，索张白斋题。张遂书曰："先生画竹满人间，画竹争如画节难。狼藉一枝湖水上，与人堪作钓鱼竿。"其画遂不珍重矣。吴下有好事者，得子昂《苕溪图》一幅，索沈石田题，题云："锦衣公子玉堂仙，写出苕溪类辋川。两岸青山红树里，岂无十亩种瓜田。"与张白斋同出一意。[48]

赵子昂画马，近代题咏多含贬辞。杨文贞云："天闲第一渥

44　姚桐寿《乐郊私语》（《笔记小说大观》本，台北：新兴书局，1974），页2554。

45　蒋天格《辨赵孟坚和赵孟頫之间的关系》，《文物》1962年，第12期，页26至31。

46　王鏊《姑苏志》（《四库全书珍本十集》，台北：商务印书馆，1980）卷55，页50。

47　此册曾刊于《唐宋元明清画选》（上海：上海人民美术出版社，1960），图版15至17。龚开印见图版17《江深草阁图》左上角。据上海博物馆馆长沈之瑜先生1981年10月8日致笔者函云："函中所提及的赵孟頫三页作品，系我馆藏品。因仅存3页，现已装裱成卷。无款识。《江岸望山》一页（案：即图版15）的右下角钤有'赵氏子昂'朱文印，右上方钤有'天水郡'朱文半印。《秋山远岫》一页（案：即图版16）的右上方钤有'慎独斋'朱文印。《江深草阁》一页（案：即图版17）的左上方钤有'龚开'白文印。每页下角均有'沈周宝玩'朱文印。其中几方半印无法确认是谁藏的，余下的印记均系吴湖帆藏印。"

48　余永麟《北窗琐语》（《笔记小说大观十二编》本，台北：新兴书局，1974），页161。

注姿，卓荦腾骧肯受羁。何不翻然绝牵鞚，踏云追电看神奇。"；黄泽（方伯）云："黑发王孙旧宋人，汴京回首已成尘。伤心忍见胡儿马，何事临池又写真。"；李文正云："宋家龙种堕燕山，犹在秋风十二闲。千载画图非旧价，任他评品落人间。"；沈石田云："隅目晶荧耳竹枇，江南流落乘黄姿。千金千里无人识，笑看胡儿买去骑。"；无名氏云："塞马肥时首蓿枯，羡官早已著貂狐。可怜松雪当年笔，不识檀溪写的庐。"；释古渊题松雪山水云："宋室王孙粉墨工，银鞍金勒貌花骢。天闲十二真龙种，空自骄嘶向北风。"[49]

观子昂画，颖泓秀拔，嫣然宜人，如王孙芳草，欣欣向荣。观子固墨梅水仙，则雪干霜枝，亭亭独立，如岁寒松柏，历变不凋。志士宁为子固，弗为子昂。[50]

然而，为赵辩护的人也不少，多怜其境遇，了解他的困难。自元朝起，就有不少人作如此看法。元末僧至仁，跋赵孟頫《书归去来辞词一卷》云：

宋社既屋，松雪翁乃仕于元。平日复爱书晋征士陶潜《归去来辞》，以传于世。或议翁与潜果合欤？否耶？噫！是奚足以知翁也哉。昔殷之微子识天命有归，乃负祭器奔周。卒，受封以存殷祀。然则翁之书是词也，又奚愧然。[51]

文徵明对孟頫之景仰，在明朝最为崇高。他个人的书画，受赵的影响也很大。因此，文之为赵辩护，自可以想见。其中最重要的，是下面一跋，题于《赵孟頫书洪范并图》：

右赵文敏公书《尚书》、《洪范》，并画箕子，文王授受之意。……维公以宋之公族，仕于维新之朝，议者每以为恨。然武王伐纣，箕子为至亲，既受其封，而复授之以道，千载之下，不以为非。然则公独不得引以自盖乎。公素精《尚书》，尝为之集注，今皆不书，而独书此篇，不可谓无意也。[52]

明董糓《碧里杂存》，将许多资料综合，论这一点更加详尽：

49 徐𤈷《笔精》，《故宫周刊》，第 90 期（1931 年 6 月），页 3。

50 姜绍书《韵石斋笔谈》（《美术丛书》本，上海：神州国光社，1947）卷下，页 217。

51 纪昀《石渠宝笈》（上海：商务印书馆，1918）初编，卷 13，页 54。此处引《大雅》诗二句，以示殷人于周灭商后，献酒助祭周于京师之意。赵孟頫本人似对《大雅》有特别之喜好。赵有琴名"大雅"，系自其叔伯辈之赵与懃而来，故系其自名。但赵有一端砚曰"大雅"（周密《云烟过眼录》，《美术丛书》本，第 2 集，第 2 辑，页 92、108）。此外，赵有一印亦曰"大雅"。此三物均名"大雅"，不可谓无意。

52 文徵明《画史汇稿》（上海：神州国光社，1929）卷上，页 57 下。

赵松雪公，宋之宗室而仕元，人皆议之。有题其画者曰："赵家公子玉堂仙，画出苕溪似辋川。多少青山红树里，岂无十亩种瓜田。"（按：此即为前述之沈石田诗）；又题其《画渊明图》云："典午山河半已墟，寒裳宵逝望归庐。翰林学士宋公子，妙笔多应醉后书"；有题其画马者曰："隅目晶荧耳竹披，江南流落乘黄姿。千金千里无人识，笑看胡儿买去骑。"（按：此亦为前述之沈石田诗）；有题其画竹者曰："中原旦暮金舆远，南国秋深水殿寒。留得一枝春雨里，又随人去报平安。"其讥之也深矣。恐亦伤于太刻。天命有在，宋室已墟，族属疏远，又无责任，仰视俯育，为禄而仕，民之道也。但当辞尊居卑，时怀黍离之感而已。必欲以事雠责之，宁免顽民之诛。微子抱器而归周，受封于宋。箕子传《洪范》以授圣，受封朝鲜，与夷齐各行其志。仲尼称仁，不亦可乎？[53]

又明万历《杭州府志》修撰者陈善，亦有相似的表示。他在赵孟頫的传后，附上如下的评语：

善曰：子昂之仕元，世多讥之。观于过凤山所为诗，有"故国金人，当年玉马"之叹，其意亦可悲矣。方立朝时，矫矫自树，不受辱于桑哥，则其人固非贪冒宠利廉隅罔立者。顾北面雠国，践清华以竟老，将由衷怵利害，有所畏忌然欤？抑见解谬庋思一摅，其蕴抱也，君子深致惜之。以其文行寔方闻之士，故仍旧志，列之名宦。[54]

前面已提及，当程钜夫承元世祖之命抵江南访贤时，赵孟頫并不愿出仕，而特意趋避，终为程所寻获，才勉强应召而到大都。赵初抵京时，一切也并不顺利。虽然，他颇得元世祖之赏识，但是嫉忌和谗言的人也不少。因此，到了大都不满数月，同行应召的南方儒士吴澄决心南返时，赵特地写了一篇序赠行，其中已显露他心中的感受：

吴君之心，余之心也。以余之不才，去吴君何啻百倍？吴君且往，则余当何如也？

尔后赵在京中任兵部郎中，又抵济南任同知济南总管府事。于至元壬辰（1292）暂还吴兴，大概就是他返乡之后，写了两首诗《至元壬（有作"庚"者，应为"壬"）辰繇集贤出知济南憇还吴兴赋诗书怀》更表露了他对仕元的心情：

> 五年京国误蒙恩，乍到江南似梦魂。
> 云影时移半山黑，水痕新涨一溪浑。
> 宦途久有曼容志，婚娶终寻尚子言。
> 政为疎慵无补报，非干高尚慕丘园。

> 多病相如已倦游，思归张翰况逢秋。
> 鲈鱼蒪菜俱无恙，鸿雁稻粱非所求。
> 空有丹心依魏阙，又携十口过齐州。
> 闲身却美沙头鹭，飞去飞来百自由。[55]

这两首诗对他初返故乡的心情表达得最为中肯，最末二句，就已表示出他对宦途已有相当的苦衷。这种感受，在他和管道昇一同回到北方，在政海浮沉多年之后，和夫人都有同感。赵孟頫的《渔父词二首》这样写着：

> 渺渺烟波一叶舟，西风落木五湖秋。盟鸥鹭，傲王侯，管甚鲈鱼不上钩。侬住东吴震泽州，烟波日日钓鱼舟。山似翠，酒如油，醉眼看山百自由。[56]

夫人管道昇则题云：

> 人生贵极是王侯，浮利浮名不自由。争得似，一扁舟，弄月吟风归去休。[57]

在《松雪斋文集》所收的诗词中，最能代表他自己描写他本人心境的，是一首名为《罪出》的诗：

> 在山为远志，出山为小草。

53 《碧里杂存》（《丛书集成初编》本，上海：商务印书馆，1937）下篇，页80至81。

54 陈善《杭州府志》，收录于《明代方志选》（台北：学生书店影印，1965）卷61，页84上（总页949）。

55 《松雪斋文集》卷4，页45。

56 同上注，卷3，页34。

57 唐圭璋编《全金元词》（北京：中华书局，1979），页809。

> 古语已云然，见事苦不早。
> 平生独往顾，丘壑寄怀抱。
> 图书时自娱，野性期自保。
> 谁令堕尘罔，宛转受缠绕。
> 昔为水上鸥，今如笼中鸟。
> 哀鸣谁复顾，毛羽日摧槁。
> 向非亲友赠，蔬食常不饱。
> 病妻抱弱子，远去万里道。
> 骨肉生别离，丘垅谁为扫。
> 愁深无一语，目断南云杳。
> 恸哭悲风来，如何诉穹昊。[58]

　　这里所表明的，是他自己认为不应出仕之意。前四句已点出大概，次四句则表现他自己的个性及喜好。以下六句，由"谁令堕尘罔"始，似乎影射他出仕的苦境。其余数句，则提及别离、远行、病穷等等情况；写得十分可怜。当然，全诗并非完全写实，主要是以一些夸张的描述，以表露他心中的矛盾，以及一些自悲境遇的感受。另有一首短诗《自释》，也表达了类似的思想，且有较为深刻的哲理：

> 君子重道义，小人贵功名。
> 天爵元自尊，世纷何足荣。
> 乘除有至理，此重彼自轻。
> 青松与蔓草，物情当细评。
> 勿为蔓草蕃，愿作青松贞。[59]

　　孟頫以青松自比，当然是十分明显的。有时候他也寄意于古人，藉以表达自己的愿望。这一点在他的《题归去来图》最为显著：

> 生世各有时，出处非偶然。
> 渊明赋归来，佳处未易言。
> 后人多慕之，效颦惑蚩妍。
> 终然不能去，俛仰尘埃间。
> 斯人真有道，名与日月悬。

58　《松雪斋文集》卷2，页23上。

59　同上注，卷2，页23下。

青松卓然操，黄华霜中鲜。

弃官亦易耳，忍穷北窗眠。

抚卷三叹息，世久无此贤。[60]

这种对陶渊明及其他一些隐者的感怀，在赵的许多诗中都有所表露。

赵孟頫曾寄鲜于伯机一首诗。鲜于是北方人。入元后，初被派到杭州任官。因为仰慕南方文化，而辞官卜居杭州。他与赵孟頫二人兴趣极为相合，对书、画、琴以及图书、古物之收藏、亭园布置等都有同好。而鲜于与杭州的宋遗民及儒士，亦往来密切。赵对他十分敬重，在诗中对他也甚为称许，及末了一段，提及赵本人的志向：

我生少寡谐，一见凤昔亲。

误落尘罔中，四度京华春。

泽雉叹畜樊，白鸥谁能驯。[61]

诗中所谓"误落尘罔中"，也就是比喻赵自己的情景。末句提到白鸥的自由，也是他惯用的典故。

从以上谈到的资料，可以推出下列的结论：

一、赵孟頫之仕元并非出于自愿，而是为程钜夫力劝所致。虽然他曾特意走避，终不免受到注意，仍被召去。因此不得已而前往大都。

二、赵氏一生虽大半任元官，且职位不低，最后官至一品，在南人中，算是十分难得的。而且，连续受到几位皇帝的赏识，也可以说是非常成功的。但是，在他任职期间也并非顺利愉快，而是内含痛苦的。这种心境，在很多诗中，有所流露。

三、赵虽做官，而一直都对许多宋朝遗老，以及古代逸民十分尊敬。

上述结论显示了赵孟頫的内心矛盾，与其挣扎于现实及理想之间的心境。

当然，若从另一角度来说，上述种种，也有可能是他个人对仕元的一种自辩与愧歉的表示。中国历史上，自古以来，许多文人儒士都有这种矛盾的心理。一方面，他们自幼读圣贤书，都期望能经由科举以出仕。但另一方面，也许因为政海浮沉，前途未卜，而常有在精神上追随古代遗逸之冥想。或者，这在中国的传统上，并不是一种矛盾，

60 同上注，卷2，页24。

61 同上注，卷2，页22下。

而是一种心理上的准备，可进可退。赵孟頫也因而常有这种想法，这在元代官场的环境内，尤为必须。也许以赵本人来说，元灭南宋时，他还年轻，又有才能，因此对出仕的机会寄予厚望。更何况由于他母亲的鼓励，而益增其进取之心。所以当程钜夫找到他时，他并不如其他的遗民那么坚决的推辞，而终于应召。这个决定，对赵孟頫个人而言，应是正确的选择。也因此在中国的历史上，增添了这样一位重要而伟大的人物。他发挥了多方面的才能，尤其在书画方面，更有极高的成就。虽然，如果他不曾出仕，而决心退隐，可能成为像钱选一样的人物，在书画上仍有相当的成就。但是，我们应该特别注意一点，赵氏个人在书画上的发展，应归功于他得以南北往来，有机会在各地看到不少古人的名作。因而能集大成，达到他在书画上的成就。以致于他的才能未被埋没。这都不能不归功于他决定出仕，而得到的收获了。[62]

还有一点，在中国文化史上，许多伟大的人物，都是生活在变化极大、矛盾极深的社会的结果。赵孟頫就是在这种环境中成长的。如果南宋继续下去，他借宋宗室之力，当然能舒适的度其一生，成为标准的宗室后裔。但在文艺上的成就，却不一定能达到如此高的境界。在一个变动极大的时代中，一位个性强而有才干的人，可以看准时机，随机应变，逐步施展他的抱负，以消除社会及个人的矛盾，而达到较高的成就。赵孟頫的贡献也就在其中。

62   孙克宽谈及赵孟頫之著作，见《元代汉文化之活动》（台北：中华书局，1968），第四编内之《江南访贤与延佑儒治》，即注2中一文，及《元集题记》内之《赵孟頫之松雪斋集》一文都曾提到这一点。牟复礼，" Confucian Eremetism in the Yüan Period," Arthur F. Wright ed., Confucian Persuasion（Stanford, Calif.: Stanford University Press, 1960），pp.202-240 亦谈及赵之痛苦。笔者旧作，见注1内之《赵孟頫鹊华秋色图》一书及《赵孟頫二羊图之意义》一文。又徐复观在其《中国艺术精神》一书内，亦特别讨论赵仕元的问题，其观点亦对赵表同情。

《秋郊饮马图》局部

龍華升庵

赵孟頫《红衣天竺僧》卷

《红衣天竺僧》是赵孟頫在佛道画方面的一幅代表作。

全画无论人物、衣饰、树石，均用勾勒法，其风格并非写实，而系仿古手法。

此恰印证赵孟頫的绘画理论，

他认为："作画贵有古意。若无古意，虽古无益。

今人但知用笔纤细，敷色浓艳，便自为能手。

殊不知古意既亏，百病横生，岂可观也。吾所作画，

似乎简率，然识者知其近古，故以为佳。"

赵孟頫希望从魏晋以来的古画中，吸取其传统精神，而开创新的道路。

《红衣天竺僧》正是这一个复古过程中的重要阶段之代表。

　　赵孟頫是元初的一位伟大天才。他在政治、经济、学术、音乐、书画方面都有极高的成就。他的后辈杨载为他写了极详尽的行状，其中提到他的画艺，曾说过："他人画山水、竹石、人马、花鸟，优于此或劣于彼，公悉造其微，穷其天趣，至得意处，不减古人。"这是很了解赵孟頫的成就的议论。

　　他的山水，有在台北故宫博物院的《鹊华秋色图》卷及在北京故宫的《水村图》卷，竹石在两故宫亦有极佳的作品。人马方面有北京故宫的《浴马图》卷及《秋郊饮马图》卷，花鸟方面两故宫亦有其精品。以上所列，都可说是赵孟頫画艺的巅峰作品。但上面还未列出不大为人所知的佛道画，辽宁省博物馆所藏的《红衣天竺僧》（图5-1，编者按：又名《红衣罗汉像》），正是代表了他在这方面的成就。

　　明清书画著录中，虽有记载赵曾画过《无量寿佛像》《释迦像》《药师如来像》《观音像》《童真菩萨像》，以及《达摩像》等的题材。但在现存的画中，都不可见到，不知真伪如何。现在还可以见到的赵孟頫佛画中，台北故宫有《鱼篮大仕像》，美国波士顿有《龙王礼佛图》。但比较来说，以辽宁省博物馆的《红衣天竺僧》最值得重视。

　　在宗教方面，赵孟頫与元代许多文人一样，是儒、佛、道三者兼而有之。在佛教方面，他一生曾为不少的寺院写碑，有许多碑帖至今仍留存下来。此外他写的经文，数目也很可观，如《金刚经》及《心经》等。其中《心经》之一本，现亦在辽宁省博物馆。此外他与许多僧人都时有来往，尤以中峰明本（1263~1323）禅师，居吴兴弁山幻住庵，与赵往来最密。中峰年龄较赵尚小九岁，但赵到了晚年，一直对他谦称弟子，十分尊重。而且中峰在思想上，也对他有颇深的影响。

　　赵孟頫是宋宗室，生于南宋晚期（1254），其时正值南宋内部矛盾日益加深，而北方元人灭金后，又开始南侵之时，一切都并不理想，但因为是宗室，因此他的父亲与岂一直都任高官，或在杭州朝廷内任职。可惜他在孟頫 12 岁时，就已辞世。因此，孟頫于 14 岁时，以父荫补官。到他 19 岁时，曾任真州（今淮南）司户参军，不到数年，元军南下，直取杭州。1276 年，元军入杭州后，孟頫即返故乡吴兴（今湖州），致力求学。他因天资聪慧，十年之内，就以诗文，成为"吴兴八俊"之首。1286 年，元世祖忽必烈派程钜夫起用江南士人，结果赵孟頫为首的一行二十余人，同到北京，开始他任元官的生涯，直到 1322 年他逝世为止。他曾仕于五位元代皇帝，享誉大江南北。虽然后人对他以背弃宋宗室仕元为耻，但他的艺术，对元代以及后世影响极为深远。

赵孟頫到北京后，受元世祖忽必烈的赏识，予以重任。虽遭到不少人的猜忌，他仍受到倚重，因此力请补外，十余年间，南北奔走，见识及结交甚广。直到 1299 年，他以集贤直学士，行浙江等处儒学提举，才定居下来，多在杭州。《红衣天竺僧》卷就是他在杭州期间的大德八年（1304 年）作的。

《红衣天竺僧》卷为短卷，纸本，着色。中部画一罗汉，面部粗眉、深眼、高鼻、多须，显非汉人，而系天竺（印度）僧像。僧盘腿而坐，全身披红衣，仅胸部稍露，胸毛甚多。此外其左手伸出，掌向上。以印度之手势而言，当为施恩之意。僧头部之背后，有光环，表示此僧已成罗汉。僧坐石上，背后亦有大石数堆，并有一大树，枝开两旁，一部分树叶垂下；全画中，罗汉之衣及坐下之兽皮与脚下之皮履，均为红色；地下及石块，均用青绿，树干则用褐色。全画无论人物、衣饰、树石，均用勾勒法。其风格并非写实，全系仿古。赵于 17 年后自题于画后云："余曾见卢楞伽罗汉像，最得西域人情态。故优入圣域。盖唐时京师多有西域人，耳目所接，语言相通故也。至五代王齐翰辈，虽善画，要与汉僧何异。余仕京师久，颇常与天竺僧游，故于罗汉像自谓有得。此卷余十七年前所作，粗有古意，未知观者以为如何也。庚申（1320）岁四月一日孟頫书。"

赵孟頫生于南宋晚年，当时感到南宋绘画，如马远、夏圭、梁楷以及画院画家，过于简率，刚直空阔，而缺乏古意，模仿了不少古人的画，自魏、晋、隋、唐以后，至五代、北宋，都在仿效之列，以求古意。当时南北一带，仍有不少古画留存。赵孟頫来往南北，当然有机会见到不少古人名作，于是每每模仿。他早期的画，如现在美国普

图5-1　元　赵孟頫　红衣天竺僧　1304　卷　纸本　设色　纵26cm×横52cm　辽宁省博物馆藏

四大假名三身何有兀坐樹下示人
以手背髑不得能兩脣忘頂後圓相
具足真常畫馬則非畫佛則是水晶
道人猶著些子大士不言廣長無量
稽首掌中以是供養
乾隆丁丑大暑日御題

图5-2 元 赵孟頫 幼舆秋壑图 局部 卷 绢本 设色 纵27cm×横116.8cm 美国普林斯顿大学

林斯顿大学的《幼舆秋壑图》卷（图5-2），都是仿晋唐人的风格为主的。他的《人骑图》卷（北京故宫藏）及《赵氏三世人马图》卷（美国纽约大都会博物馆藏）的首段，都是仿唐韩幹为主的；此外他的《鹊华秋色图》卷（台北故宫藏）则以唐王维及南唐董源为楷模，而《重江叠嶂图》卷（台北故宫藏），则又以北宋李成、郭熙为准（图5-3）。他在大德五年（1301）自跋的画卷中云：

> 作画贵有古意。若无古意，虽古无益。今人但知用笔纤细，傅色浓艳，便自为能手。殊不知古意既亏，百病横生，岂可观也。吾所作画，似乎简率，然识者知其近古，故以为佳。此可为知者道，不可为不知者说也。大德五年三月十日赵孟頫识。

在这一段文字中，赵孟頫对古意的看法，阐述得十分明了，可以有助于对他的《红衣天竺僧》卷有一个基本的了解。

赵孟頫的一位友人周密（1232~1298），原居吴兴，南宋亡后，移居杭州，其家居常为文人雅士聚集之所，赵亦常为其座上客。周曾把在杭州及附近所见的藏画记下成书，称《云烟过眼录》，所载名书画，自魏晋以降，都有不少，其中大半，极可能为赵孟頫过目，而且他也把赵孟頫1259年自北京回吴兴时所携带的一批在北方搜集的书画作了记述，其中就包括不少唐、五代、北宋的画。这对赵本人的画，自然有不小的影响。周密书中，曾记一位司德用进所藏的画中，有两件卢

图 5-3　元　赵孟頫　重江叠嶂图　局部　卷　纸本　水墨　纵 28.4cm× 横 176.4cm　台北故宫博物院

楞伽的画，一是《过海罗汉》，周密批了一个"古"字；另一件亦为罗汉图：

> 卢楞伽罗汉十六，徽宗题，有李后主题字花押。

司德用进生平不详，想为周密及赵孟頫之友。因此赵题所述曾见卢楞伽罗汉像，这一批最为可能。可惜现在这一批画已不流传，无法知其情况。现存比较接近卢楞伽画的，是在北京故宫的《传卢楞伽六尊者画册》（图 5-4）。全册原系共 18 页，但按其所题，现存仅六幅，包括第 17、18 两幅。但查卢画原均系 16，而周密所记，亦为 16。十八罗汉者，至五代始见，故一般认为此册为较晚之临本。司德用进所藏是否真本，亦无所知。目前此册中有宋徽宗及高宗印记，又似部分吻合，但此二印又似后加，故亦不可以其为根据，不过此册尚有元鲁国大长公主"皇姊图书"印记，则可能元时，此册曾在宫中，亦可能为赵孟頫所见，故仍可以此为比较。

故宫所传卢楞伽册之第八页中，其中五人，有四人均系粗眉、深眼、高鼻、多须之像，与赵之罗汉，甚为相近。衣饰方面，虽未全同，然亦均有三人着红衣，且均用唐人之铁线描勾勒，以及阴影法，都与

图5-4 （传）唐 卢楞伽六尊者像 册页（之二） 北京故宫博物院

图5-2 元 赵孟頫 浴马图 卷 绢本 设色 纵28.1cm×横155.5cm 北京故宫博物院藏

《红衣天竺僧图》 赵孟頫款识

赵画罗汉大致相同。此外故宫册内六页，均未有背景，赵当时所见卢画，想有背景在内。现存画中，有台北故宫之传卢鸿《草堂十志图》卷。此卷一般均认系临本，但所临极近，仍有原作面貌，其中首叶之石块，以及树干枝叶，均相近。赵孟頫当时所见唐画，应有相当数目，因采用其特点，构成此图，为其仿唐之作，极有古意。

现存赵孟頫作品中，有北京故宫所藏《浴马图》（图 5-5）卷，亦为仿唐之作。其中有一奚官，所着红衣，亦较相近赵画之罗汉衣饰（图 5-6）。尤其是树干及枝叶之描写，最为相近。二者均以唐画为本，皆有古意；赵本人又自出心裁，于新旧之间，自创一格，此为赵画之特点。

赵孟頫在元初画坛中，无论在画艺上或理想上，都居于领导地位。他提倡古意之说，主要是以为南宋晚年，画风过于浮薄，于是提倡古意，从古画中吸取古人写真实人物、牛马、山水精神，而再创出新的作风。他的作品中，有不少是与古人作风极为相近的，从《幼舆秋壑图》卷到《鹊华秋色图》卷，进而到《水村图》卷（北京故宫）。这三件作品代表了他的三个创作阶段，从六朝到唐五代的传统中，创出了一种新的风格，以《水村图》卷为代表，影响到元代晚期的画家，并再开明清画的先河。

人物画到了宋代，其重要地位已为山水画代替。但到了元初，赵孟頫、钱选等仍希望从魏晋以来的古画中，吸取其传统的精神；而开创新的道路。《红衣天竺僧》就代表了赵孟頫及元初复古过程中的一个重要的阶段。

图 5-6　元　赵孟頫　浴马图　局部

此卷曾经《清河书画舫》《式古堂书画汇考》以及《秘殿珠林》著录。赵孟頫于卷上有"大德八年，暮春之初，吴兴赵孟頫子昂画"款。并有三印。"赵"于右上角，"又观"半印于右下角，及"赵子昂氏"于款下。于赵隔纸自识后，另有二跋，董其昌云：

> 赵文敏与中峰禅师为法喜禅悦之游，曾画历代祖师像，藏于吾郡北禅寺。然皆梵汉相杂，都不设色。不若此图之犹佳。观其自题，知为得意笔也。董其昌观。

另陈继儒跋云：

> 曾见罗汉卷数卷，如楞严变像，则楞伽最古，松雪发脉于此，非梵隆辈所梦也。陈继儒题。

此外尚有明代朱之赤藏印四方。清初宋荦藏印四方，及乾隆题跋与八玺，及印二。另有嘉庆、宣统印各一。

吴兴赵氏三世人马图卷

赵孟頫对画马的兴趣早在南宋时代即已萌生，

其实是承袭自唐、宋马画的余风，只是人在元朝廷为官，

便被调侃为是逢迎献媚之作。

然而更令他意想不到的事，是他的一幅人马图，

竟被要求他儿子赵雍、孙子赵麟也各画一幅人马图，

并在一起，使它成为赵氏家族三世人共同完成的一幅杰作。

从这幅画中，我们可以清楚地看出三世人稍异的画风所代表的不同象征意涵。

不过整体而论，马所代表的：忠心、才能、温驯良善、负远耐劳、活力等引人注目的魅力，

也正是他们乐意被别人所看见、所肯定的特质。

元代时期，赵孟頫（1254~1322）及其家人在绘画上的卓越成就总是受到同时代人的赞誉，也因之导引出一个现象，即几个赵氏家族成员的作品会同时会集在同一幅手卷上。由赵孟頫、管道昇（赵孟頫之妻，1262~1319）和赵雍（赵孟頫之子，1289~1360后）共同画成的《三竹图》（北京故宫）[1]即为一例。除此，另有两卷人马图也是由赵氏家族三代成员赵孟頫、赵雍及赵麟（赵孟頫之孙，约1367）共同绘制。第一幅为《吴兴赵氏三世人马图》（图6-1至6-3）[2]，一部分由赵孟頫于1296年所画，其余则由其子赵雍和其孙赵麟于1359年时完成；而画上还留有许多明代收藏家的题跋与乾隆皇帝的印章。这件作品目前藏于美国纽约大都会博物馆（The Metropolitan Museum of Art, New York），为顾洛阜先生（John M. Crawford. Jr.）于1988年所赠。另一幅《三马图》（现藏于美国耶鲁大学美术馆（Yale University of Art Gallery）[3]先后由赵孟頫于1318年、赵雍于1359年及赵麟于1360年分别绘制完成，画上有元、明、清收藏家们的诸多题跋。本文接下来所要讨论的重点将集中在顾洛阜所收藏的那件《吴兴赵氏三世人马图》上。

顾洛阜藏的这件手卷在许多明清著录中都有记载。近年来谢稚柳（1957）、席克门（Laurence Sickman）（1962）及翁万戈（1978）三位学者亦曾讨论过这件作品。[4]虽然这些学者们都已观察到这件手卷中诸多有趣的特征，然而其中仍有许多值得挑战及需要更深入发掘的面向，本文即试图提出一些和这幅手卷有关的复杂问题。

马是中国绘画史中的一个重要主题，尤其在唐、宋时期。根据史籍，以马为主题的绘画最早可追溯至西周穆王（公元前1001~前947）。[5]尽管随着朝代更替，物换星移，周穆王的马画已不复存在，但据说三世纪末的史道硕曾为晋武帝（281~289）复制过这幅马画，而这幅画从

1　李铸晋《赵氏一门三竹图》，《新亚学术集刊》，"中国艺术专号"，第4期（1983年），页259至278。

2　关于这件手卷的讨论，请参见以下诸作：谢稚柳，《唐五代宋元名迹》（上海：上海古典文学，1957），页95至97，此为首次出版；Lauence Sickman, Chinese Calligraphy and Painting in the Collection of John M. Crawford, Jr. (New York: Pierpont Morgan Library, 1962), pp. 101-104，本篇对于本手卷的大部分资料如所有题跋与印章讨论最多；Wan-go Weng, Chinese Painting and Calligraphy: A Pictorial Surrey (New York: Dover, 1978), pp. xxxi-xxxii (no. 21)。关于赵孟頫马画的讨论，请参见 Chu-tsing Li, "The Freer Sheep and Goat and Chao Meng-fu's Horse Paintings," Artibus Asiae, vol. 30, no. 4 (1968), pp. 279-326。在此必须指出的是，笔者经过近年来对收藏在中国各地，尤其是北京故宫的赵孟頫绘画进行仔细的研究后，对于早期研究中所提及关于赵孟頫部分画作（包括马画）之属性的看法已有修正。

图6-1 元 赵雍 三世人马图 局部 1359 卷 纸本 水墨 纵 30.3cm×横 177.1cm 美国纽约大都会博物馆的顾洛阜藏品

3 Louise W. Hackney and Yau Chang-foo, A Study of Chinese Paintings in the Collection of Ada Small Moore (London and New York: Oxford University Press, 1940), no. 16.

4 请参见注释 2 关于这件手卷的研究著作。

5 郑昶,《中国画学全史》(上海,1928 年初版；台北：中华书局，1959 年再版)，页 14、126。郑昶在此书中借着编纂早期史料，特别是张彦远的《历代名画记》来发展其观点。

图6-2 元 赵麟 三世人马图 局部 1359 卷 纸本 水墨 纵 30.3cm×横 177.1cm 美国纽约大都会博物馆的顾洛阜藏品

图 6-3 元 赵孟頫 三世人马图 局部 1296 卷 纸本 水墨 纵 30.3cm × 横 177.1cm 美国纽约大都会博物馆的顾洛阜藏品

南朝到隋朝时期都一直被视作珍宝。[6] 据说之后赵孟頫也曾描摹过史氏的这幅画，[7] 尽管这件摹本现在亦已失传。这段历史记载凸显出正当赵孟頫为马画传统灌注新生命之时，中国的画马传统早已历经千年之久。

　　画马时最重要的两个部分就是直接真实地捕捉马匹外在的神骏之美及充满力道的体态。相反地，绘制帝王及其他名人要角的肖像画时，特别是唐朝时期，不只是力求相貌的相似性，还需能够描绘出像主的内心感受、心理情绪及历史面向等其他关联。这意味着画马时，马的外表需具有强烈的视觉效果，可以无视于文人关联。关于这点，我们同样可从中国文学相当罕见的以马为主题的作品中得到证明。然而到了元朝，我们却看到马的主题同时在绘画与文学上进一步地与文人产生关联，这都归功于赵孟頫与当时的文人文化。

　　14 世纪前，由几位有亲戚关系的画家共同绘制一幅单一作品的例子相当少见。大部分这类绘制于宋元时期，集合有许多画家作品的册页，都是后人（尤以明清时期为主）把他们裱在一起的。知名的画家家庭，如唐代的阎立本（600~674）阎立德兄弟和他们的父亲，及在南宋延续好几代的马远家族，都不曾留下这类合绘的作品。然而在赵孟頫家族

6　张彦远，《历代名画记》（俞剑华编，香港：南通图书公司，1973）卷 5，页 120；卷 9，页 189。

7　卞永誉编，《式古堂书画汇考》（台北：中华书局，1958）卷 8，页 348，第 3 册。此画亦见于其他著录。

图6-4 元 赵孟頫 人骑图 1296 卷 纸本 水墨 纵 30cm× 横 51.8cm 北京故宫博物院藏

的例子中，却有好几幅画作推测应为他和他的妻子管道昇合画的。[8] 不过以往的收藏家最初都以为这些赵氏家族成员的画作只是被裱在同一个手卷中，并非原先就安排在一起的。

如上文所述，顾洛阜收藏的这件《人马图》包括三个部分，分别由父亲、儿子和孙子于不同的时间画在卷纸中不同的地方。而这三个部分都画有一匹马和一个马夫，并置有题词提及与该幅画相关的事件。因此本文应该先分别讨论这三个部分，最后再把他们放在一起当成一件作品谈。

赵孟頫画的这部分，不仅在序列上位于手卷的最前端，其完成的时间最早，质量亦最精，故这部分将是我们讨论的重心所在。这幅画在1296年的1月完成，时间上与赵氏的另一幅作品《人骑图》（图6-4）[9] 相同，故可放在一起作比较。他们的形式及风格几乎相仿，构想和表现技巧亦很相近。《人骑图》画着一位身着红衣官帽的男子骑乘于马背之上，人马皆面朝右方。有人便纳闷这幅画是否即为赵孟頫的自画像，毕竟赵氏当时为官，颇为烜赫，且画中人的相貌与一幅后来广为流传的赵孟頫肖像具有某种程度的神似。[10] 赵氏分别于画面的右上方与左上

8　福开森（John Ferguson）《历代著录画目》（南京：金陵大学中国文化研究所，1934年初版；台北：中华书局，1968年再版），页472上曾著录过一些作品。其中两件在安岐《墨缘汇观》（台北：台湾商务印书馆，1956），页233至235上亦有纪录。

9　这幅手卷全卷包括题跋，已被完整地出版在单本画册《赵孟頫人骑图》（北京：文物出版社，1959）中。

方题上"人骑图"和"元贞丙申岁作"。这幅画完全是赵氏兴味之作，并非其特别为谁所绘。而顾洛阜藏的这件《人马图》，画有一匹白马，旁边站着一位身着淡红色衣裳的马夫。赵氏在画面左方题：

> 元贞二年正月十日，作人马图以奉飞卿廉访清玩。吴兴赵孟頫题。

由此题识可知赵氏画这幅画的目的与《人骑图》不同，这件作品是为了飞卿（想当然尔飞卿定是其好友）[11] 而绘。除此，这幅画的主题亦与《人骑图》大异其趣，画中的马和马夫取代了《人骑图》中马背上的官员。有鉴于这幅画是赵氏为了一位官阶高于他的官员所画，故画中的马夫也可能即为赵孟頫的自画像。然而赵孟頫向来自视甚高，我们似乎没有理由猜测他会为了向高官逢迎谄媚而将自己画成如此卑微的一个角色。

有趣的是，顾洛阜收藏的《人马图》其完成时间只比赵氏的另一幅名作《鹊华秋色图》[12] 晚一个月。这两件作品和《人骑图》都是赵孟頫自 1286 年接受元世祖忽必烈应召入京将近十年后，返回家乡吴兴以后的作品。赵孟頫在应召入京的九年多期间，有许多机会在中国北方

10　赵孟頫的两幅肖像画最近已在北京故宫公开展示，一幅为《赵孟頫自写小像》，请参见穆益勤《赵孟頫自写小像》，《故宫博物院院刊》，第 23 期（1984年 1 月），页 37 至 40、58，图 4。另一幅是无款《赵孟頫肖像》，据说是晚清时期的摹本，请参见 Wan-go Weng and Yang Boda, The Palace Museum, Peking: Treasures of the Forbidden City (New York: Harry N. Abrams, 1982), p. 225。虽说这两幅肖像画上的赵孟頫皆蓄着长须，而《人骑图》上的男子却是短须，然二者之间仍然有些神似。根据传统记载尚有几幅赵孟頫肖像流传于世，但在此毋需一一提及。

11　关于飞卿的记载附之阙如，这个名字可能只是对元代某位官员的亲密称谓。1986 年 2 月 16 日美国大都会博物馆所举办关于中国人物画的活动中，Jonathan Hay 发表了一

图 6-5　元　赵孟頫　水村图　1302　卷　纸本　水墨　纵 24.9cm × 横 120.5cm　北京故宫博物院藏

篇名为 "The Rhetoric of Alignment and the Role of the Groom" 的专文，文中首次指出飞卿的官阶 "廉访" 在当时比赵孟頫的官阶高；同时他亦指出由画中马夫可以辨识出来的行为举止看来，这可能是赵孟頫的自画像。参见 Jonathan Hay, "Khubilai's Groom," RES, no. 17-18 (Spring-Autumn, 1989), pp. 117-139。

12　Chu-tsing Li, The Autumn Colors on the Ch'iao and Hua Mountains: A Landscape by Chao Meng-fu, (Artibus Asiae Supplementum 21, Ascona, Switz: Artibus Asiae, 1965).

13　关于赵孟頫从北京带回家乡的画作名单，请参见周密《云烟过眼录》（美术丛书，上海：神州国光社，1928）卷 2，第 2 集；任道斌《赵孟頫系年》（郑州：河南人民出版社，1984），页 69。

各地游历与收集唐宋时期的手卷。1295 年时，赵氏带着这些所搜罗到的画作回到吴兴，周密（1232~1298）曾记载此事。而这些画作对赵氏自身的艺术发展产生了重大影响，[13] 亦即这些画作塑造了赵孟頫画作中很重要的 "古意" 观点。关于这些，笔者与其他学者之前都曾为文讨论过。

如班宗华（Richard Barnhart）与笔者都认为赵孟頫所收藏的董源（? – 约 962）《河伯娶妇图》（现名为《潇湘图》，北京故宫），对于其 1296 年所绘的《鹊华秋色图》与画于 1302 年的《水村图》（图 6-5）有极大影响。[14] 而更进一步说，如我先前所发表，赵孟頫的《二羊图》（图 6-6）亦深受韩滉《五牛图》（北京故宫）影响。[15] 同理，其 1301 年的作品《古木散马图》（图 6-7）[16] 也可归入这群 "古意" 作品中。尽管要证明赵氏画《幼舆秋壑图》（美国普林斯顿大学美术馆 Edward L. Elliott 家族藏品）的灵感来自于他从北京带回来的五代画家王齐翰（活

14　Richard Barnhart, Marriage of the Lord of the River: A Lost Landscape by Tung Yüan, (Artibus Asiae Supplementum 2, Ascona, Switz: Artibus Asiae, 1970)。有关《鹊华秋色图》与《水村图》的详细讨论，请参见注 12。

15　Chu-tsing Li，同注 2，pp. 291-297。

16　王世杰编，《故宫名画》（台北：故宫博物院，1966），第 5 辑，图 4。

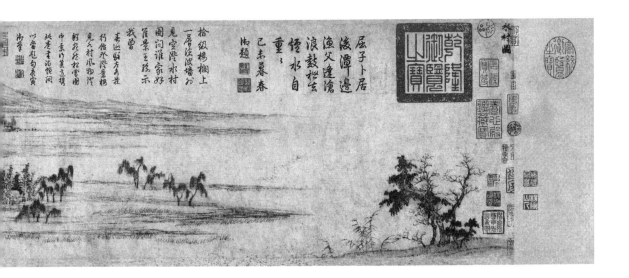

图6-6 元 赵孟頫 二羊图 卷 纸本 水墨 纵25.2cm×横48.4cm 美国华盛顿弗利尔美术馆藏

动于10世纪后半）之《岩居僧》并不容易，但亦不无可能。[17] 而明确来说，顾洛阜藏的这件手卷和《人骑图》似乎也是受到赵氏所携回的另一幅画作唐朝韩幹（活动于约莫740~756年）的《五陵游侠图》[18]之影响。周密在他的著录中仅提及南宋高宗（1127~1162）曾在韩幹此幅画上题字。如今韩幹的画已然失传，但我们仍可引用许多赵氏和韩幹之间的关联来支撑我们提出的韩幹影响顾洛阜所藏手卷的这个论点。赵孟頫在《人骑图》上的题识如下：

> 吾自小年便爱画马，尔来得见韩幹真迹三卷，乃始得其意云。[19]

虽然这则题识的风格暗示着这应该是比1296年晚几年后才题上去的，但它仍传达出赵氏是如何地深受韩幹影响。而事实上由于这则题识本身是题在画与题跋中间的隔水部分，而非如同另两则赵氏的题识一般被题在画面上，所以极有可能是从其他作品上割取下来再接在这幅手卷上的。再从画与隔水的接缝处盖满明代大收藏家项元汴的许多印章看来，将这则题识重新裱装上去的人很可能就是项元汴。同时《式古堂书画汇考》中亦记载着赵孟頫曾在韩幹的另一幅画上题写相同的

17 Shou-chien Shih, "The Mind Landscape of Hsieh Yu-yü by Chao Meng-fu," Images of the Mind (Princeton: Art Museum, Princeton University, 1984), pp. 237-254。在本篇文章中石守谦将《幼舆秋壑图》定为赵孟頫接受忽必烈征召前往北京后的作品。而周密所载赵孟頫1295年携回吴兴的画作名单中包括了王齐翰的《岩居僧》（请参见周密同注13）："王齐翰《岩居僧》，甚古，徽宗题，一胡僧笈耳，凡口鼻皆倾邪随耳所向，作快适之状。"这则记载似乎可以与赵孟頫画中谢幼舆的情况作比较。而石守谦对赵孟頫这幅作品的定年亦与我们所提出的状况相符，因为从画中反映出的赵孟頫对于出仕朝廷这件事的少许不安看来，此画应是赵孟頫在北京取得王齐翰画作后所绘。当然这幅画可能是赵孟頫还在北京或山东时

图 6-7 元 赵孟頫 古木散马图 1301 卷 纸本 水墨 纵 29.8cm × 横 71.5cm 台北故宫博物院藏

就已完成的。然无论如何，这是一幅以古代画作为基础绘成的作品。且不论此画的风格元素较接近顾恺之（约 344~ 约 406）或顾恺之生活时期的画风，而非五代的王齐翰。赵孟頫从王齐翰的画上截取某些灵感来完成其画作仍是相当有可能的。

18　周密，同注 13。

19　请参见注 9。

20　同注 7，第 3 册，卷 9，页 391。

21　汉唐时期，许多名门士族都被指派至首都长安附近的五陵地区居住，"五陵"这个语词也因此含有优雅及潇洒风尚的意涵。

22　《挟弹游骑图》请参见《中国历代绘画：故宫博物院藏画集》（北京：文物出版社，1984），第 4 册，元代，图 82 至 83；《春郊游骑图》请参见故宫图像档案（Palace Museum

题识。[20] 当然，我们现在已看不到那幅韩幹的作品，所以也无从证明此记载是否属实。然而无论如何，赵氏对韩幹作品的盎然兴致似乎是不容置喙的，周密关于赵孟頫 1295 年时携带《五陵游侠图》回吴兴的纪录更明确指出当赵氏归乡之时，他已经接触了至少一幅韩幹的作品。

《五陵游侠图》，这幅以"唐代首都长安附近五陵地区、[21] 相貌堂堂的年轻优雅贵族"这种典型唐代主题为描绘对象的绘画，似乎对元朝仰慕韩幹的画家们留下巨大冲击。它不仅是对赵孟頫本人产生相当的影响力，对赵氏的儿孙亦影响深远。《人骑图》上这位优雅地骑在马上的红衣贵族子弟恰为一明证。而赵雍的另两幅画作《挟弹游骑图》（图 6-8）和《春郊游骑图》（台北故宫），[22] 皆绘着一位骑在马上的红衣青年，持弓回首，拟欲射击树上的雀鸟，由其内容主题与《人骑图》几近相仿的程度可见出其中关系。再看看赵麟的《相马图》（图 6-9），画中的红衣男子倚坐在树干上，注视身前的马匹，赵麟在画上的题诗同样提及韩幹。[23] 尽管这些画作的完成时间不同，但其所绘主题不是红衣贵族

Photographic Archive），第 YV9 号，依照赵雍的题识此画为 1347 年所绘。

23　同注 16，图 16。

图6-8　元　赵雍　挟弹游骑图　轴
纸本　水墨　纵109cm × 横 46.3cm
北京故宫博物院藏

图6-9　元　赵麟　相马图　轴

纸本　水墨　纵 95.7cm × 横 30.1cm

台北故宫博物院藏

就是红衣青年，他们若非骑乘在马背上就是被安排在靠近马匹的位置，当然这彼此之间仍然多少有相异之处，但却似乎道出了其绘图构想是源自于韩幹。

　　然而，顾洛阜所藏手卷中的赵孟頫部分在主题上却有些许差异。画面上画的不再是优雅的骑士，取而代之的是马与马夫。"马和马夫"同样是典型的唐代马画主题，此处的马夫亦身着淡红色长袍，处理方式与其他画作近似。赵雍的一幅《红衣人马图》(图6-10)[24]也画着马和马夫，该马夫亦身穿一件鲜红色衣裳。故以上述及的这两个马画主题之间似乎歧异不大。我们并无法证明这些主题的确如周密所言是来自于韩幹样式。不过赵孟頫带着搜集到的韩幹画作回到吴兴不久后的这些作品，可以暗示二者之间的某种关联性。

　　这种赵孟頫与韩幹之间必然存在的关联性，我们亦可从最近上海博物馆出版的一幅五代画家赵岩(约923)的《调马图》中窥出蛛丝马迹。赵孟頫在这幅画上留下一段长篇题跋，其中引用杜甫(712~770)的诗句(然而实际上这是苏轼 <1037~1101> 的诗作)来说明赵岩采用的是韩幹和曹霸(活动于8世纪早期)的画法。[25]这段题跋的纪年为1301年，亦即较顾洛阜所藏手卷的年代晚了五年。我们可由此再次证实赵孟頫是如何地持续深受韩幹影响。

　　赵孟頫的好友汤垕(活动于14世纪早期)曾记载其身处当世所感受到的那种许多人对于早期马画画家的兴趣，这股兴趣之后即反映在赵孟頫的品味及观念中，而汤氏亦对赵孟頫极为推崇，同时视其为画家及画论家。汤垕对曹霸的叙述如下：

> 曹霸画人马,笔墨沉着,神采生动,余平生凡四见真迹：一《奚官试马图》,在申屠侍御家；一《调马图》,在李士弘家,并宋高宗题印；其一《下槽马图》,一黑一骝色,圉人背立,见须眉鬎鬜,奇甚；其一余所藏《人马图》,红衣美髯,奚官牵玉面骝,绿衣阉官牵照夜白,笔意神采与前三画同。赵集贤子昂尝题云,唐人善画马者甚众,而曹、韩为之最益,其命意高古,不求形似,所以出众工之右耳。此卷曹笔无疑,圉人太仆自有一种气象,非世俗所能知也,集贤当代赏识,岂欺我哉？[26]

在关于韩幹的讨论中，汤垕亦提及其所见过的许多韩幹画作：

24　Thomas Lawton, *Freer Gallery of Art Fiftieth Anniversary Exhibition: II. Chinese Figure Painting* (Washington, D.C.: Smithsonian Institution, 1973), pp. 174-177。

25　郑为《后梁赵岩调马图卷》,《上海博物馆馆刊》,第2辑(1982),页239至259。

26　汤垕《画鉴》(北京：人民美术出版社,1959),页9至10。

图6-10 元 赵雍 红衣人马图 1347 轴 纸本 水墨 纵31.7cm×横73.5cm 美国华盛顿弗利尔美术馆藏

　　韩幹初师陈闳，后师曹霸画马，得骨肉停匀法，遂与曹韦并驰争先，及画贵游人物，各臻其妙。至于傅染色入缣素，吾尝见其《人马图》在钱唐王氏，二羹官引连钱骢燕支骄；又见一卷朱衣白帽人，骑枣骝五明马，四蹄破碎如行水中，乃李伯时旧藏；在京师见《明皇试马图》、《调马图》、《五陵游侠图》、《照夜白》，粉本上有幹自书"内供奉韩幹照夜白粉本"十字，要知唐人画马，虽多如曹、韦、韩，特其最著者，后世李公麟伯时画马专师之，亦可谓优入圣域者也。[27]

27　同上注，页11。

汤垕在这两段评论中建立了马画传统的谱系，即马画是从曹霸、韦偃、唐代韩幹，到北宋李公麟及元代赵孟頫一路延续。而既然赵孟頫已广为这两段文字中所列举的收藏家们以及周密所知，则这两段文字中所提及的那些以马与马夫为主题的画作，赵氏于1296年画《人马图》之前就很有可能曾经看过。赵氏至少曾经在他的一幅画上论及韩幹和唐代画家是他的绘画灵感来源，而从赵氏自己留下的诗中，我们亦能得知其对北宋马画画家李公麟的仰慕。[28]

赵孟頫1295年从北京回到吴兴后的画作中，在在显示出其返乡后的那段时期正是其企图追摹"古意"的时期。倘若我们将最近出版的一幅赵孟頫于1299年画的《赵孟頫自写小像》（图6-11）列入这份摹古作品名单中，则我们又多了另一个例子来了解此时期的赵孟頫。赵氏在自画像中将自己画成一位中年隐士，伫立于竹林中的清溪之旁，其以标准的青绿敷色描绘画中前景的石块，正深深反映出其意欲追摹其从北京搜罗而来的那些唐宋画作。[29]

我曾多次引用过一则记载，是关于此时期赵孟頫绘画中心理论的概述。这则记载原先是题在一幅现今已然佚失的赵氏画作上，但其1301年的纪年却正巧为本文要讨论的这个时期落下一个最好的脚注：

> 作画贵有古意，若无古意，虽工无益。今人但知用笔纤细，傅色浓艳，便自为能手。殊不知古意既亏，百病横生，岂可观也。吾作画似乎简率，然识者知其近古，故以为佳。此可为知者道，不为不知者说也。[30]

顾洛阜收藏的《人马图》及《人骑图》，与赵氏1295年返回吴兴后所画的诸多作品是如此的一致。开始以唐朝和北宋马画画家为师的赵孟頫，不仅止于临摹模仿古意，他同时更为自己的自由文人精神表现拓展出一块新疆土。

赵孟頫在画中安排马和马夫的方式与传统相当不同。马夫是完全正面像，而马匹则是在绘画上很少见的四分之三正面像。笔法上纯粹以线条白描，但仍敷有浅浅的颜色，尤其是马夫的长袍。已备好了的马匹配上急切的马夫，这幅整装待发的景象必定取悦了飞卿：这位赵孟頫意欲赠画的对象。而画上的题识，则进一步透露出赵氏的马画其实已经和唐宋马画泾渭分明地区别开来。唐宋的马画画家在画上的

28 关于李公麟各种面向的研究讨论，请参见以下中西方学者的论著：A. E. Meyer, *Chinese Painting as Reflected in the Thought and Art of Li Lung-mien, 1070-1106* (New York: Duffield, 1923)；Osvald Sirén, *Chinese Painting: Leading Masters and Principles* (New York: Ronald Press, 1956-58), vol. 2, pp. 39-52；Richard Barnhart, *Li Kung-lin's Hsiao Ching t'u: Illustrations of the Classic of Filial Piety* (Ph.D. diss., Princeton University, 1967)；周芜《李公麟》(中国画家系列，上海：上海人民美术出版社，1982)。李公麟对元代绘画发展的影响已广泛受到肯定，关于这个研究主题，请特别参考 Richard Barnhart, "Survivals, Revivals, and the Classical Tradition of Chinese Figure Painting," Proceedings of the International Symposium on Chinese Painting (Taipei: Palace Museum, 1970), pp. 143-210。而赵孟頫深受李公麟影响亦是众所皆知，关于这点请参见 Chu-tsing, Li, 同注2。

29 穆益勤，同注10。

30 这则题识首见于张丑《清河书画舫》(上海：锦文堂，1926)，戌卷，页19。

图6-11　元　赵孟頫　自写小像　1299　绢本　设色　纵24cm×横23cm　北京故宫博物院藏

题识内容经常是骏马的名字、高度、长度等尺寸、来自于中亚哪个地区
及何时被进贡到皇家马厩中等这类记录性文字，这些马画几乎便是官方
为留存骏马资料所作的马的肖像画。然而反观赵孟頫的《人马图》，其
题识讲述的是关于一个人的备忘：这幅画是为了取悦其好友"清玩"的
馈赠之礼。这绝对是一个新文人精神的表现。

　　马画之所以在元代广为流行，有人认为与蒙古统治者及官员对马的
特别偏爱有关。这点是可以接受的，元代主要的马画画家，包括赵氏
家族三代和任仁发（1255~1328）及任氏的两个儿子，都曾于朝廷为官。
然而以赵孟頫为例，就如同其写写《人骑图》上的题识所述，其对画马
的兴趣从他年轻之时即已萌生，而其时还是蒙古尚未征服中国的南宋时
期，这件事也可从许多赵氏的其他朋友与当时的评论家所留下的记事中

得到证实。马画在南宋时期并不是太流行，因此的确是赵孟頫自己的好奇心（而非蒙古人的嗜马风气）将其引上画马之途。

赵孟頫应忽必烈之召入京后，其善画马的名声随即传遍朝廷。此点可由以下虞集（赵氏志趣相投的年轻好友）之《子昂画马》诗中见出端倪：

> 忆昔从公侍书殿，天闲过目如飞电；
> 池边尽有吮豪人，神骏谁能夸独擅，
> 公今骑鲸临九州，人间空复看骅骝，
> 惟应驭气可相逐，黄竹雪深千万秋。[31]

这首诗无疑道出赵孟頫在当时的确以善画马蜚声朝廷。然而无论是存世或仅见于著录上的赵孟頫作品，都看不到任何一张其为了皇帝或高官所画的马图。明确地说，所有 1296 年后的马画都是在吴兴或杭州完成的，而不是在北京。

赵孟頫的马画可以很明显地分成三阶段。第一阶段为其早年时期，此时的赵孟頫似乎已发展出一种特别的画马技法。其友戴表元（1244~1310）即以"其艺之至此，盖天机所激"[32]指出赵孟頫拥有绘画天份且其技法已至高度精熟。《调良图》（图 6-12）即为赵孟頫早期作品的例子，[33] 图中之人牵着一匹马立于风中，线条结实有力，马尾与马鬃被大风吹起，人的衣袖及衣裳下摆亦随之飘动，而这股风力与马夫回首的目光恰巧抵消，形成看似纷乱却巧妙的构图。这幅画正反映出赵孟頫早年对人马主题的处理方式。第二阶段为其中年时期（约莫四十多岁），其时赵孟頫刚结束长年的北方生涯，在绘画上深受其所看过的许多早期画家名作影响。沉湎于怀想古人的赵孟頫搜集了许多古代大师的作品，如谢稚（活动于五世纪）、王维（701~761）、韩幹、韩滉、董源及王齐翰等，可能还有其他画家之作，都对其作品有所启发。而这也是赵孟頫画风发展上最令人兴奋的时期，他从古典画作中汲取他们对绘画的想法，再重新运用在自己的画作上，藉此了解古典大师的艺术。赵孟頫此时期的一些题跋，都表现出他在摹古之时得到了多么大的喜悦（请参考上文所述他 1296 年关于韩幹的题识）。

几年之后，时当 1299 年，赵孟頫于《人骑图》上的题识显示出他对自己更加自信：

31　陈高华编《元代画家史料》（上海：上海人民美术出版社，1980），页 56 至 57。

32　同上注，页 55。

33　这幅画在 Chu-tsing Li，同注 2，p. 304 亦有讨论，且亦刊印于 fig. 11 中。

画固难，识画尤难，吾好画马，盖得之于天，故颇画其能。
今若此图，自谓不愧唐人。

与赵孟頫孙辈有亲戚关系的陶宗仪（约 1320~1402 年后），于《辍耕录》中曾对赵氏亟欲了解古代大师的企图心详加记载：

又尝见公题所画《马》云："吾自幼好画马，自谓颇尽物之性。
友人郭佑之尝赠余诗云：'世人但解比龙眠，那知已出曹韩上'。
曹、韩固是过许，使龙眠无恙，当与之并驱耳。"[34]

赵孟頫的表兄弟之一赵孟籁，[35] 亦曾于赵氏的《人骑图》上题上相似的跋语。在此所有的资料都显示，渴望了解古人画意及试图亲炙古人表现古意，似为此时期赵孟頫最主要的目的。

赵孟頫马画发展的第三阶段发生于 1300 年，其被指派为四品官集贤直学士及江浙儒学提举之后的那段时间。这段赵孟頫一生当中最富创造力的时期，与他赋闲家中多年、官场受挫后终于好转的快乐心情恰能相互映照。《二羊图》（虽然并非马画）（图 6-6）正是此时期最具代表性的作品。如我先前所述，这幅画正象征着赵孟頫从早期画风转变为新风格，已至臻用最简单的方法来完成最微妙且具表现性画面的成就。[36] 有人拿《二羊图》与《古木散马图》（图 6-7）[37] 作比较，以了解其中差异何在。《古木散马图》画的是两匹马，一为侧面，一为正面，立于两棵干枯的老树下。虽然这幅画是全然用墨，属于李公麟的画法，但完全侧面及完全正面的两匹马其实是 1295 年赵孟頫从北京携回的唐代画家韩滉所绘之《五牛图》的重现，[38] 连盘根错节的老树也是脱胎于某些唐代古画。姑不论这幅画的纪年，如这般将唐、宋画意融合一气实是赵孟頫第二阶段画作的典型风格。然而《二羊图》中的风格却完全是赵氏自己的，即便这两只羊仍然与韩滉遥相呼应，赵孟頫已将其完全转变成自己的语汇。如我前文所述，相同的转变也可在赵氏 1302 年的山水画《水村图》（图 6-5）中见到，[39] 也难怪将近五十位苏州地区的文人纷纷在此画上题写他们对赵孟頫新奇创意的赞叹。关于赵孟頫对古意的热忱，元代刘敏中（1243~1318）于《跋赵子昂〈马图〉》写道：

34 同注 31，页 52。

35 虽然"籁"这个字在画上看起来很像"籀"，但前者才是正确的。题跋处纪年 1299 年的印章印文为"赵子俊印"，这是其兄弟之号。关于这则题跋，请参见注 9。

36 Chu-tsing, Li, 同注 2。

37 同注 16。

38 Chu-tsing, Li, 同注 2。

39 同注 12，pp. 53-69，其中笔者对《水村图》在赵孟頫绘画生涯与元代绘画的发展中所扮演的重要性有深入探讨。

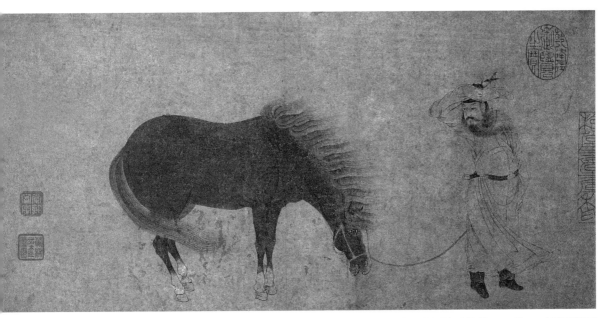

图6-12　元　赵孟頫　调良图　册页　纸本　水墨　纵22.7cm×横49cm　台北故宫博物院藏

凡画神为本，形似其末也。本胜而末不足，犹不失为画。苟善其末而遗其本，非画矣。二者必兼得而后可以尽其妙。观子昂之画马，信其为兼得者欤！[40]

暂不论风格问题，赵孟頫的《人马图》也使典型元代文人画中的微妙意义具体化。而《宣和画谱》中所录唐代李绪太子（7世纪）的话语中，早已预见了画马对文人的重要性：

尝谓士人多喜画马者，以马之取譬必在人材，驽骥迟疾隐显遇否，一切如士之游世，不特此也。诗人亦多以托兴焉，是以画马者可以倒指而数。[41]

与赵孟頫同时代的一些鉴藏家，对于赵氏马画的意涵亦多有谈论。一位代早期的诗人方回（1227~1307）（其亦为赵孟頫好友），即曾为赵氏的一幅马画写诗如下：

40　刘敏中《中庵集》，收录在陈高华同注31，页59。

41　《宣和画谱》（俞剑华编，北京：人民美术出版社，1964），页218。关于这段记载的讨论，亦可参见Chu-tsing, Li，同注2。

相马有伯乐，画马有伯时。

伯乐永已矣，伯时犹见之。

长林之下无茂草，此马得天半饱饥。

一匹背树似揩痒，一匹龁枯首羸垂。

赵子作此必有意，志士失职心伤悲。

我思肥马不可羁，不如瘦马劣易骑。

焉得生致此二匹，马亦如我老且衰。[42]

另一位应为明代初期的文人王宾，在赵孟頫1301年的《古木散马图》上亦题有相似的跋语，其中同时提及上述方回之诗：

诗人有言，人为君王驾鼓车，出与将军静边野，此马之遭奇遇、马之获胜腾骧、马之光辉也。赵文敏戏笔，乃驰驰散行于萧疏古木之下，从乎原而息力，就草以自秣，鞭策之弗加，控勒之无施，文敏之意，殆有所喻而然邪？士大夫鞅掌之余，宁无休逸之思邪？[43]

探讨过这些背景后，我们再回来看赵孟頫这张顾洛阜收藏的《人马图》，由图上强烈为古意占据的表现看来，这是一张属于赵孟頫第二期的画作。作为馈赠之礼，这幅由唐代模式中衍生而来的绘画似乎是相当合适的，画上的题识即如此直率地传达出这层意涵。然而在这简单的构图之下，赵孟頫是否另藏深意呢？

如上文所述，赵孟頫1295年从北京返回吴兴之后的时光，于他而言并不是一段快乐的日子。他已在北京、山东及其他天子脚下的地方为官将近十年，而忽必烈对他的绘画才华是如此地赏识。如今新皇登基，他却因感受到不再被重用而称病辞官回乡，不再被指派任何官职。然而尽管如此，赵孟頫在杭州的文人圈中仍旧相当活跃，期间还完成一卷关于《尚书》这部早期历史著作的评点。而这幅致赠给高官的绘画是否正诉说其有志难伸的委屈？在此赵孟頫并未留给我们任何线索。

1296与1359年间，赵孟頫的这幅画必定已经由飞卿流入其他人之手，不过似乎仍然保留在江南地区。如果飞卿是蒙古人或北方人，则这幅画很有可能被带到北京或北方地区。虽然我们无法得知这60年间此画到底为何人所有，但它的确是藏在南方的某个角落，这件事实是

42 任道斌，同注13，页66。

43 《故宫书画录》（台北：故宫博物院，1965），页109至110有关于《古木散马图》的著录，但却没有录下王宾跋语的全文。这则跋语首见于张丑，同注30，页20。

值得留意的。1359年，这幅画转入谢伯理之手，谢氏为松江同知，很明显其应听闻过赵氏家族的声望。而建置一幅拥有赵氏三代画作之手卷的人，也正是谢伯理。

1359年，元史上的江南地区正处于紧要关头。其时正当中国各地反元革命如火如荼地展开，而元代朝廷已然丧失许多地区的控制权，整个中国呈现四分五裂之势，江南富庶之地则沦为最重要的几个反元领袖朱元璋（1328~1398）、张士诚（1321~1367）、陈友谅和方国珍等人的中心舞台。其中吴兴地区，也就是赵孟頫的后代居住之地，更是以南京为根据地的朱元璋及以苏州为指挥中心的张士诚这两股反元势力的角力之所。然而后来张士诚为朱元璋所败，并于1357年投靠朝廷，其在被指派为征讨反叛势力的主元帅后，依旧以苏州为根据地。赵孟頫之子赵雍及其孙赵麟二人都在这个地区为官，赵雍为湖州路总管府事，管辖吴兴地区；而赵麟则担任江浙行省检校。[44] 谢伯理就在这个时刻得到赵孟頫的这卷《人马图》，之后福至心灵，要求赵雍与赵麟二人在这件手卷中画上同样的主题，尽管谢氏与他们二人实是素昧平生。关于谢氏的要求，赵雍和赵麟在这幅手卷中各自的画段上皆题语志之：

〔赵雍〕至正十九年己亥秋八月，余寓武林，一日韩介石过余，道松江同知谢伯理雅意，俾介石持所藏先平章所画人马见示，求余于卷尾亦作人马以继之，拜观之余，悲喜交集，不能去手。余虽未识伯理，嘉其高致，故慨然为作，以授介石归之伯理云。赵雍书。

〔赵麟〕云间谢伯理氏旧藏先大父魏国公所画人马图，装潢成卷，家君作于后，而亦以命余，窃惟伯理之意，岂欲侈吾家三世之所传欤？自非笃于文雅，不能用心若此也。遂不辞而承命。时至正己亥冬十月望日也，承事郎江浙等处行中书省检校官赵麟识。[45]

从题识上可知谢伯理与赵麟相熟，因赵麟是谢氏管辖境内位阶较低的官员。透过这层关系，谢氏便请韩介石（赵麟的表兄）向赵雍提出请求，也因此他得到了这幅拥有三幅相似题材被画在同一个卷子上的作品。

身为赵孟頫的长子，赵雍与赵孟頫相当亲近，其年轻时总是跟随父亲来往于官宦与文人圈中，之后更以父荫在朝及在乡为官。赵雍亦追随父亲的兴趣成为一位有才华的画家，人物、马匹、花鸟、山水、

44 关于元代时期吴兴地区环境的变动有许多文章曾作过讨论，包括Chutsing, Li, "Role of Wuhsing in Early Yüan Artistic Development under Mongol Rule," John Langlois, Jr., ed., *China under Mongol Rule* (Princeton: Princeton University Press, 1981), pp. 331-370; Jerome Silbergeld, "In Praise of Government: Chao Yung's Painting, Noble Steeds, and Late Yüan Politics," *Artibus Asiae 46*, no. 3 (1985), pp. 159-198。

45 这两段题识可见诸明清许多著录中。

界画以及书法，无所不能。于谢伯理而言，要求赵雍画上与其父相似的题材以完成这幅趣味盎然的手卷，真是再适合不过了。

或许为了与其父的中国马夫相互映衬，赵雍选择描绘一位高鼻长眉、蓄有浓密胡髯、具有胡人相貌的马夫，这位马夫是以四分之三的正面像描绘，并头戴长縵帽，身着宽长外袍，且腰带上系有两个羽毛装饰，手牵马缰。而这匹骏马则毛带斑点，以侧面取像。这应是来自于唐代马画画家曹霸和韩幹的标准画法，尽管李公麟诸多人马图中的其中一幅《五马图》才是其更直接的典型（因为此图在元朝时期相当知名，赵雍必定曾经看过）。[46]事实上，赵孟頫曾经写过一首诗称赞《五马图》为一幅大师之作。而赵雍在这件《人马图》中展现了他处理这个题材的技巧，如同李公麟一般，他或多或少限制自己不要使用色彩，而仅用白描法描绘。

赵孟頫和其妻管道昇的艺术天分也可以在其第三代赵麟及画家王蒙身上看到。后者的发展主要在山水画方面，最后成为元代晚期山水画的伟大创新者；而前者赵麟则主要追随家族传统，尤其是马和人物题材。同样地赵麟也以祖荫及父荫被授予官职，最后担任山东地区的莒州同知，而1359年其绘制此手卷的第三部分时，仍只是一位检校。

除了中国脸孔的马夫迥异于赵雍所画的胡人马夫面孔外，赵麟的这段画与赵雍的那段在安排及构图上颇为近似。马匹同作侧面像，举脚欲行，然其毛色以白色为主，仅在颈、胸和背的部分有些许深色斑点，这是与另外两段画中马匹的不同之处。至于马夫的穿着则与其祖父赵孟頫画的那段相仿，取其四分之三正面向，双手握住马缰。

当谢伯理想要将赵氏三代的作品建置在同一幅手卷上时，如何使这三幅分开的画面结组成同一幅作品便成为赵麟的难题。不过对赵麟有利的是，他可以先看到其祖父和父亲的作品，然后再选择一个最好的位置画上他自己的那段图，好将三段画面统合成一单一构图。而赵麟最终成功地完成这件任务，着实令人激赏。这件手卷一开始便是赵孟頫画的那位正面立像的马夫，他的举动就像唐代的侧面人物一般，身子微微转向左方，好似已预知了其他人的到来；而第二段画面的马夫，以其胡人脸孔为全画制造变化；第三段人马则又与第一段画面相回应。其中全画的三匹马也呈现出一有趣的变异，再次显露出其与唐代画作的相似性。第一匹四分之三取像的马是纯白色，第二匹毛色斑杂，第三匹则带有些许暗色斑点。整体来说，这三部分的画面调合交

46 Osvald Sirén, *Chinese Painting: Leading Masters and Principles*, vol. 2, pp. 42-43; vol. 3, pls. 191-192 中曾讨论并刊登这幅画作，除此亦曾刊登于其他许多出版品上。

融达成了某种追想唐朝作品遗风的统合，一幅独特且令人难忘的作品就此诞生。

　　观看这件手卷时，我们可以发现一种画意上的复杂网络。如同我们上文讨论的，赵孟𫖯最初画第一段人马时是以独立的构图画成，他无法知晓以后会有另两段画面加进来。他对过去伟大的马画传统，如曹霸、韩幹、韦偃、李公麟与其他画家了解甚深，但身为一位有创造力的艺术家，他亟欲求变。前文所提到的许多赵孟𫖯的马画，每幅的构图与表现都有其新颖之处，顾洛阜收藏的这段人马也不例外。它正反映了其 1296 年企图为马画捕捉一些新意，而最终导出其绘画《二羊图》这件无论在技巧、构图及画意各方面皆至臻完备境地、代表动物画巅峰之作的成就。

　　反过来说，赵雍及赵麟在这件手卷上作画，则似乎反映出谢伯理意欲把三代马图构筑成一幅单一画作的新点子。或许李公麟《五马图》的形象早已在谢伯理的心中盘桓许久，谢氏必定很有可能看过李公麟的这幅画卷。赵雍和赵麟如此急切地接受谢伯理之请，各自画上相似的构图使三个画面结组成一件响应唐宋马画传统的单一画作，似也暗示着他们的脑中亦存有李公麟作品的印象。而当他们以描绘过去贡马图的形式来绘画其马图的同时，也表达出其对现今统治者的敬意。然而，尽管赵氏三代都想绘出近以李公麟《五马图》形式的画作，如前文所提，赵孟𫖯却力求不同，拟欲更微妙地在画作上反映其内心感受，而非纯粹模仿唐宋大家。光凭这点，赵孟𫖯成为真正的文人画家，可以在不同的画类上完全表现其最深刻的感觉，无论是人物、马、花鸟、竹兰或山水画。

　　赵孟𫖯的后代画这类画的意图则与其相去甚远。谢伯轲（Jerome Silbergeld）在其最近关于台北故宫收藏的赵雍《骏马图》之研究中，即认为画家似乎是想将这件作品献给蒙古将军。[47] 虽然我们并不了解谢伯理的背景，但他有可能是与蒙古统治者亲近的北方中国人，只是当时于南方为官。而即便蒙元朝廷的势力已摇摇欲坠，赵雍与赵麟却仍旧忠诚地服侍蒙古人，也因此当他们各自描绘手卷中的画面时，都似乎将他们的忠诚表现在马和马夫身上。且尽管赵孟𫖯画作第一段人马时的用意与他们大异其趣，他们仍然将赵孟𫖯的那段画绘入相同的模式中。有趣的是，这个差异可以从三段画的风格中看出来，形象本身即相当有效地传达出画作本身的意义，毋需赘言。

47　Jerome Silbergeld，同注 44，pp. 178-192。

从赵孟頫、赵雍和赵麟三代的画作中，我们可以很清楚地看出马画的确代表不同的象征意涵。正面来说，这些以唐代模式呈现的骏马，将唐代这个中国史上最全盛时期的辉煌灿烂具体化，就如同曹霸和韩幹的绘画中，马所展现出来的力道、威严与优雅，正是中国文化传统发展到巅峰的象征。而这似乎正是赵孟頫对唐代马画的部分态度并反映出其追寻"古意"的理想。再者，美丽、优雅且具有优良血统的骏马也可象征文人。在官方立场上，贡马被视为对统治者之敬意与忠诚的表现。然而反面来讲，随着元代文化的发展，马象征着文人身处道德价值逐渐崩坏（如元代初年）的世界里所面临的困境。所幸元代拥有来自于北宋文人传统的新元素，李公麟马画中全然以白描线条表现的纯粹美感是如此被称颂着。换句话说，元代文人画家画马就如同画竹一般，这两种题材的优雅气质与风格，对他们而言都是文人精神的象征。然而在元代特殊的政治与文化氛围下，即使同属文人，对马画抱持不同态度的亦大有人在。马画对赵孟頫来说是一种文人画，充满了古意与完美文人所具备的高雅品味。但另一方面，蒙古人对马的酷爱却可能引起其他文人对马画的嫌恶。当赵孟頫与任仁发家族的成员纷纷被指派为元朝官员时，这种观感日形严重。也因此一旦元朝覆灭，盛行一时的马画便立时随之一蹶不振，从此以后也几乎不再有任何以画马闻名的文人画家出现了。

《人马图》令我们可以对元代马画的复杂意涵窥之一二。对于那些珍视回归过去传统以及作为大部分元代文人表率的人来说，这幅手卷处处泛着古意，且传递出一种对光辉过往的追忆情怀，与社会已然土崩瓦解的元代时期恰成一强烈对比。而这正是赵孟頫最大的意图。然而对于蒙古人及亲近蒙元朝廷的人士而言，像这样的马画正宣示着他们对这种随他们四处征战、助他们登上权力宝座的动物的挚爱，同时也传达出中国画家对朝廷的忠心耿耿，赵雍和赵麟画马的意图可能也在于此。不过整体而论，对赵家三代来说，马的的确确散发出所有他们乐意在其自己身上见到的特质：有才能、引人注目、温文儒雅和充满活力。即使画家们并没有在其作品上的题画诗中明确诉说，但相信许多文人看到这些骏马的形象时，必能了解深藏其中的微妙意涵。

（译者：黄思恩）

赵孟頫鹊华秋色图卷

关于赵孟頫的《鹊华秋色图》之评述，
恐怕没有人写得过李铸晋教授了。
他从此图的风格特点谈起，从题款去探讨它的时代背景，
从画上的印章和题跋去探索它的流传经过，这对一幅画来说，
那只是其来龙去脉的基本鉴定而已。
而李铸晋教授为了肯定赵孟頫在画史上的地位，
及其《鹊华秋色图》的价值，
他将之与唐代的王维、北宋的山水画大师和五代董源的传统做接续，
进而肯定了赵孟頫尊崇"古意"的艺术思想，
《鹊华秋色图》的艺术价值也从而奠定。
李教授此篇论述，写来气势磅礴，
同时也让人感受到他为赵孟頫定位的雄强企图心。

元代（1280~1368）所有画家中，赵孟頫可说是最多才多艺，亦是令人最难了解的一位画家。他是第一流的政治家、经济学家、文士、诗人、音乐家、书法家和画家[1]。他的天才可与艺术界的伟人如莱奥纳多·达·芬奇（Leonardo da Vinci），米开朗琪罗（Michelangelo）和彼德·保罗·鲁本斯（Peter Paul Rubens）相提并论。赵孟頫在各方面的成就，显然比较容易说得出来，但他的画艺却仍是中国画学研究上最困难的问题之一。在传为高克恭、曹知白、黄公望、吴镇、倪瓒、王蒙等重要画家的作品中，就是把一些明显的临摹本也包括在内，常常都带有某种一贯的画风，使人可以辨认出其一脉相承的独特传统。唯就赵孟頫而言，其个人的风格令人难以捉摸，在艺术上的成就则仍是一个谜。

赵孟頫卒于1322年，其行状亦成于这一年，其中这样写着："他人画山水、竹石、人马、花鸟，优于此或劣于彼，公悉造其微，穷其天趣。"[2]从当代的记载，我们得知整个元代的画家都对他推崇备至[3]。然而没有一篇当时人的评语能给我们一个有关他画风的清楚概念。而赵孟頫博大的艺术成就造成了一个错误的观念：人们都认为他可以任何方法和任何风格来绘画。这种观念就加深了整个困难。结果，各种具有不同风格的画迹（例如那些未能立即显出属于元、明各名家特征的画，人们都当作是赵孟頫的作品[4]。

这些传为[5]赵孟頫的作品，为数极多，我们细看一遍，便会立刻遇到很多重要的问题。我们能否以个人风格来分析赵孟頫？我们能否塑造出一个形象，这个形象既可代表这位代画家，亦可与当代有关他的记载互相吻合？或许他真的从多方面，以多种风格写画，而自己没有建立个人的画风，这假定有可能吗？最重要的还是他在中国绘画的发展史上占什么地位？

1　赵孟頫生平事迹最详尽的
记录是杨载（1271~1323）
修纂的《赵文敏公行状》，
成于 1322 年，即杨载之卒
年；今附于其子赵雍（生
于 1289 年）所编的《松
雪斋文集》中，其挚友戴
表元（1244~1310）作序，
1339 年刊印。其他关于
这位元代画家的标准传记
都据此而成。显著的一篇
如《元史》（明初编成）卷
172；另一篇增补而成的
纪传载于柯劭忞编，《新元
史》成于晚清至民国初年，
1930 年出版）卷 190；近
代有关赵孟頫的生平及作
品的著作，最详备的有冼
玉清的《元赵松雪的书画》，
《岭南学报》卷 2，第 4 期
（1933 年 6 月 10 日），页 1
至 70。相关中文论文包括：
李霖璨《论赵孟頫的书画》，
1958 年 7 月 14 日，台北
《日报增刊》；张隆延《以
书为画——赵松雪》，《文
星月刊》卷 9，第 52 期
（1962 年 2 月 1 日），页 36
至 37；蒋天格《论赵孟坚
与赵孟頫的关系》，《文物
月刊》，1962 年 12 月，页
26 至 31。相关日文研究，

特别是赵氏的书法，最精微的讨论见于外由军治《赵孟頫研究》与《赵孟頫年谱》,《书
道全集》（东京都：平凡社，1956）卷 17《中国：元明》,页 1 至 18。西文参考资
料中关于赵孟頫生平最详细的讨论是 Herbert Franke, "Dschau Mongfu, das Leben
eines chineschen Staatsmannes, Gelehrten Jahresübersicht"（赵孟頫：一位中国政
治家及学者的生平）, Sinica, vol. 15, pp. 25-48. 特别注重其绘画方面的有 Osvald
Sirén, Chinese Painting: Leading Masters and Principles（New York: The Ronald
Press, 1956）,vol. 4, pp. 17-24; Benjiamin Rowland, Jr, Encyclohaedia of World Art
（世界美术百科全书）（New York: McGraw-Hill Book Co., 1960）, vol. 3, pp. 363-
366. 而不少关于赵孟頫较早期的论文，在上列各书之书目中都有提到。

2　杨载，《赵文敏公行状》,《松雪斋文集·外集》。

3　《图绘宝鉴》（序文成于 1365 年）, 卷 5、作者论及赵孟頫，谓："名满四海"。另
一本重要的元代资料是《辍耕录》（序文成于 1368 年）卷 7、页 1，文中谓："以书
法称雄一世，画入神品"。

4　请参见 Osvald Sirén, 同注 1, vol. 4, pls. 15-23；藏于台北故宫博物院的画迹，
其复印本载于《故宫书画集》（北平：国立北平故宫博物院古物馆，1931）,《故宫
名画三百种》（台中县雾峰乡：台北故宫博物院，博物院共同理事会,1959）及《故
宫名画》（台北：台北故宫博物院，1966）。西方学者对这位画家的早期典型看法，
见于 Berthold Laufer 这段评语 "……以我所见，赵孟頫的画，比其他画家的有
更多临本，甚至近代注明年份或不注明的摹本也有。我本人不但看过，而且收藏
了数十幅赵孟頫的画，但并不相信其中任何一张是真的，我仍在翘首等待有幸能
亲眼看到赵孟頫真迹的一天。从我所见的临本中，我认为古今以来，他被人称赏
过度。而查理士·弗利尔先生（Mr. Charles L. Freer）这位见闻广博、志趣高
雅且评论中肯的收藏家，对我这个见解也不约而同的认同。"请参见' The Wang
ch'uan t'u' a Landscape by Wang Wei'（王维山水《辋川图》）, Ostasiatische
Zeitschrift, vol. 1（1912-1913）, p. 38.

5　Osvald Sirén, 同注 1, vol. 7, pp.102-104 中编的赵孟頫传世作品评注表中，包括了
74 帧作品。除此以外，作者曾看到的这表中并未提到的作品，也为数不少。

图7-1　元　赵孟頫　鹊华秋色图　1295　卷　纸本　设色　纵28.4cm×横93.2cm　台北故宫博物院藏

　　本文作者为要求得这些问题中的部分解答，故从事这项研究赵孟頫画艺的工作。不过关于这位画家的问题是如此复杂，而资料又如此浩繁，以致我们若要彻底了解赵孟頫，必须待未来者更大的努力。本文只集中探讨赵孟頫记录详尽，载明年份的一幅画迹，这幅短小的横卷，题为《鹊华秋色图》(图7-1)，现存台北故宫博物院。数年前曾在美国的中国故宫文物巡回展览中展出[6]。作者希望把这幅画的记录和风格特征作一详细研究，然后把这些资料与赵孟頫的个人生活思想，凡是传为他的意见和理论，以至元代历史背景联系起来，从而确立一个坚固的基础，使读者对他的画艺，包括了他个人的画风，他对美学的观念和他在历史上的地位，得到一个更深的认识。

一　《鹊华秋色图》的分析

　　我们研究任何一件艺术品，第一个步骤自然是彻底地审视它是否具有艺术价值，而撇开其画外证据所引起的种种观念思想，因为这件艺术品之得以在人们心目中成为不朽，完全视乎它本身的价值。以一幅中国画来说，这是基本的鉴赏方法，因为有时这件作品上的题款跋尾，牵涉到太多各种的文学思想和历史文献，以致人们反遗忘了它本身的优点。以《鹊华秋色图》为例，我们必须首先把画迹和画上的印记题款等暂时分开，才能欣赏到这幅画的特质。

　　这幅短小的横卷，宽28.4厘米，长93.2厘米，纸本，水墨及设色，或许由于年代久远，纸质呈浅褐色，画卷各处亦散落着不少裂痕。最明显的一线裂痕，从画卷右上角直贯"乾隆御览之宝"椭圆形御玺的右面。在赵孟頫题识的地方，亦有两行裂痕。幸而画面并无任何显著的损坏，故无需补贴修葺。画中景物，因以浅色的纸作背景，无论是墨画的或是设色的，都非常清楚分明。与前代大多数较深色的绢本画迹相比，这无疑是一个优点。

　　画中是一片辽阔的泽地和河水，从近景直伸展到远处的地平线。在这好像无际的平远景上，最重要的是两座山；右方突立的是三角形，双峰笔直的华不注山；盘踞在左面的是鹊山，形如面包，又如水牛的脊背。画题就是由这两座山而起的。鹊华二山与近景之间，树木繁多，疏落散布，有杨树、稚松及其他各类，后人则只简称为"杂树"。画的左方，可见山羊四五只，在几所简陋的茅舍间啮食。水边轻舟数叶，

6　这幅画迹最先在1930年代初期，由故宫博物院复制成一卷，包括题签和所有的跋语。近年全画重新复印设色，载于《故宫名画三百种》，同注4，第4册，图版146。美国举行的故宫艺术品展览会的目录中，亦有这幅画的片段，见 Chinese Art Treasures (中华文物) (Taipei: Institute of Chinese Culture, 1961-1962), pl. 69。这和 James Cahill, Chinese Painting (Geneva: Skira; distributed in the U.S. by World Pub. Co., Cleveland, 1960), pl. 103 相同。这幅画一部分的复印本亦可见于 L. Sickman and A. Soper, Art and Architecture of China (Baltimore: Penguin Books, 1956), pl. 122B。

舟中渔叟正安静地工作。其时正是秋天，一片宁静，有的木叶已脱落了，别的亦赤黄相间。然而村人对这些美景混然不觉，只埋头于他们日常的生计。但对画者来说，这一定非常难忘，使他对季节的交替，自然的雄伟壮观和人类的渺小，大大感触。这些情感，都在"愁"这个字所隐含的意境中表达出来。[7]。

这幅画看来虽似依真景画成，但画者坚实有力地控制着整幅画的构图。最明显的便是他把两座山排列得平衡相称；虽则一是尖峭的，一是圆拱的，但这两种不同的形状只是为了避免画面呆板而设。同时，画中虽然包括很多细节，但基本的结构却是相当简单的；只以直线和横线为主。画者很巧妙地把这些线条隐藏于林木、茅舍、牲畜、村人和其他景物中。结果各种韵律在全景中互相回应。一言以蔽之，这幅画迹可以说把画者所眼见的和他心中所想象的交融在一起。

在构图上，《鹊华秋色图》的画面可以分成三段。它的构成，正像一个交响曲的三段乐章一样。右起第一段以华不注山为主，这座山从地面突起，其尖峭高耸的气势象征着一派庄严。从这座山至近景，可见三丛树木，以第一丛最大，在山脚下列成一行，数约三十棵，全是稚松。深绿色的树和青蓝色的山互为呼应，树的垂直线加强了山坡的动力。这丛枝叶茂密的林木形成了一幅帘幕，与之相对的是两小组杂树，一组只得两株，另一组则有三株，树枝不是光秃，便只剩黄叶数片，其简单孤寂的样子正和鹊华二山一样；其左弯右曲的姿势和从近景到远处沼泽上的芦苇互相呼应。

第二段的中心点转移到近景来，以一大丛树木为主，衬托着背景一望无际的沼泽。这些树木都是干粗枝短，有的仍保持绿叶，有的叶已转为火红或黄，更有全株光秃，只余虬曲的细枝。这几棵树，每棵各不相同，各属一类，造成一种变化不同，错综复杂的感觉。不过树的种类虽繁，树干却差不多相同。这两特点互相对立。而生于树木间的凤美草，外形都十分类似，于是更加强了树木间的相同点。林木的直线和沼泽的横线互相平衡。弥漫全景，连绵滋生的芦苇把整部分的韵律契合起来。

第三段最为繁复。虽然这时焦点转回远处的鹊山，但由于此山不大，且山形并不特出，因之好像不及华不注山那么重要。为要弥补这不足，画者增加了好些景物。其实只有这部分，我们才可看到早期中国画三步深入从近至远的画法。与远处独立的山对立，中景画有三所茅舍，

7 《道园学古录》卷3，页1，虞集（1272~1348）《题赵孟頫〈秋山图〉》一诗的意境。

四周围绕着的树木，与第二部分的树木相同。这里有山羊五头，着以鲜黄色，此外还有一排渔网、老农一人。近景以四棵巨柳为主。我们把目光转移到这里时，以上不同的景物便显得调和一致了。一所茅舍半隐于柳树后，树前渔叟正从水中把网提出。树丛的横荫和远处山形遥相呼应。每所茅舍的外形再三重复同一韵律。直的芦苇和平的沼泽再次成为调和全画的基本因素。

在这三段中，画者极力要把各种景物联系起来。这三部分虽然有点像各自分开，但其实亦只是整体中的分子，其间并无显著的隔离。因之，山与山互相衬托：华不注山垂直的倾向，因鹊山的平横形状，显得更为突出，而反之亦然。由第一段的两小组树为之开路而连引到中部的一大丛林。随着这丛树亦预期第三段遍布了的草木。每一段之间都有很巧妙的转换点。第一段最左面的树倾向左方，与中段最右面的树衔接，形成拱状，这是联系两段的办法。在圆拱底下，这边有小舟、芦苇和狭长的岸线，那边也不例外。另一个连系的方法是：中段斜列的树木，好像继续华不注山坡斜倾的气势，一直至于前景的左侧。画中层次分明的程序由此而生；从第一段背景的尖峭山峰起，经树丛渐至中景，然后循着上文提到的拱形树木和斜列的树，进至中段前景的大丛林木。从这里，在中段和第三段之间继续依着同样斜的方向，我们的目光便移向柳树，再把往下望的方向转为向上，便看到村中的房舍和树木，最后止于鹊山。这座圆顶的山，呈青蓝色，披麻皴纹；山的左面有几株稚松，这是响应画卷开首主题的结尾画法。这样三段都紧密衔接，在风格上造成了一种强烈的统一感。

这三段的和谐，在整幅画中都可看到。颜色的运用是这和谐的一个重要的因素[8]，最主要的三个母题（motif）就是以之联系起来。鹊华二山着以深蓝，而中间的小岛则着以淡蓝。除了明显地用这种花青的蓝色外，画者十分巧妙地运用多种深浅不同的色调。在汀渚和树叶上所敷的蓝色，变化无穷，这是统一画面之法。与蓝色相对，其他的红、黄和褐色是一个调和的要素，从鲜红的屋顶起，这暖色逐渐散播到树叶和树干，然后更向外散发，注入所有汀渚之中。西洋画中最基本的关键是辅色的互相作强烈对比[9]，然而与此相反，这幅画中的淡蓝和深褐色差不多融为一体。

达到调和一体的第二种方法是用皴笔，二山和汀渚上所用的皴，元人称为"披麻皴"[10]。这种笔法一方面有表达的作用，描画出二山圆

8　传世的元代山水画中，虽然着色的不多，但元人的论著中，如黄公望的《写山水诀》（收录于《辍耕录》卷 8，页 1 至 4）常提及绘画时敷色的技巧。

9　中国人有关着色的画论，固远不及 19 世纪西方国家关于补色理论之详备。以蓝色和黄褐色对比的用法，一定是对色彩化合的直觉反应。自从班固（32~92）的《汉书》以来，中国人在传统上都以"丹青"这名称来称一般美术，这是颇有趣的一点。参阅《辞海》，子部，页 95。

10　"披麻皴"一名词，最早见于黄公望的《写山水诀》中，载于《辍耕录》卷 8，页 1，后来则称此种皴法之一种为"荷叶皴"。

拱的体积；另一方面，其自然潇洒的笔力，对整幅画的韵律也有很大的帮助。事实上，皴纹的分布加强了构图的重要性，尤以沼泽横展的岸线和二山的垂直线为然。

这幅画的特点是画中的笔法。赵孟頫与大多数同一时代或后世的画家不同。他并不是只用一枝笔来完成整幅画的。反之，我们可以辨认出他曾用三四枝不同的笔。大概他用最粗的笔来画第一和第三段的鹊华二山，汀渚的皴纹和稚松。其次他或许用一枝中锋的笔来画大部分的树木和茅舍，以刻画出微细的地方。再其次，他用一枝幼锋的笔来画那些精细的东西，如芦苇、小舟、人物和渔网。这各种不同的笔法，一方面显出赵孟頫在用笔方面全能运用自如，另一方面也反映出他力求画出自然真像的努力。不过，他的笔法已相当磊逸，可作自我表现的工具。这样一来，我们既可欣赏到这幅画的粗梗大略，也可看到其中非常精巧的细节。事实上，这层出不穷的技巧就是《鹊华秋色图》的特色之一。

丛生的树木虽不若二山单独地那么特出，然而毫无疑问，在整个构图上占有重要的地位。和其他景物相比，这些树木在画中更显出一种强烈的不同而又一致的感觉，不但把呆滞平板的趋势一扫而清，而且还给我们一个自然界纷繁茂盛的印象。这些树种类不一，在形状、大小、品种、位置和排列方面亦有差别。虽然如此，但这丛树木的主要作用，是借着重复的形状、层次井然的组合和互相关联的排列，使画中弥漫着一片调和的韵律。最有趣的是以芦苇作为主要的母题，从近到远，从画卷这边到另一边都蔓生着；其统一不变的形状和变化纷纷的树形成一个对照。所以芦苇虽然只占次要的地位，在构图上却有帮助树木达成统一调和的作用。

为要强调这种统一调和的气氛，画者在母题的比例和排列方面时出己意。井然有序的排列、分段的间隔、景物的形状大小不一等等。全是画者企图把自然现象凑合到心中景象的种种方法。就这方面看，最明显的地方就在他处理景物的比例。举例而言，鹊华二山和附近不远的树木房舍比较起来，好像很小；同时，这些树木和小舟、渔叟相比，又显得硕大无朋；只从尺度种类看，这些树使画中其他东西看来细小，相形失色。不过，画者之用这不相称的比例，一方面大概是要达到画面统一。就像以之一面镇压着那两座庞大巍峨的山、一面平和村夫、渔叟正从事的生计，从而表现出一种宁静安逸的感觉。另一方面，也是要使全画达到一种"古拙"的感觉：这种特色，是从古人的作品中来的，因为即使山形、树木、茅舍、船只和人物、牲畜等，虽都写得不全合乎比例，也不具那种媚人的艳丽，却有他们的独特与纯真的地方，使我们在一般景物的外形之外，还可以深入领略到古人的意境，所以《鹊华秋色图》充分地表现出一种超出时间空间限制的能力，把我们引带到如梦的平静和睦的乡间，使我们获得到一种新的经验和观点，以对现实有一个更深的认识。

《鹊华秋色图》的特点之一是画中自然真趣，毫无矫饰。这里没有令览者感到透不过气来的悬崖峭壁，没有千里连绵不绝的平原，也没有过于戏剧化的气氛。反之，图中所有人物、牲畜和自然景物都好像是我们所处环境中真实的一部分。事实上，画者在中段设置的水岛，直伸展到画卷的下缘，就像邀请阅览的人走进他所创造的境界里。这种恍能亲历其境的特性使人感到亲切，使人不知不觉地置身于图中。这种亲切感其实就是《鹊华秋色图》的特色。

当然，这种自然的倾向并不像 19 世纪中期欧洲绘画那样着重于直接描画出画者眼中所见的一景一物。在《鹊华秋色图》中，赵孟頫一点也没有要把全部景物都细意刻画的企图。反之这幅画是真景的体验和心中构图及对古人怀念而镕铸的完美结晶。是以《鹊华秋色图》别创一格，成为绘画中的精品。画者依照自己选择和组合的能力，把自然一变而为趣味盎然的画题。就这方面看，画者在画中表现的简朴宁静的景象和一丝怀乡的愁绪，流露出他渴望着远离世俗的烦嚣喧闹，重过村夫、渔叟恬静朴实的生活。在动荡不安的大时代，这是中国的文士、诗人和画家最好不过的逃避现实和面对现实的方法。

二　赵孟頫的题款与其时代背景

我们既已确定了《鹊华秋色图》的风格特色，下一个步骤就是查考所有和这幅画迹有关的文献记录，不论是画者本人，或其友侪、或后来鉴赏家的印章题款、或是其他收藏家的目录摘记都包括在内。我们若能明智地运用这些资料，在欣赏及了解这幅画迹方面，便会得到颇大的裨益。在这方面，我们非常幸运，因为关乎《鹊华秋色图》的文献，涉及这幅画差不多全部的历史。我们通过元初的文化艺术来看，对这幅画迹在画史上的重要地位将会了解得更清楚。

在年代和内容方面，最有价值的一段文献自然是画者的题款和印章，见于画面上半中部靠左的空白地方。题曰：

> 公谨父，齐人也。余通守齐州，罢官来归，为公谨说齐之山川，独华不注最知名。见于《左氏》。而其状又峻峭特立，有足奇者，乃为作此图。其东则鹊山也。命之曰鹊华秋色云。元贞元年十有二月吴兴赵孟頫制。

我们若从历史事实去了解这段题字，便可清楚看到画者作画的动机。

蒙古人成为中国北方的统治者虽已数十载，但1295年在元史中仍然算得是初期。根据中国历史记录的方法，1279年宋室尽亡[11]，那时才是元朝正式统一全中国的开始。由于这个特殊的局势，金军自1125年把宋人逐出黄河流域，造成中国南北两方在地理上和文化上的隔阂，至此时仍然存在。事实上，蒙古人在治理整个中国时，常利用这个分裂的形势。世祖忽必烈汗因为不信任南方人，故下令所有南人（居于淮河以南的人民）在元代社会所分四等人中，列于蒙古人、色目人、北方人之后[12]，地位最为卑贱。

在文化上元初中国南北两方大相径庭。南方以临安为中心，以南宋的传统为主。这时继续着宋廷早已鼓励各种蓬勃的活动，人们热切地讨论理学，诗歌以词为主，而绘画则以院体为重。另一方面，北方以大都（燕京）为首都，这京城接二连三相继为辽、金、蒙古等外族统治。虽则蒙古人早在1230年间已入据中国北部，但北方的文化在13世纪后半期仍然是萎靡不振，这是由于外族统治者只专心一意于军事势力的扩展。不过直至北宋时期，北方既一向是中国文化的中心，所以旧有的传统仍根深蒂固。这个地理上分裂的形势，是元初文化发展中最重要的因素[13]。

在画风上，这时期南方为前代宋廷倡导的院体所支配。以花鸟画（画院中最盛行的题材）而言，画风过于秾丽，刻意雕琢，且色彩绚烂。表现方法以情感为重，多涉及传说轶事，既琐细，又缺少了唐代、北宋画迹中浑厚磅礴的气势。只有马远和夏珪的画仍得有一点儿那股劲力；然而就是他们的小册页画，若与北宋的深度和广度相较，亦只显得好像太琐碎了[14]。反观北方，金人画家的成就虽不能与北宋的画家并

11 南宋首都临安（杭州）在1276年为蒙古军攻陷时，宋室遗裔，由忠心的臣子将领拥戴，在南方勉强难苦支撑，直至1279年，为蒙古军所追，面临被俘，由其中一位忠臣背负，跳崖投海溺死。

12 关于元人生活这一方面，请参见箭内亘著，陈捷、陈清泉合译《元代蒙汉色目待遇考》（台北：台湾商务印书馆，1975）。但最详备的著作是蒙思明《元代社会阶级制度》（北平：哈佛燕京学社，1938）。

13 关于元初这一方面，参阅 Frederick Mote, 'Confucian Eremitism in the Y üan Period'（元代儒者归隐的风气），Arthur Wright eds., The Confucian Persuasion（Stanford, Calif.: Stanford University Press, 1960）, pp. 202-240；孙克宽《元初儒学》，收录于《元代汉文化之活动》（台北：台湾中华书局，1968）。

14 近年纽约市的亚洲大厦（Asia House）曾举办南宋艺术品展览，请参阅 Asia House Gallery New York eds., The art of Southern Sung China（Text and catalogue by James Cahill）（New York, 1962）。

驾齐驱，但他们彻底地承继了李成、郭熙、米芾和文同的风格[15]。以金代最著称的画家王庭筠为例，他善画竹和树的声名反比他摹仿李成、郭熙二人的大气磅礴的山水画更为响亮[16]。

赵孟頫就是在这样的文化背景中长大。他生于 1254 年，是宋宗室的后裔，幼从名儒习中国典籍。在仕途上始作宋廷的一名小吏。二十余岁，他目睹宋朝为强悍的蒙古族所灭，他的前途美梦也随之而粉碎。遂只好退居离杭州不远的吴兴故里，致力于文史、诗、乐、书等古籍方面的研究。不久他的声名涌溢，成为"吴兴八俊"之一，而名重一时的画家钱选，即是其中一俊[17]。

1286 年元世祖忽必烈派程钜夫赴江南延揽贤能之士，此举或许是对当时不满元政府种族分等政策的文人所作的一种和解。赵孟頫虽是故宋宗室子弟，却成为受圣宠眷顾的二十余名士之第一人。据说他这选择，令他的友人钱选大为不满。钱选比赵孟頫年长一辈，对南宋忠贞不渝。他从没起过入仕元廷的念头，晚年时流连诗酒，以终其身[18]。赵孟頫其时仍只是三十余岁，他的想法大概和其他的人一样，认为这次元帝搜访遗逸是千载一时的机会。这种想法是由于在当时的中国，士人学者，凡欲有所作为，仕途便是他们唯一的途径[19]。

中国在元人统治之下，复归一统，南北两方的交通经过了一百五十多年首次恢复。不过年轻一辈的文士对过去北方文化虽欣慕已久，但政治局势却仍未稳定。他们虽曾研习传统经史，但大部分仍是面对惨淡的将来[20]。政府的科举考试已停止了数十年[21]。南方人常受到歧视，更糟的是他们必须忍受屈辱，眼看着目不识丁、学识肤浅的蒙古人高踞了地方和朝廷的职位。在这种种情况下，虽然很多南人都想前往燕京，但真能到达的，则寥寥无几[22]。

当时南方的知识分子对元政府有三种不同的态度。第一种代表了心存忠节，或是经过一连串挫折的人，他们对故宋忠心耿耿，坚决反对入仕蒙人。这些人中有郑思肖、龚开、钱选等画家，他们一生都留在南方，隐居不出[23]。第二种是比较和缓的分子，他们曾在元政府中任职，但目睹燕京官场的黑暗腐败，宁可解官，速回南方归隐。这些人中有曹知白、黄公望和王冕，他们任官不久，便厌恶京城的官僚生活，还乡度其余年[24]。第三种人在元政府中官运亨通，但为数很少。如任仁发、朱德润和唐棣[25]，而赵孟頫是其中最负名望的画家。

赵孟頫自 1286 年奉诏往燕京，到 1296 年在南方故里吴兴作成《鹊

15　根据《图绘宝鉴》中论及金代（1115~1234）的部分，金代是北方紧跟着北宋的朝代，其画家多师法北宋的名家或文人画家。

16　现存王庭筠最杰出的作品是《古木枯槎图》，这幅短横卷现藏于京都有邻馆（藤井家藏品），印本见 Osvald Sirén，同注 1，vol. 3，pl. 320 及 James Cahill，同注 6，p. 96。

17　这些提及赵孟頫生平的地方，大部分以注 1 所列的资料为据，特别是杨载修纂的《赵文敏公行状》。张羽（1333~1385）在他的《静居集》（《四部丛刊》本）卷 2，页 7 提到"吴兴八俊"。赵孟頫是否为钱选入室弟子这一问题，请参阅 James Cahill, 'Ch'ien Hsüan and His Figure Paintings'（钱选及其人物画），Archives of the Chinese Art Society of America, vol. 12（1958），pp. 12-13，他在文中支持钱氏与赵氏二人的师生关系；Fong Wen, 'The Problem of Ch'ien Hsüan'（钱选的问题），Art Bulletin, Sept., 1960, p. 188, note 68，方闻在此文中则不同意这见解。其实赵孟頫自己澄清了这一点，在其《送吴幼清南还序》一文中，荐其友

人与吴幼清交往，其中包括"吴兴八俊"数人。在这篇文中，他特别提到其中一人敫善，称之为"吾师"，提到钱选和其他数人则只称"吾友"（《松雪斋文集》，卷 6，页 10）。钱选是赵孟頫绘事之师这一传说，虽或有其事，但关系似并不太深，而为后人过度强调，这大概是由于曹昭《格古要论》（成于 1387 年）常引述他二人论及文人画真义的谈话而生。

18　钱选的生平概略，见上注 James Cahill 的论文；另除了方闻的论文外，尚有 Richard Edwards，《钱选和他的初秋》，Archives of the Chinese Art Society of America, vol. 7（1953），pp. 71-83，文中论及钱选的昆虫画。在中国画史论著中，有关钱选的最基本材料见于《图绘宝鉴》，页 98。事实上，在前注所引赵孟頫的序中，已反映赵孟頫与钱选之间的关系，在前者出仕元廷以后似乎仍是十分融洽。有关二人交恶的传说，大概是元末或明初时人，为要贬斥赵孟頫对故宋的不忠所捏造出来的。

19　关于中国士人对出仕元人的看法，可参阅 F. Mote，同注 13。周祖谟《宋亡后仕元之儒学教授》，见《辅仁学志》（中文本），第 14 卷，第 1 至 2 期，页 191 至 214；Li, Chu-tsing, 'Rocks and Trees and the Art of Ts'ao Chih-Po'（曹知白《树石图》及其画艺），Artibus Asiae, vol. 23, no. 3-4（1960），pp. 153-280（另有单行本）。

20　笔者在上注论文中已指出曹知白是处于同一环境的例子。

21　科举考试直至 1315 年才得以重新举行，时仁宗（统治期间 1312~1320 年）在位，对于中国文化最为钦慕。然而就是在这种考试中，也有蒙古人、色目人、中国人之等级分别，每一等人都有规定的名额。看看陈安仁《中国近世文化史》（上海：上海书店，1991），页 208。赵孟頫亦曾参与修正考试制度事宜。

22　注 17 所引赵孟頫给吴澄的书信中，就是人们陷于这个困境的最佳例证。他们二人在应世祖忽必烈之命、北上赴京的途中第一次相遇。1286 年至京都后，吴澄幡然有归志，赵孟頫在这封信中也承认他有同感，亦有去意，终竟偃留北方。赵孟頫在有些情形下，对燕京的境况大表不满。在他的《送高仁卿还湖州》一诗中（《松雪斋文集》，卷 3，页 12），他以京师的苦寒天气和江南冬暖百花乱发的情景作对比，暗示他对江南的乡思。

23　这一类的画家活动，可参阅《图绘宝鉴》，卷 5；James Cahill，同注 17 及 F. Mote，同注 13；后者特别论及郑思肖。一般人都以赵孟坚是这类画人之一，然而近年蒋天格在论文中（见注 1）认为他早在 1260 年，即蒙古军攻陷南方以前就已逝世。

24　关于曹知白，参阅注 19 所引的拙作。关于黄公望的仕途，可参见潘天寿、王伯敏合著《黄公望与王蒙》（《中国画家丛书》，上海：上海人民美术出版社，1958），书中对此有很简明的摘要；同一丛书中另有洪瑞《王冕》（1962），书中亦对王冕一生作详尽的评论。

25　任仁发是一位善绘马及人物的画家，14 世纪前半期在元廷作官，为都水庸田副使（《佩文斋书画谱》，卷 53，页 8）。朱德润及唐棣的简短事略及其官位，可见于《图绘宝鉴》，页 102。

华秋色图》前后 10 年，其间因公事的缘故，如为经济货币等改革筹划等事宜，视察儒学、兼管内政军事、为朝廷编修国史或实录等，使他有机会遍游北方。从艺术方面来说，他逗留北方最大的收获，是和唐代及北宋超卓的绘画传统接独频繁，因而引起了他对古画浓厚的兴趣。

1295 年，赵孟頫自燕京南归，是年冬在吴兴作成《鹊华秋色图》。他回来时带回中国北方搜求的大量画迹和古器物[26]。在他收藏的画迹中，有王维、李思训、董源、孙知微、李成和王诜的山水画；李思训、韩幹、周昉、吴道子、黄筌、董源、李公麟和王齐翰的人物画；至于畜兽花鸟画方面，他搜集到谢稚、韩滉、朱熙的水牛画，出自黄筌及徽宗手笔的花鸟，赵希远和崔白的兔，徐熙和赵孟坚的花卉，易元吉的竹石猿猴。以上所列，除赵希远（伯骕）、赵孟坚二人是赵孟頫的亲属外，其余的画家都是唐代或北宋人。从他这批藏画中，我们不难推想到他在北方游历时，一定见过更多这些时代的画迹。唐及北宋两代的影响，可能就此改变了他整个艺术生活的方向。

赵孟頫这批由北方带回来的古画器物，若与其父赵菊坡（或称与訔，1213~1215）载于同一目录[27]的藏画相较，便可见出其重要性。最明显的不同点就是赵父所藏的，全为韩滉、徽宗、黄筌、易元吉、孙知微、崔白、石恪及其他画家的人物画和花鸟画。而赵本人所收的却有不少是山水画。虽则这些画家同是自唐至北宋的人物，而赵孟頫所搜集的画迹中也不乏他们的作品，然而这些人就是形成南宋院体画风的人物。

杭州那里的南宋宫廷虽藏有不少前代的画迹，且一些高官也有私人收藏的唐代及北宋作品[28]，然而这些画迹一定和前揭的藏画一样，只投合喜爱院体画的人，至于年轻一代的画家，对此不感兴趣，故这些画亦鲜有人知。就是人们得见其中一二，亦必视之为古物，已不再是一个活的传统。这是由于元初画家的风尚，显出南北方地理上的分裂仍很尖锐：南方以钱选、赵孟坚、龚开、王渊、陈琳等人既秾丽又琐细的花鸟、马画为主；而北方画家如高克恭、李衎、商琦等则继承北宋米氏山水和墨画的画风[29]。以赵孟頫而言，他早年在南方可能已研习一些南宋以前的画迹；他在北方逗留了 10 年，这段时间当给他一个启示，把他从南宋画风中解放出来，又使唐代及北宋成为他心中一股新的动力。赵孟頫就是在这样的文化和艺术背景中画成《鹊华秋色图》的，这幅画和以上提到元初的两种画风，不论在题材，风格和意境上，都迥然绝异，成为一幅独树一格，有创新性的画迹。

26 记于周密《云烟过眼录》（《美术丛书》第 2 辑，第 2 集）卷 2，页 13 至 16。

27 同上注，卷 2，页 18 至 19。

28 上注周密同一著作中，记录了在杭州宫中及散落在南方私人收藏中为数甚夥的唐代及北宋（其中亦有 12 幅南宋）画迹，这些记载中，最生动的描述是叙述周密在 1275 年，即京师陷于蒙古人之手前一年，观看御府藏品。再者在另一著述中，我们知道在 1276 年 12 月间，杭州的御藏书画都运往燕京；请参阅王恽的《书画目录》（《美术丛书》第 4 辑，第 4 集，页 21 至 39）及张心沧 Inscriptions, Stylistic Analysis and Traditional Judgement in Yüan Ming and Ch'ing Paintings'（元明清画的题款、风格分析及传统鉴评），Asia Major N.S., vol. 7, no. 1-2（Dec. 1959），p. 211。事实上，王恽即是其时翰林院中的学士之一，所以他所著的目录是他为在京师所见一部分御藏而作的。另一规模宏大的收藏是宋丞相贾似道的藏品，虽然他在宦途中罹祸，但他的鉴赏学识最为当时人所推崇，参阅 Herbert Franke, 'Chia Ssu-tao（1213-1275）: a 'Bad Last Minister' ?, Arthur Wright and Denis Twitchett ed., Confucian Personalities（Stanford, Calif.: Stanford University Press, 1962），pp. 217-234。

赵孟頫题款中的"公谨"，就是周密（1232~1298）的字。周密是宋末元初的著名画家及鉴赏家[30]，是赵孟頫及其父的挚交，亦是前揭记述赵孟頫从北方携回大批藏画的作者。这幅画的画者虽称他为"齐人"，但这种称谓只能依照中国以先人居地及其祠庙所在地来定人们籍贯的习俗，方可说得通。周氏家族，正如南宋时代其他的北方人，在1126年金人入主中国北方后，早已迁离齐地。周密既生于1232年，在北宋灭亡的百多年以后，其家族移居中国南方至少也有两代了。1274年，周密得右丞相马廷鸾之助，累官丰储仓所检察，因此并无一临其祖先居地的机会。而赵孟頫的故里吴兴才是他真正的居地，所以他尝自称为"弁阳老人"（弁山在吴兴一带）。1277年，其府第为进侵的蒙古军焚毁后，他移居南宋时的首都杭州，终身致力于著述及鉴赏的工作。据传其藏品，不乏有名的书帖画迹[31]。

我们把周密和赵孟頫二人的传略作一比较，便可窥见《鹊华秋色图》一部分的意义。周密的家族虽源于齐，然而他一生却与南方人无异。吴兴是他的第二家乡，南宋首都杭州是他效忠朝廷的所在。周密其时将届五十，他眼见这两地为蒙古军占领，为表忠于南宋，他退隐不出，埋头于艺术文学的研究工作。另一方面，年轻一辈的赵孟頫受诏仕元。在这幅画作成的前十年，他有机会游历北方，而周密却没有这种机缘。1295年当他重回南方一游时，一定对周密叙述他在其祖居地所见所闻的事迹；且作为一种表示，特为周密画成这幅《鹊华秋色图》，使其对齐地有一个印象。大概由于这缘故，周密以"华不注山人"[32]为其别号之一。

在题款中，我们看到这幅画另一个不寻常的现象：就是画者除了命题外，还解释其中的原因。早期的中国画，只有一小部分有确实的地点，可以作为画家和现实直接接触过的稽考。《鹊华秋色图》就是其中的一幅。从历史事实可证赵孟頫本人非常熟识这地的风景。1292年，在元政府诏用的第6年，他被任为同知济南路总管府事。画题中所标出的鹊山和华不注山就在此地。他在这里任职数年，直至1295年，被

29　钱选是吴兴人，赵孟坚居于海盐附近，王渊和陈琳同来自杭州，这些地方全都在今日浙江省北部。另一方面，龚开原籍淮阴，在今江苏北部。这些资料可见于《图绘宝鉴》页99至102，及《画鉴》，页57至60。高克恭先世来自西域，后居山西大同；李衎原籍蓟邱，离燕京不远；商琦来自山东曹州，然而这三人在南方留过一段颇长的时期，结交了不少南方画家，有关他们的资料，可见于《图绘宝鉴》卷5。

30　周密的生平在标准著作中都有载，如《新元史》，同注1，卷237，页4；《湖州府志》卷19，页31；《续历城县志》卷43，页2至3等皆把有关周密的主要资料作了摘要。另一同样性质的著作是《周草窗年谱》，这本书是顾文彬《过云楼书画记》（序文成于1882年）的补遗。不过《过云楼书画记》并不完全准确。夏承焘所著的《唐宋词人年谱》是很详尽的年代记，文中很重要地把宋末元初时关于周密生平的著述连贯起来，有关周密的年代日期，本文作者大致上依照此书。

31　周密是元初见闻最广，记事最详，而又最多产的作家之一。他对古物，书画的鉴赏力已为人所共知，而他的著述后人都认为是当时最佳的资料，他亦以能画名，工梅、竹及兰，然其作品今已全佚，参阅《图绘宝鉴》页97。

32　这个雅号在《续历城县志》卷41，页2至3其传略中有载。

召回京师，作每一帝王驾崩后的惯例工作，为世祖忽必烈修实录[33]。在这幅画的真实性和可靠性中，隐含了赵孟頫为其友周密画出祖居地风光的本意。

鹊、华二山同是济南府附近的名山。据《山东通志》，鹊山在济南城北大约 20 里，华不注山在城东北约 15 里[34]。前者无峰，其形横展如一幅帘幕；后者与之成一对照，其形突立于地平之上，自为一峰，无其他小山相连。根据传说，华不注一名，意指一枝秀拔的花茎独立漂浮水面[35]。由于其形异，故一如赵孟頫在题款中已指出，这是此地最知名的山。但这二山之所以景色特美，引人入胜，是由于四周有秀丽的湖光水色，而济南亦是由此闻名。事实上，在今天的地理环境，这座山已为黄河的河水分隔。元时，黄河经开封后，继续南流，绕过山东半岛，从江苏北部入海。但在 1192 年以前，则北向流入山东半岛，经鹊、华二山之间。是以赵孟頫所画的湖泽景色实为黄河旧河床的一部分，如今已不复得见[36]。

据题款所云，《鹊华秋色图》并非成于济南，而是赵孟頫在其浙江本土依记忆画成的。是以画中现出画者在位置布局上，使用了某种程度的自由和选择权。画者之所以把二山后面全部的背景略去，用意是把主要的母题局限于前面的沼泽地。事实上，从地图上可见[37]，鹊、华二山相距甚远，但赵孟頫依己意把它们拉到一块，好像和观画者距离相等似的。上文提到他画中树木、茅舍、人物等比例的任意画法，也是属于同样的布局手法。

从题款中，画者的基本动机显而易见。由于周密终生没有还乡的机会，故赵孟頫把鹊山和华不注山四周地域直接画出来，作为对其友描述故里风景的一种办法。既是如此，画中现出一片忧郁的秋景，带着一丝怀乡的愁绪；这境界很可能使其友渴望回到先人的祖居地。对周密来说，他宁可在蒙古人灭宋以后退隐南方，深居不出，这幅画大概只表现出一个独一无二的心愿，就是重过画中农夫渔叟的简朴生活，远离像他一辈故宋忠臣所陷的政治困境。

题款是用小楷体书成，行气井然，字亦工整，笔墨颇纤细。每笔都是小心翼翼，笔划分明，但亦一气而成。赵孟頫是中国历史上最负盛名的小楷书法家，这篇杰出的题款自应出自这位名家的手笔。题字之末，有"赵子昂氏"方印一个；此印常见于其作品上[38]。我们虽然找不到赵孟頫其他的题字或印章，但这两点证据已够确定赵孟頫是《鹊

33 这些生平事迹，是由杨载所修的《赵文敏公行状》节录，见《松雪斋文集》页 2 至 3，赵孟頫亦有不少的诗抒述他对济南生活的感想。我们看后自然会感到他对宦途失意，渴望能像白鸥那样自由，参阅《松雪斋文集》卷 4，页 17。

34 《山东通志》卷 31，页 3 至 4。

35 同上。根据这资料，山名的第二个字，应读为"跗"音，而不读"不"音，"不"即花茎之意。

36 自 1192 年 ~1852 年之间，黄河从开封入淮河，南流出海，参阅 E. O. Reischauer and J. K. Fairbank, East Asia: The Great Tradition (Boston: Houghton Mifflin, 1958) , p. 20。

37 这区域的地图可见于《山东通志》。图上画的河流随着今日在北方的河道，流经二山之间。

38 这幅横轴上的印，一般人都认为是赵孟頫最可靠的印。请参见孔达、王季迁合著《明清画家印鉴》(上海，1940)，页 525，第二个印即是以此印为根据；《鹊华秋色图》卷上其他许多收藏家和鉴赏家的印章，亦为这本印鉴的二个作者，采用为典范印出，这帧作品上只有赵孟頫这个印，也显出这是一幅可靠的画迹，因为赝品上常有很多作画者的印。

华秋色图》的作者。

三　从印章题跋所见的流传经过

就印章、题跋来说，《鹊华秋色图》在中国画史上可说是装潢得最丰富的了。就现存的画迹来看，除了题款的部分和拖尾的跋外，最主要的空白地方布满了爱好艺术的乾隆皇帝的御玺和跋。对于只注重绘画品质的美学家，这种遍盖印章和满题画跋的趣味颇为掩盖了这件作品本身的精粹。然而美术史家则只注重与这幅画有关的各种资料，对他们来说，这些印章和序跋，在提供历史方面，大有作用。我们在这些资料中，确可知悉《鹊华秋色图》自赵孟頫画成之日直到今天，其间差不多连续不断的来踪去迹。

从表面的证据看，这幅画的装裱显出这件作品历史上重要的一面。画面是装裱在两幅同样的织锦中间。织锦和纸相连之处有若干印记。这些印章大部分属于 16 世纪的收藏家项元汴（1225~1590），其中一个属于文壁的长子文彭（1498~1573），余下几个则是纳兰性德（1655~1685）及其他后来鉴赏家的。除了这些清楚的印章外，还有几个虽是剥落模糊，但仍隐若可辨。有趣的是在这些褪了色的印中，有些只可见到一部分，不是在纸上的部分，便是在丝绢上的那半。其中有些是项元汴的印。这些都显示出这幅画最后一次装裱是出自项元汴之手，其时文彭很可能仍在世，因此这画末次装裱的年份，不会晚于 1573 年，即文彭的卒年。从那些隐若可见的印章所示，大概项元汴曾在画纸和前一装裱之间盖上了很多印。总括一句，我们如把此图定为一幅至少远至 16 世纪的古画，装裱的情状就是最有力的佐证。

一幅可靠的古代画迹，其特点之一就是画中的印章和题跋，大都不是依着明显的年代和次序排列。不过我们若细加审察，便会发现其中有某种前后一致的特质，对我们了解这幅画的历史，大有帮助。《鹊华秋色图》就是属于这类例子。画迹引首的大字标题，是 18 世纪乾隆皇帝的御笔。由于最后一次装裱是在 16 世纪，其时的画主项元汴必已把题画的地方留空。画题书在另一片纸上，这片纸与画面被一段淡蓝色的织锦称为"隔水"的部分分开。在这段丝织品和画面上，聚集了很多印记，从最早期画者的私印，到最末期宣统皇帝（1909~1911 在位）的御玺都齐备，还有前揭赵孟頫的题识和乾隆皇帝（1736~1795 在位）

的跋语数者。不过为了清楚起见，我们必须按照年代次序来讨论这些印章跋尾。

继画面之后，虽然紧接着是董其昌写在左侧那段隔水上的题跋，但时代较其尤早的跋语则悉书于另一张裱附于这段织锦之后的纸上。这些跋中，以杨载所题的为最早。杨载（1271~1323）是赵孟頫的挚友，其声名地位亦是赵孟頫一手提拔而致。他学问渊博，著作亦多，唯前半生四十年间，其才华一直只为南方的友侪辈所知。赵孟頫早年发现了他的才干，其后终于使他在燕京朝廷中扬名。延佑间（1314~1320），杨载擢为进士，旋受命为朝廷史官。或许由于这段交情，故1322年赵孟頫卒后，元帝命杨载为赵孟頫作行状。画成后二年，时杨载仍未赴京，始作跋，从字里行间已可见出他对赵孟頫的画艺认识之深[39]。

> 羲之[40]、摩诘，千载书画之绝，独《兰亭叙》[41]，《辋川图》[42]，尤得意之笔。吴兴赵承旨，以书画名当代。评者谓能兼美乎二公。兹观《鹊华秋色》一图，自识其上，种种臻妙，清思可人，一洗工气，谓非得意之笔可乎。诚羲之之《兰亭》，摩诘之《辋川》也。君锡宝之哉。他必有识者，谓语语也。大德丁酉孟春望后三日，浦城杨载题于君锡之崇古斋。

君锡这个号虽可能是周密的名字之一，但在他的字号中却未见记载，而崇古斋亦非其书斋的名称。所以这段跋语可能显示画成后二年间，已由此画原主周密转送给一个名为君锡的人。且周密卒于翌年（1298），故或因年迈转赠他人。杨载时年27，既是后者的挚友，大概在书法及鉴赏上亦颇负盛名，故其友恳之题跋一则。这三人年龄虽有别，但大约都属同道中人。他们这群文人，在元人歧视南人的压迫下，不得不蛰居于当时仍是南方士人集中地的杭州，以书画等艺遣闲自娱。其后或许再过十余年之久，杨载才得赵孟頫推荐上京入朝。

根据年份，其次是范梈（1272~1330）成于1329年的跋，文意大致相同[43]。范梈是南方学者，和赵孟頫一样，曾在燕京的翰林院作官，亦曾在中国南方任行政之职。他写道：

> 赵公子昂，书法晋，画师唐，为一代之冠，荣际于五朝[44]。人得其片楮，亦夸以为荣者。非贵其名，而以其实也。今观此卷，

39　关于杨载的一生，参阅邵远平《元史类编》（成于清初）卷35，页11。

40　东晋时代，山东临沂的王羲之（321~379）在中国历史上，被公认为是最伟大的书法家。其传略可见于《晋书》卷80。

41　《兰亭序》可说是王羲之最有名的作品。公元353年，王羲之及四十余书画友，雅集于浙江绍兴的兰亭，《兰亭序》就是他们为庆祝春节所写的诗的序文，据传字迹之精妙就是王羲之自己也不能再重写出来。根据很多有关这书帖的传说，这篇序文启迪了后世很多有名的书法家，都刻意加以临摹，而真迹则数百年来由其家族相传，其后却为唐太宗施计占得，为防止这本书帖落入他人之手，他命令把这篇序文和他同葬。从那时起，就是临本也为人们所渴求，今天最近原本的临本传说是15世纪初成

殊胜于别作，仲弘所谓公之得意者信矣。

　　一如前一段跋语，文中并没有道出范桿是这幅画迹的物主。这是由于元代的鉴赏家一般都不喜在画上盖印以示己物，他们对隽永的书法和题跋更感兴趣[45]。范桿在其名款上，加盖一个刻有"德机"（其号）的圆印。这时期唯一有关画主的迹象可说是画迹左下角欧阳玄的印。欧阳玄（1283~1357）原籍江西，是位文人，亦曾任高官[46]。和前两位作者不同，他并无作跋。

　　虞集（1272~1348）大概曾为赵孟頫另一幅画题跋，而明代的鉴赏家钱溥（1408~1488）把它抄到《鹊华秋色图》中，作为跋语。虞集是元代中叶名重一时的文人，亦任高官，与赵孟頫为知交，对后者的作品最为激赏[47]。跋文原本日期是1344年。虞氏谓：

　　　　吴兴公蚤岁戏墨，深得物外山水笔意。虽一木一石，种种异
　　于人者。且风尚古俊，脱去凡迹。政如王谢子弟，倒冠岸帻，与

者都指出他的书法以晋人为宗，即王羲之。参阅《图绘宝鉴》页96及《辍耕录》卷7，页1。

42　据称是郭忠恕摹写的《辋川图》卷，今所见的只是石印本（参阅以下注释110），序跋甚多，其中一篇谓杨载藏有郭忠恕临本，这段记载可见于姚惟清的跋，姚氏是何人，未详，但当是与杨载同一时代的人。

43　范桿的传略，载于《元史》卷181。他原籍江西的清江。他的名字似乎有点不符合的地方。在他的传略中，他被称为范桿，但在这段跋语的署名，末一个字是"杼"，这两个字并不通用。由于他的号是德机，所以这不可能是别一个人。故宫博物院江兆申兄，认为其原名或为范杼，"因'机杼'同为织布之用，名'杼'故字'德机'，古人中此例甚多，如'亮'字'孔明'，'飞'字'翼德'是也。元史作桿，或是改名，改名有因犯'庙讳'改者，亦有犯主试官'讳'改者，原因不一而足。"

44　这是指赵孟頫曾仕元代五朝皇帝。从世祖（忽必烈）的统治期1260至1294年开始，到成宗1295至1307，武宗1308至1311，仁宗1312至1320，到英宗1321至1323。在历史上，这是颇确实的，因为赵孟頫在1286年受忽必烈诏书，死时为1322年，在英宗在位期间。

45　就是以这幅画卷为例，赵孟頫只用一个印，而杨载且未系印。范桿有一印及署名，所以他们之中，没有一个多用一印，这里所指二段跋语都没有显出是书写的人藏有这幅画。收藏者遍盖印章，似是16世纪才开始的，特别是始自项元汴这位收藏家。

46　欧阳玄的传略，载于《元史》卷182及《新元史》，同注1，卷206，他原籍江西。

47　从《道园学古录》中一些为赵孟頫画迹题的跋语，可见虞集对赵孟頫画艺的钦崇，虞集被称为元代四大诗人之一，《辍耕录》卷4，页10至11记载赵孟頫曾为他润饰一首诗。虞集是四川人，他的生平记于《元史》卷181。

于东书堂那本，然而就是这个临本今日亦仅可见于一石刻搨印本而已。这搨本最近曾有复印本（王羲之《兰亭》字帖复印本，1962年台北出版）。

赵孟頫娴熟王羲之书法，特别是这篇《兰亭序》，这一点可从他自己的著作证明。在《松雪斋全集·续集》1至4页，有不少跋是为王羲之书帖写的。然而他最欣赏的还是《兰亭序》，虽然那时只已是石刻有定武石印本。显然他藏有定武石印本，在他为这个石印本题的多篇跋中，第一篇是在1289年题的，即在他画成《鹊华秋色图》前六年。1310年，他乘舟北上，随身携了这本石印字帖，就在32天旅程中，写了很多篇跋。在另一篇中，他指出在1295年，即画《鹊华秋色图》同一年，他的友人藏有石印本的印版，赵孟頫遂其请，作了一篇兰亭序的副本。所有元代的作

天下公子斗举止也。百世后可为一代规式。士大夫当共宝秘之。

这段跋语和前两跋之间，隔着另一段织锦。由于时日稍后，纸质
自然比较新白。

道教诗人及画家张雨（1277~1348）的一首诗，也属同一例子
[48]。在他的诗集中，有一首诗是为这幅画和周密而写的[49]。1630 年为某
人发现，求其友董其昌抄下来，作为这幅画的跋。内容提及这位元初
鉴赏家的一生，颇为有趣：

> 弁阳老人公谨父，周之孙子犹怀土。
> 南来寄食弁山阳，梦作齐东野人语[50]。
> 济南别驾平原君[51]，为貌家山入囊楮。
> 鹊华秋色翠可食，耕稼陶渔在其下。
> 吴侬白头不归去，不如掩卷听春雨[52]。

这首诗跋也是写在另一片纸上，被另一段织锦分开。由于习惯上，
鉴赏家常备一段长的白纸给后来的文人写下他们的评语，且项元汴的
印章见于纸与织锦交界处，所以这首诗跋在年代上虽比项元汴稍后，
但在项氏重裱这幅画时，这段纸必已附在画卷上。毫无疑问，张雨这
首佳作，把画中整个意境和感情融为一体。无怪乎董其昌受托抄录下来，
以之作为这幅画的跋。

元代的作者和画家在他们所题的这些跋中，似乎都从赵孟頫和周
密二人的关系着眼，作为了解这幅画迹含义的入手方法。由于二人在
元初都同享盛名，故这幅画迹必曾被当时的鉴赏家传观过，视为一帧
珍贵的作品。我们在下面将更详细讨论到这点。

这幅画迹在明代前半期的历史不甚详确，但从 16 世纪以后，却记
载分明。明代最早的跋是由松江知名文人，曾中进士的钱溥写的[53]。文
中指出他应友人之请，代抄上揭虞集的跋在这幅画上。钱溥这篇跋的
日期为 1446 年，于此可证赵孟頫这幅画迹，就是在院体和浙派最盛行
的时期，仍为世人所欣赏。

16 世纪，据传 1557 年，文壁已届 88 高龄，逝世前二年曾摹写《鹊
华秋色图》。这幅摹本似间参己意，据董其昌在文壁画卷上的题字，谓
后者"拟其（赵孟頫）意，杂以赵令穰"[54]。再者，文壁的画卷是绢本，

48 张雨原籍浙江钱塘，二十多岁便离家作道士，明初士人刘基曾为他作传，在张雨自己的诗集《贞居先生诗集》中也有载。他的正史本传是据此篇而成的。他是赵孟頫和杨载的朋友，其传略载于《新元史》，同注 1，卷 238。

49 这首诗请参见张雨，同上注，卷 3，页 8。这本诗集在 1897 年刊行。其中亦包括了赵孟頫的款识。

50 这句诗是指周密著作之一的《齐东野语》。

51 整句都是指赵孟頫而言。别驾是辅助一州行政的官名。这是指赵孟頫在山东济南路总管府事时的官位。平原君是周末战国期间赵国的公子，以好客慷慨著名，在这里，作者大概以赵国公子来指赵孟頫。

52 在这里，"侬"在吴人的方言中是用来自称的，在江南一带通行，由此看来，这是指周密的家族在吴地（包括了杭州和吴兴）既居数世，已自认为吴人，而不再是他祖居齐地的人。

53 钱溥的一生可见于《明史稿》卷 285，页 9。

54 赵令穰（大年）是宋代画家，活跃于 1071 至 1100 年间。和赵孟頫一样，他也是宋宗室子。董其昌的跋载于《文徵明汇稿》（上海：神州国光社，1929）页 95。

公谨父蓉人也余通守齐州
罢官来归为公谨说齐之
山川独华不注家知名见
於左氏而其状又峻峭特
立有足奇者乃为作此图
其东则鹊山也命之曰鹊
华秋色云元贞元年十
有二月吴兴赵孟頫制

《鹊华秋色图》赵孟頫题识

羲之摩诘千载书画之绝
飘川园尤得意之笔吴兴赵承旨
以书画名当代评者谓其
公若观鹅每秋毫一图自识其上雅
鬓奴清思旁人入泥工笔谓非得意
之笔千年诚载之、兰亭摩诘
君锡宾之载他去有识
之铜乎也君君锡宾之载他去有识
老谓流也大德丁酉至春空后三日
浦城杨载题于君锡之学古斋

《鹊华秋色图》杨载题跋

吴兴此图兼右丞北苑二家画法有唐人
之致去其纤有北宋之雄去其扩坡曰师
法捨短亦如书家以肖似古人不能变体
为书奴也

万历三十三年联画武昌公解题其昌

《鹊华秋色图》董其昌题跋

弁阳老人书晚宋时以博雅名
其烟云过眼录皆互贾秋壑
收藏诸图名书中鉴定入
隆圆初子昌游之因见阅唐
宋风流与辩舞柔回稽书
蓄书画学元昌师友阅源
海为一派焦画学而宗也
其昌重观

《鹊华秋色图》董其昌题跋

《鹊华秋色图》局部

55 同上注，页 95，这在 19
    世纪初鉴赏家吴荣光所写
    的跋提到。在这段 1834
    年的跋语中，他这样写道：
    "惟松雪卷白笺本，高与
    此（文代临本）准，而长
    不过 2 尺 1 寸，此卷绢本，
    长达 3 尺 5 寸……"。

56 王氏兄弟的传略见于《明
    史》卷 287。

57 汪珂玉，《珊瑚网》（成于
    1643 年，台北：台湾商
    务印书馆，1983）卷 23，
    页 1367。

58 项元汴的年谱是吴荣光
    所作。关于项氏收藏的经
    过，参阅 R. H. van Gulik,
    Chinese Pictorial Art as
    Viewed by the cnnoisseur
    （鉴赏家眼中的中国画）
    （New York: Hacker Art
    Books, 1981），pp. 401-
    402。

59 根据各种记载和目录，这
    是李龙眠最著名作品之
    一。据知两幅传为李氏所
    画的画迹，都是同一画
    题，今仍存于世。其中一
    幅是废帝之弟溥杰带出故
    宫的许多幅画迹之一，请
    参阅陈仁涛《故宫已佚书
    画目校注》（香港：统营
    公司，1956），页 5。除
    此亦曾刊印于《辽宁省博
    物馆藏画集》（北京：文
    物出版社，1962）中，图
    版 24 至 35。是书编者以
    这幅画是北宋末画家张激
    所作，而不以为是李龙眠
    的作品。这幅画的另一帧，
    今在华盛顿的弗利尔美术
    馆（Freer Gallery）很可

比赵孟頫的长三分之一 [55]。《鹊华秋色图》可能曾为文壁所藏，不过画卷上并无印记可证这种关联。然而正如前文已指出，画上却有文壁长子文彭（1498~1573）的印章。我们确知《鹊华秋色图》这时曾相继为两人所藏，文氏父子在其中一人家中观赏过这幅画，颇有可能。二人中第一个是王世懋（1536~1588），他曾中进士，任高官，工书法，善鉴赏，然其名气反为其兄王世贞（1526~1590）[56] 所掩盖。王氏可能比第二位收藏家先藏这幅画迹。王家与文家同为江南士大夫的名门望族，这两家既互相传看对方的藏画，交情必很深厚。王氏兄弟虽是名重一时的鉴赏家，但在画上却没有系印。王世懋在其著述中，谓《鹊华秋色图》："山头皆着青绿，全师王摩诘 [57]。"由于文壁和王氏兄弟都是名书法家，他们在画上的跋，很可能被剪割下来，作为学帖之用。第二人是人所共知的藏画家项元汴（1525~1590），他和文家大概亦有很深的交谊 [58]。正如在他其他的藏画上，项元汴是最先盖上十多个私印的第一人。在这幅画上，他把大部分的印盖在画面空白处，其他则散布在纸和织锦相接的地方；正如上文已指出，其用意是要表明这幅画最后一次装裱时仍属其藏品，画卷右下角的"其"字，亦是项氏藏画编号的标记。

这幅画所以成为名迹，董其昌（1555~1636）的激赏，也是一个主要原因。董氏且在画上题跋，共有五则。第一则书在紧接画面左旁的隔水上，记于 1602 年除夕之日，自谓 1582 年在项元汴家首次得见此图。

余二十年前，见此图于嘉兴项氏，以为文敏一生得意笔，不减伯时《莲社图》[59]。每往来于怀。今年长至日，项晦伯 [60] 以扁舟访余，携此卷示余。则《莲社图》已先在案上，互相展视，咄咄叹赏。晦伯曰，不可使延津之剑，久判雌雄 [61]，遂属余藏之戏鸿阁。

    能在辽宁那幅画是董其昌在跋中所指的一幅。然而董氏把这幅画卷和《鹊华秋色图》相连，颇令人费解。

60 这个名字虽然未能确实究是何人，但他看来必是项元汴的后人，非子即孙。

61 延津剑最先见于《晋书》卷 36，《张华（232~300）列传》。哈佛大学杨联升教授点出这个出处，作者深表谢意。

不过，董其昌 1605 年的跋才是最重要的。是则记于范柠跋语后，而两跋同书一纸。

> 吴兴此图，兼右丞、北苑二家画法。有唐人之致，去其纤。
> 有北宋之雄，去其犷[62]。故曰师法舍短，亦如书家以肖似古人，
> 不能变体为书奴也。万历三十三年晤画武昌公廨题，其昌。

从这里可见董其昌对赵孟頫重要性的重视。这一点下文将有更详细的论述。另一段 1629 年的跋语显示出他再次得见这幅画迹。由于他在文中提及一个名叫惠生的人展示此图给他观赏，所以这个名字可能是指项家中的另一成员。翌年，也是惠生求他把张雨的诗抄在画上，以此为跋。继这首诗跋之后，董其昌另题一跋：

> 弁阳老人，在晚宋时，以博雅名。其《烟云过眼录》[63]，皆
> 在贾秋壑收藏诸珍图名画中鉴定[64]。入胜国初，子昂从之，得见
> 闻唐宋风流。与钱舜举同称耆旧。盖书画必有师友渊源。湖州一
> 派，真画学所宗也。

这位明代鉴赏家虽对这幅画爱之不已，但他除了或曾从惠生处借阅外，似乎从未能把这幅画收为藏品。但无论如何董其昌显然有机会仔细观摩此图，故最深知其历史性的价值。此外，他似曾制作了数帧摹本，其中一幅仍存于世（图 7-2）[65]。虽则他把赵孟頫的横轴变为立轴，而且只着重于峰峭的华不注山，但其中大部分的母题，都可在赵孟頫原画中见其痕迹。

董其昌的友人陈继儒（1558~1639）亦必非常熟识这幅画，在《妮古录》中，他这样写道："鹊华秋色卷，赵子昂为周公谨作。山头皆着青绿。全学王右丞与董源[66]。"这似乎是由上述王世懋的评语演化而成的另一说法，也反映出他和董其昌 1605 年的跋意见相同。清初"四王"之一的王鉴（1598~1677）也是董其昌之友。董氏卒于 1636 年，王鉴在他逝世前曾前往造访，故亦得览观这幅画迹的机会[67]。

大约至 17 世纪初期，张丑（1577~1643）得见此图，并记于其著名的目录《清河书画舫》中（1616 年初版），同时附有赵孟頫的题字和张雨的诗。他经过一番观摩后，加上下面的一段评语：

62　显然地这反映出董其昌对唐代及北宋代的个人见解。在这篇论文第七节将有更详尽的讨论。

63　这就是上注及注 26 至 28 所揭周密的著作。

64　贾秋壑的正式名字是似道。在注 28 已引述过。他是一个很有创见的人物，宋末时为丞相，在经济措施上进行多项革新，激起中国南方世家大族的反对，因此被贬黜，且在放逐期间受害。由于这样，从此他在中国史书上都受人责难，称为"末代佞臣"。近年来 Herbert Franke（见注 28）的论文为贾似道辩白，认为他是宋亡之前极力挽救当时危机的一个有胆识的革新家。不过在艺术圈子里，贾似道对书画的鉴赏力不但闻名，而且常得人们的尊敬。这种才学，至少在画史上，可弥补他作为一个政治家的佞名。参阅周密，《癸辛杂识》后记，页 29 至 30，及《辍耕录》卷 1，页 21。

图7-2 （传）明 董其昌 仿赵孟頫着色山水 轴
引自《董盦藏书画谱》 （大阪 博文堂 1928）

65 18世纪的阮元谓董其昌曾摹写赵孟頫这帧作品多幅，请参见《续历城县志》卷8，页21，其中一幅立轴，可能就是本书从齐藤悦藏，《董盦藏书画谱》（大阪，博文堂，1928），图版29复印的一帧。董其昌在画的右上角题道："赵吴兴画，余见之成康沈氏，因忆临之。"这段附注有点难明，由于董其昌对赵孟頫这幅画十分熟识，当应更明显地鉴明这幅画，这就成为我们怀疑这幅董其昌摹本是否可靠的根据，从画本身看，无疑这是一幅摹写赵孟頫画迹的画，但却很可能是一幅临本的摹本。

66 陈继儒《妮古录》卷2，页6。这句话似附和董其昌的跋，或是董跋附和这句话。

67 郭味蕖编《宋元明清书画家年表》（北京：人民美术出版社，1958），页234提及此事。他以梁章钜（1775~1894）的《退盦题跋》作为他这句话的出处。

> 子昂书画亦优，然画实胜书，允为前元绝品。予向见其《鹊
> 华秋色》一卷，按题盖为周公谨作，山头皆着青绿，全师王维遗法。
> 虽尺许小图，而具无穷之趣，昔人论书云：'小心布置，大胆落笔。'
> 又云：'意在笔先，笔尽意在'。此画有焉。今藏宜兴吴氏[68]

这段评语显出作者对赵孟頫的作品了解透彻，因为提到书法的技巧，赵孟頫这幅画，一如我在上面说过，是理想和观察的结晶，而其中的笔法是联系整幅画的因素。

文中提到的吴氏，似是指万历年间（1573~1619）曾举进士的一名官吏吴之矩（号正志）。张丑指出他藏画甚丰，其中一幅是黄公望的《富春山居图》[69]，果若事实如此，那么吴氏并非是下一段跋语的作者吴景运了：

> 向见董宗伯临文敏公《鹊华秋色图》。已叹赏不置，今获观此卷，更觉一辞莫赞。乃知书画一致。知之而不能为之，为之而不能名之也。壬寅秋八月，谨识于南山阁，荆溪吴景运。

由于荆溪是宜兴的一部分，而吴之矩亦是荆溪人，我们若假定这两个吴氏虽不是同一人，但二人间必互有关联，亦不无道理。吴景运的跋中只有推崇之辞，并没有注明自己是画主。画卷全幅，并无吴之矩的印记，可以证实张丑的记载。同时，这段跋语的日期也引起一个疑问。壬寅这个年份不是指 1602 年便是 1662 年。前一日期和董其昌 1602 年题的跋似有所冲突，因为董氏在其中指出项晦伯曾给他看此图真迹。由于这点，故后一日期似较可信。再者，吴景运的跋在董其昌各跋之后，董氏最后一跋题于 1630 年，是以 1662 年这日期更为确当[70]。

根据其中一些印章，其时这幅画大概落在山东胶州的张姓人家中，张若麒的印显示出他是张家收藏《鹊华秋色图》的第一人。张氏在晚明时曾举进士，当时民变四起，1644 年且引致满州人得以入据中国[71]；张氏亦有参与其事。他或许就是在明清交替的动荡时局中，偶然得获此图[72]。他卒于 1655 年，在前一段跋还未书成之前。然而张家与这幅画最有关联的是张应甲（号先三）。张应甲定必是张若麒之子，其印记在画上亦可数见。1663 年，他对名鉴赏家吴其贞展示此图，吴氏后将

68　张丑《清河书画舫》（1926年版），酉部，页 17。

69　同上注，戌部，页 23，其中谓"近见吴氏藏公《富春山图》一卷。"清初不少的著述提到这幅画卷被焚毁的奇怪故事时，都证实这位吴氏即吴之矩。温肇桐《元季四大画家》（香港：香港幸福出版社，1960）页 21 至22 亦有摘录。

70　根据与这幅《鹊华秋色图》复印本附在一起的故宫博物院原有记载，及引自宜兴县志，吴景运在 1653 年擢进士。这个日期使他 1662 年的跋更为可信。

71　参阅 1928 年出版的《清史列传》卷 79，页 50。由于他常常转换投诚的对象，从明代到李自成，到吴三桂，而终之则拥护清朝，所以他在传略中受到颇不客气的评论。

72　举例来说，项元汴的藏画是晚明最著称的巨大收藏之一。清初为千夫长汪六水占为己有。参阅臧励龢等同编，《中国人名大辞典》（上海：商务印书馆，1921）页 1214。

此事记下[73]。

　　曹溶（1613~1685）在仕途上的际遇，和张若麒的无大差别。下面的跋出自其手，文笔颇为雅致[74]

　　　　世人解重元末四家，不解推尊松雪，绝不足怪，不过胸中无
　　书耳。余见松雪画至夥，绚烂天真，各极其致。此为公谨作图，
　　用笔尤遒古，殆以公谨精鉴别，有意分《烟云过眼》[75] 中一位耶。
　　卷藏金沙旧家[76]，今归胶州张先三。鹊华两山有灵，故使主人涉
　　江数千里，攫取此卷还其乡也。曹溶题于双溪舟中[77]

　　然而在山东并未寄存多久，这幅画很快又落入他人手中。第一个是非常著名的收藏家宋荦（1634~1713）[78]。他以鉴赏家的身份在许多画迹上盖了不少印章，故名于世。然而《鹊华秋色图》上却无任何宋荦的印记。不久，画卷辗转为康熙朝中一名满族宰相所获，后再传与其子纳兰性德（1655~1685）。纳兰性德虽然早逝，但曾擢进士，不但仕途得意，而且还是一位知名的文学家[79]。他和项元汴的趣味相同，只在画上散置印记，而不题跋。从他那里，这幅画大概落入著名的鉴赏家梁清标（1620~1692）之手。也许梁氏既与康熙皇帝交谊甚笃，遂将此图献归御府收藏。以善画人像名于康熙一朝的禹之鼎（1647~1705），在《鹊华秋色图》仍为梁清标所藏时，或已入御府以后，作了一帧临本。而其时着有数册有趣目录的名鉴赏家高士奇，亦曾题跋，叙述这幅画的历史[80]。18 世纪有名的画家高凤翰（1683~1747）也作了一首诗，重

73　吴其贞《书画记》（上海：上海人民美术出版社，1963），页 474 记载了他在 1635 年至 1677 年间所看到的书画帖。其中这样写道："以上三图（包括《鹊华秋色图》是张先三携至吴门（苏州）访余于庄家园上。观赏终日，不能释手。先三山东胶州人，阀阅世家，乃翁（张若麒？）笃好书画，广于考究古今记录。凡有书法名画在江南者，命先三访而收之。为余指教某物在某家所获去颇多耳。时癸卯正月十日。"

74　曹溶的生平传略，可见于《中国画家人名大辞典》页 407；《中国人名大辞典》，同注 72，页 991；及《清史列传》页 78。

75　这是以上注 26 至 28 提到周密同一目录。

76　作者所能找到的就是：金沙是南通一地的小镇，在长江北岸的江苏省。其地是否有人曾收藏这幅画迹，颇难证实。另一方面，金沙很可能是宜兴或江南地区中的一个小村落，若然，意即指上文指出那些收藏者其中一人的居处。

77　双溪大概是山东胶州的地名。

78　《续历城县志》卷 8，页 25 至 26 所载这幅画的历史中有提及这本书引述《乡园忆旧录》为此点的出处。然而这幅画卷中并没有宋荦的印或跋，可说是奇怪的事。可能他只藏有临本之一，而说以为就是真迹。宋荦的传略，可见 H. Giles（瞿氏），A Chinese Biogrophical Dictionary（中国名人辞典）（London: B. Quaritch; Shanghai: Kelly & Walsh, 1898），第 1837 条。

79　这位早逝的满洲学者的传记，可见于赵尔巽等编《清史稿》（出版地不详：出版者不详，1927），卷 489，页 26，及《清史列传》卷 71，页 22。朱彝尊（1629~1709），《曝书亭集》卷 54 提到这幅画曾为纳兰性德的父亲所藏，后传其子。参阅《周草窗年谱》页 362。

80　禹之鼎是扬州人，康熙时作朝廷的画师。他的小传载于《中国画家人名大辞典》，页 260。关于他摹写赵孟頫画迹的记载，出自《续历城县志》卷 8，页 18 至 19，其中引述高凤翰（1683~1747）为这幅画所题的跋，此跋载于其《南阜诗集》中。高凤翰指出高士奇曾为这幅画的摹本题过跋。同一书中页 25 至 26，另一地方也是这样引证。

述这段史实[81]。

由于乾隆皇帝对这幅画特别感兴趣，故这幅画的历史并没有因入御府而中止。如上文所述，这位皇帝以大字在画上标出画题，系以无数的御印，而且跋题凡九则，把画面和题跋部分的空白地方都差不多填满了。这幅画的全部印记、题跋，从这一时期开始，才得载于御藏目录《石渠宝笈》（1745 年完成）的初编中[82]。和乾隆皇帝在其他画迹上所题的跋不同，《鹊华秋色图》的跋，不但显示出这位君主对这幅画如何珍视，而且更成为其历史上一段有趣的插曲。根据这些跋，我们知道乾隆在 1748 年巡狩山东，目观鹊华二山，因而忆起赵孟頫这幅画迹[83]。他对此地景色和赵孟頫的画艺非常叹赏，即命侍从飞骑往北京御府，取来画卷；遂能以画迹和眼前的风景互加印证[84]。他发现到二者同样雄伟壮观。在比较中，他修正了赵孟頫的一点错误。在其自题中，赵氏谓鹊山在华不注山以东，但两相对证之下，乾隆却发现鹊山在华不注山以西。

这段小插曲以后，加上乾隆对此图珍爱，和各画家所制的临本等，其时一定使《鹊华秋色图》在画家和鉴赏家的圈子里，成为一段传奇。事实上，赵孟頫所画的两座山，在文学传统上，可以远溯至唐代诗人李白（701~762）咏鹊山的一首诗[85]。王恽（1227~1304）和赵孟頫是同时代人。1284 年他游经此地时写道："济南山水可游观者甚富，而华峰泺源为之冠[86]。" 18 世纪御藏目录的编纂人之一阮元，常在其笔记中论及这幅画的事迹[87]。总括来说，二山在山东历城一带，就其地域志云：18 世纪，"鹊华秋色"早已成为此地名胜，一般旅客都不愿错过的；而且更触发文人雅士题咏诗词，鉴赏家则记事评论。这些人中有阮元、高凤翰和全祖望[88]。

这篇颇长的讨论，显示出从画外证据方面，我们可以很完整地追溯到这幅画迹自赵孟頫题识，一直到今日珍藏于台北故宫博物院，期间的历史[89]。《鹊华秋色图》所享的声誉显而易见，很少中国画迹像它一样有完整的记录可考；且这幅画不但与元代有名学者如虞集、杨载、张雨和欧阳玄等有关，亦与后来著名的收藏家如钱溥、文徵明、项元汴、董其昌、梁清标及纳兰性德等有牵连。就年代次序来说，其历史亦颇合理，并无严重的出入。至于纸质、织锦、印章、题跋和装裱等证据，亦很可信，绝无瑕疵。凡此种种因素，从中国传统的鉴赏学着眼，都证实了这幅画是赵孟頫的真迹。

81　前注所揭《续历城县志》中的二个出处也有提及。

82　《石渠宝笈初编》卷 33，页 1，最近这记录已刊印于《故宫书画录》卷 4 页，105 至 109。

83　参阅清史编纂委员会编纂《清史》（台北：1961），第一册，页 149，其中记述了乾隆在 1748 年巡视山东的情形。

84　由于直至 19 世纪初期黄河还未改道，依循原来流过鹊山和华不注山之间的旧河床，所以其时这地方的风景当与赵孟頫所画的无大差异。

85　李白的伯父其时恰为济南刺史，他和这位伯父乘舟共游鹊山湖时，写了三首有关这地的诗。参阅《全唐诗》第 3 册，页 1826。

86　王恽《秋涧先生大全集》卷 38，页 4 至 5。这本书中也有一首写华不注山的诗，见卷 10，页 1。

87　《续历城县志》卷 8，页 21 引述《小沧浪笔谈》一书，其中包括了阮元对这幅画历史的评论，有关这点的其他记录，亦可见于他的著作《石渠随笔》。

88　《续历城县志》卷 8，页 1 至 2 中很多这类的记载，这些长篇文章，大多出自清代学者和官员的著作，显示出那时候已成为很著名的传说。

89　这幅画以后的历史，当然成为中国故宫藏品历史的一部分。参阅那志良《故宫四十年》（台北：台湾商务印书馆，1966）。

　　这篇画外证据的详细审查，虽是我们鉴定《鹊华秋色图》是这位元代画家的可信作品时不可缺少的步骤，但我们仍须记着这些画外证据的用途也有一定的限度。在中国绘画史上，好事家常巧妙地伪造、变换、临摹真迹；剪割重列印章、题跋等事，屡见不鲜[90]。就是在这幅画，元人题的两段跋语，亦为明代鉴赏家抄下，插入画中。虽则很幸运地，抄录者注明了这两跋的全部资料。这两段跋语本身，可作《鹊华秋色图》可靠性的最佳证据，因为狡狯的伪造家必然把虞集和张雨的跋当作他们的原作，而不令作为抄本的。无论如何这些记录只可用作佐证。我们还要做的是审视画内的证据，即画中各方面的风格，看看《鹊华秋色图》作为一幅元初画迹，能占怎样的地位。

　　不过在研究画风上，这些印章和题跋顺序给我们提供极重要的端倪。因为除了这幅画明显的传奇性事迹外，这些证据使我们明了历代画家和鉴赏家对这幅画及其作画者的各种见解。他们常把这幅画和王维、董源的作品连在一起，不断申说画中的古意，又提及山顶着以"青绿"之色，更企图通过赵孟頫的书法来论此画。这些都是我们要转移方向，深入研究《鹊华秋色图》风格的主要原因。我们若要鉴定和了解这幅画迹在历史上的重要地位，必须把这些线索和风格特色联系起来，作为基本的入手门径。

四　《鹊华秋色图》与王维《辋川图》

　　除了顾及表现方法，美感和文献记录等因素外，我们心中会立刻兴起一些问题：何以见得这幅画迹是元初的作品？这幅画迹中是否有些特色只能在这时期才找得到，而别的时期却没有？为要找到更确切的答案，风格分析的范围，特别是有关历史方面，必定要推得更广。我们若从中国画风格的历史事实看这幅画迹，或许可以更准确地指出《鹊华秋色图》自成一家的因素。

　　前文所论各种美的因素都有其本身的历史渊源，这些因素合起来看，常呈现出风格的来踪去迹，清楚得令人惊诧。《鹊华秋色图》可说是其中一例。这幅设色，据真景而成的画，特重"青绿"之色，画中分为数节的结构，忽大忽小的景物等，在风格上，都似以唐代山水为楷模。就在前揭的题跋，其中数则同认为《鹊华秋色图》的风格源于唐代 8 世纪时的画家王维。这见解至为重要。我们须知这是赵孟頫的

90　欲得一个中国书画伪造的概念，参阅 R. H. van Gulik，同注 58，页 379 至 392；E. Ziircher, "Imitation and Forgery in Ancient Chinese Painting and Calligrahhy"（中国古书画的临摹及伪造），Oriental Art, N.S., vol. 1-4（winter, 1955），pp. 141-146；张心沧，同注 28, pp. 207-227；方闻，"The Problem of Forgeries in Chinese Painting, Pt.1"（中国画赝品的问题，第一篇），Artibus Asiae, vol. 25, no. 2-3 (1962), pp. 95-140.

挚友杨载首先提出来的，继之者有年轻一点的范梈，他和这位画家是同一时代的人。三百年后，陈继儒、董其昌二人重申此说，其在中国画史上的根深蒂固，可以想见。是以，我们要清楚明白《鹊华秋色图》作为一幅元画的重要性，就必须在中国绘画方面，研究一下王维的画风。

王维（699~759）逐渐登上中国美术传统峰巅的情形，已是人所共知 [91]。在有浪漫色彩和奢华的明皇统治期间，他在长安的朝廷中任高官，亦是名重当代的诗人。他曾在宦海中浮沉，渐渐养成了隐士的性格，潜心于佛理。但在绘画方面，当时的评画家并不把他看作第一流的画家。唐末，朱景玄在评论画人时，把他列入第二等的"妙"品中 [92]。另一位9世纪中期的画史家张彦远，对他的作品也不特别感到兴趣 [93]。自唐迄宋，在重要的画史记录中，很少画家被认为师法王维的画风 [94]。

北宋末期，由于文人创立了各种关于绘画的理论 [95]，人们对美感的看法随之而改变，而这位诗人画家此时才得崭露头角，为人所重。1060 年，这新理论的领导人苏东坡，在长安以西的开元寺中看到王维画的一些壁画后，很受这位唐代画家的画艺感染。他以王维和当时声名较盛的吴道子相比，写下了这句名言："吾观二子，皆神俊。又于维也，敛衽无间言 [96]。"由于这新的评价，王维开始得以在中国山水画中享有崇高的地位，直至后代不衰。

苏东坡对王维作新的评价，无可否认，主因之一是王维画中具有一种特质。我们不妨细味一下张彦远这段记载：

> 王维……工画山水，体涉今古……原野簇成，远树过于朴拙，复务细巧，翻更失真。[97]

这段文字明显地表示唐时的画，以"细巧"为准则，而王维却不善于此，反之，他以"簇成"、"朴拙"胜，而这种风格在张彦远的眼中，却是"体涉今古"。随着文人画的兴起，人们在衡量一幅画的高下时，逐渐排斥力求精细的"形似"，而以表现自由为新的标准。这一转变，使人们从设色画转爱水墨画，重表现过于技巧，求简去繁 [98]。

王维虽声誉鹊起，但其时并没有任何文人画家随其画风。不论是从画竹，线条或是米氏画风来说，文同、李龙眠、米芾和苏东坡都各有其独特的风格。王维的风格就是对 11 世纪末的画家们，已像是距离甚远。举例而言，米芾在《画史》中，提及王维只有两点：一是善画

91 关于王维在中国画的问题最精要的讨论是 Osvald Sirén, 同注 1, vol. 1, pp. 125-135。亦可参阅滕固《唐宋绘画史》（北京：人民美术出版社，1958）页 32 至 36；童书业《唐宋绘画谈丛》（北京：中国古典艺术出版社，1958）页 32 至 37；何栾之《王维》（《中国画家丛书》，同注 24）；庄申《王维研究》（香港：万有图书公司，1971）。

92 参阅《唐朝名画录》（美术丛书）第 2 集，第 6 辑，页 7。

93 张彦远对王维画艺的评语，见《历代名画记》卷 10。

94 举例来说，在郭若虚的论著中提到所有北宋画家，只指出董源师法王维，参阅《图画见闻志》卷 3。

95 有关宋画标准的改变，参阅 A. Soper, "Standard of Quality in Northern Sung Painting"（北宋画迹的质素标准），Archives of the Chinese Art Society of America, vol. 11 (1957), pp. 8-15；O. Sirén, The Chinese on the Art of Painting（中国的画艺论），pp. 38-90。至于文人画发展，参看滕固，同注 91，页 71 至 83。

96 见《苏东坡集》。

97 张彦远《历代名画记》卷 10。

98 文人画与"形似"之间的问题，作者在关于曹知白一文（见注 19），页 174 至 179 中已作讨论。

雪景；二是关于山庄辋川的画迹。根据米氏，当时差不多所有的雪景画都已为人（错误地）认作是王维或其门人所画的。米芾对王维的新兴趣，在元人对这位唐代画家的看法上，有决定性的影响力[99]。

南宋时，画院牢牢地控制着绘画的法则，朝廷的画师对文人画派都不屑一顾。反之，在北方金人统治下，文人画却能继续下去。虽然并无任何金人画家被认为是王维的继承者，但北方画家多师法文同及米芾[100]，这一现象大概使王维的声名，持续不衰。前文提到赵孟頫在元初始与中国北方接触，由此给了他绘画上一个新的方向。

赵孟頫对王维感到兴趣，除了友人的跋证明外，他自己的评语也可为证。其中有一段是这样写的：

> 王摩诘能诗更能画，诗入圣而画入神。自魏晋及唐几三百年，
> 惟君独振，至是画家蹊径，陶镕洗刷，无复余蕴矣。[101]

这种对王维的新评价，使他差不多成为许多元代画家的模范。其时不少题跋都推许王维为达到高超境地的典范。举例来说，黄公望为其友曹知白的《群峰雪霁图》题的跋谓："此图……有摩诘之遗韵[102]"另一例是元末史家陶宗仪给王蒙题的一首诗，其中有：

> 黄鹤山中凤着声，丹青文学有师承。
> 前身直是王摩诘，佳句还宗杜少陵。[103]

99　11 世纪末，米芾是最欣赏王维的一个。不过其时的画家似乎一般都对他感到兴趣。郭若虚的见解虽是比较保守的，但在 1070 年前后著述时，已承认他山水画中的巧妙，见《图画见闻志》页 22。另一个欣赏王维画艺的重要人物是沈括（1031~1095），他与苏东坡、米芾同时，这位文人兴趣极广，不但喜好美术和文学，而且对科学亦感到兴趣。他的《图画歌》开首二句是这样的："画中最妙青山水，摩诘峰峦两面起……"，见俞崑编《中国画论类编》（台北：华正书局，1975）页 45 至 46。跟着是写李成、荆浩、关仝、董源、巨然等的歌词。从他把这位独一无二的唐代大师置于这一列山水画家之首，便显出了他对王维的推崇了，再者，在其名著《梦溪笔谈》的评论中，也可见到他对这位宗师极高的评价，见沈括著，胡道静校注《梦溪笔谈校证》（北京：中华书局，1962），页 542 至 546。举例来说，沈括在其中一段这样写道："书画之妙，当以神会，难可以形器求也，世之观画者，多能指摘其间形象、位置、彩色瑕疵而已，至于奥理冥造者，罕见其人。如彦远画评言王维画物，多不问四时，如画花往往以桃、杏、芙蓉、莲花同画一景。予家所藏摩诘画《袁安卧雪图》，有雪中芭蕉，此乃得心应手，意到便成，故造理入神，迥得天意，此难可与俗人论也。"这就见出沈括的见解，就是不完全相

同，也与苏东坡的意见非常接近，从而反映出北宋期间一段理论的趋势。沈括居于杭州，这地方就是早在北宋那时，大概已代表新意选出的南方中心了，这是颇重要的一点。关于一些米芾对王维的评语，参阅他的《画史》（《美术丛书》第 2 辑，第 9 集，第 1 册）页 3、19、20。

100　有关金人画迹的主要资料，载于《图绘宝鉴》页 93 至 96。在这部分中，最明显的一面是画家们都特别喜欢画墨竹，这就显示出文人画影响之大，除此以外，另一现象是人们都师法李龙眠的人物画和米芾的山水。虽然这本书中有关金代画家的记载或会反映出其作者夏文彦这位来自浙江吴兴的南方人的有限知识，及其对文人画的偏好，但至少却表露出那时文人画在中国北方的强大影响力。

101　这段评语，是为王维的《松严石室图》所题的跋语。赵孟頫原刊于 1339 年的《松雪斋文集》10 卷中并没有载，但却见于其后增补而成的《松雪斋全集》，这段跋语就在其中的续集。

102　参阅拙作关于曹知白的论文，见注 19，页 165。

103　出自《南邨诗集》，请参见温肇桐，同注 69，《王蒙》一节，页 10 所引述。

元代对王维的新兴趣，大概是当时画评中文人理论吸引力的必然结果。所有的评画家和画史家对他推崇备至，特别是提到他在山水中的地位。这些元代评画家中，有些评论唐代画家时，常附和《宣和画谱》的意见，但他们更改了这本宋代画录不少的观念，在此便可见到元人的新态度。举例来说，汤垕的《画鉴》是一本有关元代文人理论的论著，其中一段提到山水画的地方，是根据《宣和画谱》的山水叙论。但《画鉴》改变了各时期重要画家的排列次序，表现出元人新的见解。《宣和画谱》这本目录中，提到有名的山水画大师如下：

> 至唐有李思训、卢鸿、王维、张璪辈，五代有荆浩、关仝，是皆不独画造其妙，而人品甚高，若不可及者。至本朝李成一出，虽师法荆浩而擅出蓝之誉，数子之法遂亦扫地无余。如范宽、郭熙、王诜之流，固已各自名家，而皆得其一本，不足以窥其奥也……。[104]

但在汤垕的书中，整个见解都大为改观：

> 如六朝至唐初，画者虽多，笔法位置，深得古意。王维、张璪、毕宏、郑虔之辈出，深造其理。五代荆、关，又别出新意，一洗前习。迫于宋朝、董元、范宽、李成，三家鼎立，前无古人，后无来者，山水之法始备。三家之下，亦有入室弟子二三人，终不逮也。[105]

值得注意的是宋代目录中，唐代名家以李思训为首，而王维是其中之一，但元代的作者却把王维冠于唐代各画家之先，且一点也没提到李思训。元代这种不同的见解，显示出王维在元代画家和评画家的心目中，是如何的重要。

由于这种新见解，王维对元代绘画影响很大。对元代画家来说，他们既深信文人对绘画的理论最为正确，王维遂成为一个理想的画家。他所以对整个元代有无比的吸引力，就是由于在遇到政治剧变时，抱着佛家与世无争，及时引退的态度；在晚年时退出政治生涯，回村庄归隐。对于那些面对同样政治局势的元代画家，王维给了他们新的启示和鼓舞。所以跋文的作者自然把《鹊华秋色图》和王维的作品相较。

104 《宣和画谱》页 252。这段是这本北宋画录中"山水叙论"的一部分。

105 《画鉴》页 74 至 75。

王维著名的《辋川图》也是一幅真景的画迹,画的是其山庄四周的景色,这山庄位于蓝田附近,距京师长安不远。他们特别指出赵孟頫的《鹊华秋色图》源自王维此图,而且可以与之媲美。

《辋川图》卷在中国画史上是最有名的画迹之一,人们一提起王维,便会说到这幅画。自唐至元,差不多所有的评画家提起这幅画时,便肃然起敬[106]。其时大概有不少的临本存在。我们确知北宋画家郭忠恕曾临过此图[107]。在文学作品中,这幅画曾是元初中国北方儒家最有影响力的学者刘因(1249~1293)一篇文章的主题,他自称在1273年得见此画[108]。由于刘氏是北方人,且一生居住北方,所以如果我们认为他所说的《辋川图》是真迹的话,这幅画其时便是在北方了。元初的官员王恽为一部分燕京御藏珍品编有画目,其中亦载有《辋川图》,或至少是这幅名画的临本[109]。在这部目录的序言中,作者谓蒙古人在1276年攻陷杭州后,把南宋宫中大部分的艺术品运往燕京,成为世祖忽必烈新御府藏品的一部分。但由于刘因在1273年已见此图,即在御藏品还未增加的前三年,所以此图必定不是从杭州运到燕京的画迹之一,而是早已为燕京的御府收藏。无论如何,在元初期间,这幅横卷的真迹或是临本,或通过文学记载,似已闻名于中国全境,因此启发了赵孟頫,更使在他画迹上题跋的友人产生二画相类的意识。遗憾的是,王维这幅横卷的原本今已不可得见。不过,从两方面看,此画的声誉至今仍持续不衰:一是在后世所有画史论著中,此图仍为世所推崇;二是各代都有这幅画的临本[110]。其中1617年的石刻本,是根据北宋郭忠恕的临本(图7-3)制成的。这个石刻本似能给我们一个唐代画风比较可靠的迹象[111]。我们可把这幅横卷和赵孟頫的《鹊华秋色图》作一比较。

106 王维所作的《辋川图》,不论是画或是咏诗,都给后来的画家和诗人有很大的启示。从朱景玄的《唐朝名画录》以下,所有重要的画论著述都一定提及这幅画迹,很多元代作者都有引述此图,这是颇值得注意的。这些人中,我们只略举一二,有王恽《秋涧集》卷25,页17;虞集《道园学古录》卷10,页6及袁桷《清容居士集》卷4,页19。

107 米芾的《画史》(《美术丛书》第2辑,第9集,第1册),页3中记这幅卷轴有多幅摹本。元时,郭忠恕的摹本以为杨载所藏(见注42)。明代董其昌亦有提过这幅摹本。

108 《静修先生文集》(《四部丛刊》本)卷18,页6至7,颇有趣的一点是,刘因对王维不忠于唐帝,颇有微言。从这里可见那时人们墨守成规,不顾其时的真实情形,必要对君尽忠,才算做到儒家伦理的标准。

109 《书画目录》(《美术丛书》第4辑,第6集)页7。

110 在英美的博物馆中,据知下列的博物馆藏有《辋川图》的摹本,大英博物馆(British Museum)、西雅图美术馆(Seattle Art Museum)、纽约大都会博物馆(Metropolitan Museum of New York)、

华盛顿弗利尔美术馆(Freer Gallery of Art)及芝加哥艺术学院(Chicago Art Institute)美术馆。京都小林市太郎和贝塚茂树二位教授各收藏一幅更肖似这幅的临本。其他的私人藏画中,传为文徵明摹写的临本,今在芝加哥的 Stephen Junkunc III 的藏品中。另一幅传为王翚摹写的临本,为纽约翁万戈所藏。这两幅画都不像其他那些直接摹写,而是加入己意的摹本,变动颇多。《辋川图》摹本仿本的分析,是已故罗里教授(Professor George Rowley)在普林斯顿大学(Princeton University)讲授中国画时重要的一部分,作者在分析这幅画的石印本时,很多见解都是源自罗里教授。

111 有关这幅石刻本,参阅 B. Laufer, "The Wang Ch'uan T'u a Landscape by Wang Wei"(王维山水《辋川图》), Ostasiatische Neitschrift, vol. 1 (1913), pp. 28-55;及同一学报 vol. 3 (1914-1915), pp. 51-61,福开森(J. C. Ferguson)关于这幅画的评论。

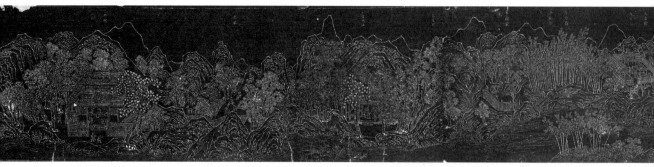

图 7-3　唐　王维　辋川图　卷　由郭忠如临本之 1617 年刻本翻印

　　从风格的原则着眼，这两幅画卷都有很多相似的地方。首先，从各种迹象看，王维的画，一如赵孟頫的画，是更直接写实地把辋川一带的风景画出来。虽则这幅画的内容和篇幅有点属于全景，而《鹊华秋色图》仅是短小的横卷，一眼便把整幅画面收入眼底；但二者都能给人一种身临其境的感觉。二图既以清楚明确为重，故所画的地点和一景一物，对见过当地真景的人来说，立即便认得出来。换句话说，二者都是忠实和直接的画迹，目的在把画家所见的自然景象表达给观画的人。这就是二图所共有的真实感。

　　二图所用达到这写实目的方法甚多。为要清楚辨认起见，画者企图把某些特别的景物、山峦、屋宇、果园、树丛或其他东西隔开来，王维的画用的就是此法，画中一连串的母题，如辋川庄、华子冈、孟城坳，都在其四周景物中显得特别夸大。赵孟頫以差不多同样的手法，使鹊、华二山显得特出，如利用二山浓郁的"青绿"色及其多姿多彩的外形，更特别把二山与背景隔绝。其次，这两位画家都用不一致的比例来画景物。这一点在王维的画中比较易见。赵孟頫的画在前文已讨论过。王维画中的景物较赵孟頫的更形忽大忽小。他的山峦和屋宇、树木、人物相比，显得非常细小。事实上，这种画法大概就是典型的唐代画风，所有景物的比例都以其在画中的重要性而定。赵孟頫运用比例的手法虽较为巧妙，但与唐代画风的一般法则仍然是一致的。

　　二画处理空间远近的方法，亦有很多相同点。二者都现出一种使地面微向前倾的趋势，给观画者一个有利的地位看清全景。地平面一步步地从近一直伸展到远方。《辋川图》中的从近至远的进展，是以起伏的山峦表出，这些山层把我们的视线从近处引到远山；《鹊华秋色图》则以平地及汀渚表出，从前景直通到地平线。两位画家为要保存清楚

分明的远近，都没法确保某一高度的景物，不致重叠在更高的景物上面。由于这个原因，他们把前景一些树木的高度缩小。远在王维画卷下缘大部分的树，和赵孟頫画卷左面的柳树，都可看到这奇特的手法。为了同样的理由，画者在从近至远到某一程度时，便立刻遮蔽了后面的景色。王维把山峦一重重地叠起，而赵孟頫则置二山于地平线的两端。

二图都以题字来标明不同的地域，由此可见画者力求真实的目的。王维当然效法前人，在每一景物或地方之上加上名称；赵孟頫则用较巧妙的方法，在画上的题字中，道出这幅画的目的，并标出地名。他写题款的地方，也和整个画面的构图有关，这是元代的一种新发展。

二人画树的方法互相比较之下，我们可看到很有趣的一点。在两幅画中，一般树木都很矮小，画者在树干下了很大的工夫，又随己意排列树丛，喜画种类不同的树。赵孟頫画中很多类型的树，如杨柳、稚松、秃树，在王维的画中亦可看到，虽然这些树在唐画中比较普遍化，而在元画中却显得较为独特。另一相同的地方是树的排列和位置。王维画树，位于主要地方的画得比较细致，种类也容易辨认，而远处的树则常作松林。赵孟頫仍然采用这种设计，他把一列稚松靠近鹊华二山，在近景及中景则画了种类纷繁的树木。唐代另一标准的画法，在《辋川图》中可以一见的，就是树木散聚，集一，二或三棵为一丛。赵孟頫虽更进一步在画的中央画很多种类不同的树，但这或多或少的布置也是沿用这种方法。同样地，在画茅舍时，王维和赵孟頫二人都在屋的四周画了树木，更借着大部分笔直的树和一般平的房屋的对比，及一成不变的茅舍和林林总总的树木，使画面更为生动有趣。

这两幅画所共有的重要特色，就是画面分数段组合而成。由于这是中国艺术品中年代久远的画法，所以在这幅唐代作品中当然十分明显。《辋川图》中，每一节都有其重心点，或是屋庐、或是果园、或是竹丛。片段与片段之间，通常都由一峦高耸的山分隔开来。所以这结构是由分段组成的，而不是完全统一的。赵孟頫在画中，正如前文已指出，为要打破分段组合所造成的刻板气氛，力求得到更大的统一效果，对构图虽稍加改良，但其中三部分的分隔仍甚显明。

从这些比较论点，王维和赵孟頫所共守的画法，显而易见。进一步理解，由于二人之间隔了几个世纪，赵孟頫在画中力求师法王维的画法。至少这在前揭《鹊华秋色图》的跋中，已得到证明。加以风格上的比较，就更能确立这种关系[112]。

我们如果把《鹊华秋色图》和《辋川图》作一比较，便可在二者的相同点中，看出赵孟頫所以复兴唐体的基本动机，那么我们也可以在其相异的地方，辨别唐代和元初的画风。因为即便有这许多相似的地方，我们也绝不会把《鹊华秋色图》当作一幅唐画的。是以我们只要分析一下二者的不同点，便可解决这帧作品是否真能表现元人作风的问题。

前文已略论及一些不同的地方。二人所用的片段结构，其实手法各异。《辋川图》中，每一节是一个明确的区分，而本身有点像是"空间的单位"，与其他各节完全脱离。这些单位的整个次序，在本质上完全是附属性的，就好像把唐以前大部分画迹中间插入的文字除去（如顾恺之的《女史箴图》），然后把每段画面连在一起一样。但结果仍缺少了真的画面融和气氛。反过来看，正如上文已分析过，《鹊华秋色图》这幅短小的横卷，虽可分为三部分，但实际上在美感方面，本应作为一幅独立统一的画看。

差不多就像一首音乐作品一样，横卷中保持着一种顺序，甚至戏剧性的发展。这种技巧在元代是典型的。画中分段的结构只是表面性的；和交响曲的三篇乐章、或戏剧中的三幕剧无大分别。《鹊华秋色图》中的三节片段是紧密组织中的分子。在这些片段中，有一个远——近——远的移动；若从另一构图看，画中的发展顺序，由山峰耸现于树巅的片段，进至一节有树无山的片段，继至最后的片段，其中的树木、房舍、人物、家畜和山岗，全都显得调和。在这方面，《鹊华秋色图》中所表现的感情和意境都十分和谐一致。

《鹊华秋色图》中景物的比例虽然并不一致，例如人物、渔舟和树木之间的关系，但这大小不一的比例并不十分显明，至少比《辋川图》

112　我们可以这么反驳，《辋川图》摹本的石刻既成于 17 世纪，绝不应以之代表唐代画风可靠的法则。在这方面，我们可以借助其他若干已确定为唐代的作品，虽然这些画可能不是横卷。人物画方面，有阎立本的《历代帝王像》内 13 帝王，藏于美国波士顿美术馆；几幅传为周昉画的几张仕女图的摹本，分别藏于堪萨斯城、大阪及北平三地博物馆。佛像画方面有不少仍见于敦煌的石窟中。如第 103 窟的画，相信是画僧玄奘往印度的途中。同样地我们在阎立本的卷轴，或在很多敦煌的佛教幡帜及壁画上，都可见到不一致比例。在远近的布置上，我们可以这幅石印本和的不一致成份要少些。我们感到唐画中某些景物的比例较其他的为大，所费工力较多，是由于画者要表示他认为这些景物较为重要和有意义；但在《鹊华秋色图》中，画者之所以不顾正常的比例，则是为求达到画中更完美的统一调和的气氛。前者强调自己的见解，后者则画出意味深长的画面。

再者，《辋川图》中，每一景物，不论是房屋、树木、果园或山，差不多都能独立存在，整幅画是由很多独立的母题凑合而成。但正如上文已指出，《鹊华秋色图》的母题都由整个结构支配着，就和戏剧或乐章一样，虽然仍各保有其独立性，但却全部紧结在一起。

王维画中着重实物，赵孟頫的画则虚与实相称。这是二图间最主要的不同地方，反映出两种时代画风。由于这原因，这位唐代画家认为画中必须塞满了一块块石，一棵棵树，一所所房屋，直至画面上的空间都差不多被填满。对一位认为绘画只需把自然景物直接地描画出来的画家，这是必然的画法。而他的画自然是以实物构成的。反过来看，赵孟頫这幅画则从画面构图着手，为此，他省去不需要的细节，以实和虚平衡画面的布局，从这些地方可见出他高度的选择手法。

敦煌第 172 号石窟关于西方极乐世界的画（参见 O. Sirén, 同注 1, vol. 3, p. 56）作一比较，壁画清楚显出空间在逐步进展时，景物并无多大重叠；或与第 323 窟中的海景图一部分（参见 O. Sirén, 同注 1, vol. 3, p. 63）相比，则图中的水和陆地，由近至远都是互相重叠，使我们能想到赵孟頫画卷中的同一情景。至于树的画法，表现出同样原则的例子，不可胜数。我们只要提出在正仓院《仕女图》中，或在敦煌壁画上所见的孤木，作为比较的论点。在这些图画中，虽然树木仍是多从想象中画出来，与自然无直接的关联，但作画者都对其种类感到兴趣。披麻皴的

运用似乎颇难追溯，因为大多数今存唐代作品，除了晕染之外，并无用皴笔。然而从记载上，王维被称为第一个发明用皴法来画山的人（参阅现藏于故宫博物院，传为王维所画之十分古雅的《雪景图》，其中有些地方微露皴纹。这幅画，载于参见 O. Sirén, 同注 1, vol. 3, p. 98）。无论如何，这幅画 1617 年的摹本中密密麻麻的皴纹，大概是经过多次摹拟，后人加入的结果，因为早在郭忠恕的时代，山水画家已常用皴法了。

称为庆陵的辽陵寝，位于内蒙古。内有一组壁画，画的是一年四季，虽然成于 1030 年左右，但亦成为一个显似《辋川图》中风格原则的最佳例子。作为远离中国艺术活动中心的落后作品，这组壁画很完整地保留了唐代的画风，故对 1617 年传为郭忠恕摹本的石刻的可靠性，可资佐证。以保存最好的《秋景图》作为一例（见秦岭云《中国壁画艺术》（北京：人民美术出版社，1960），图版 54；及 Sherman E. Lee and Wen Fong（李雪曼、方闻），Streams and Mountains without End: A Northern Sung handscroll and its significance in the history of early Chinese painting（溪山无尽图）（Ascona: Artibus Asiae Publishers, 1955），pl. 16。我们可以看到同样的分段组织，对景物应有比例的疏忽，对鹿和树木一类写实细节的兴趣，以向前倾的地平面来限制空间和把高山排成一幅横过画面的屏风，遮蔽远方。在这里，作画者处理景物的方法一如《辋川图》那样集为一大组实物。所有的景物在画面上很平均地散布开来，带有一些舞台的气氛。画树方法和王维的处理法相同，而且亦能预先见出赵孟頫图卷中的画法。由于这幅壁画和赵孟頫的作品画的同是秋天的景色，前一幅画开始画的和谐季节气氛，在后一幅画中似终能找到最佳的表现方法。

如果这些例子使我们对以上所论《辋川图》中的唐代画风略有所知，那么我们亦可以这些例子证明赵孟頫的《鹊华秋色图》是画者立意借王维画风回复唐体这一争论点。

总括来说，这两帧作品的不同点显示出，《鹊华秋色图》虽有一些明确回复唐体某种风格的地方，然而却不是唐代的作品。这幅画有另一套的理论，另一种看法和表现，更有另一种心理展望的方式。元画的基本原则就隐藏在其中。元代的山水画所共有的因素是：画家企图再捕捉到唐代及北宋的神韵；画出更自然合理的比例，更为从近至远的连续描写；根据对自然的观察使画迹更有实感；和表现出更亲切的感情，更连贯的意境和诗意。赵孟頫在画中尝试消除刻板的分段结构；介入一种逐步自近至远的微妙统一感；画出复杂，纷繁，种类变化万端的感觉；采用更放逸的笔法。在这些画法中加入了其时代的精神。我们从这幅画的唐代风格和元代重要特征的综合，才可看到画者杰出的才华。

五　《鹊华秋色图》与北宋山水卷传统

作为一幅画迹，《鹊华秋色图》站在山水卷的伟大传统的中流，而画卷是中国艺术性表现最独一无二的方式。在上文的讨论中，我们以赵孟頫的画迹和王维《辋川图》的临本比较过。然而这幅唐代横卷和赵孟頫师法唐体的尝试，其间相距达五百年之久。在这段时间里，这种体制的画已经过多次的变革。赵孟頫摒弃南宋传统、重法他认为是高古的唐体，为要彻底了解他这个动机，我们列出一些卷轴作为例子，借以研究这种体制在宋代的发展情形[113]。

虽然传为前代画家的卷轴，今日仍存世的为数不少，但毫无疑问，亦无瑕疵的不朽作品却寥寥无几。不过近年来，一部分的卷轴已由一些学者加以研究，亦有一些因考古发掘得以见诸世人。这些画迹对我们确定卷轴发展的过程，有很大的帮助。其中有些在某种情况下可直接和《鹊华秋色图》作一比较。在这方面，我们要讨论的有三幅画迹。

第一幅横卷是《江山雪霁图》（图7-4），绢本。前在天津时，为中国收藏家罗振玉所藏，今则藏于京都的小川广己氏。像大部分其他雪景图，这幅画也是传为王维画的。不过这一推论似乎只在17世纪初期才开始的。画上两跋，一是董其昌题的，另一是其友人，亦是这幅画当时的物主冯宫庶题的。文中都说这幅画，正如很多中国名画的典型背景，是很偶然地被"发现"到的。画上既无署名题款，所以画主和董其昌这位鉴赏家的跋，就成了唯一的证明。根据当时一般人的见解，

113　关于中国画横卷体制的讨论，参阅 Sherman E. Lee and Wen Fong，同上注。

图7-4　北宋人临唐人原作　江山雪霁图　卷　日本京都小川广己收藏

以为这幅卷轴既是一幅古画，同时又是雪景，所以必是南宗山水的开山祖王维的作品无疑。另一幅同样性质的画，题为《长江积雪图》，以前也是罗振玉所藏，今在火奴鲁鲁美术馆（The Honoluln Academy of Art），近来米泽嘉圃教授在研究这幅画的一篇论文中，主张藏于小川广己氏的画迹是一幅可能是根据唐代而临真迹的第二副本，至于原来这幅真迹是否是王维所画，却不可得知。所谓"第二副本"，其意是北宋时有人摹写过原画，而藏于小川广己氏的画可能是这幅摹本的临本。虽然他认为那幅《长江积雪图》是属于明中叶文徵明一派的作品，但并没有断定藏于小川广己氏的画属于何时，只说可能比那明中叶的临本稍早[114]。从风格特色看，小川广己氏的横卷可以看作是北宋末人临摹唐代雪景的一幅画迹，亦可算是米芾提及其时传为王维典型作品的一幅。由于画中有着古雅的气质，这幅卷轴似反映出一幅唐代真迹的形象；然而同时，画中烟云变幻，常用渲染的技巧，这些都是明显的北宋画风迹象。无论如何，这幅画若不是北宋人仿唐代雪景的作品，便是这幅北宋画非常相似的临本了，而二者都能反映出其时的风格。这既是一幅含有浓厚北宋画风的横卷，我们大可以之作为一个例子。这幅画或许是北宋不甚知名的画家临摹唐画的一幅作品；这种情形就和传为王维所作的山水论著类似，这些论著若说是成于北宋，反较为恰当[115]。

　　这幅横卷画的是狭长的河景：一片宁静的河水，背后是连绵的远山，其中一些清晰可见，另一些则隐约为云雾所掩。画卷开首，近景即有一堆石块或是隆突的土岸，给观画者开出一个起点，投入画中。在这里，丛生的树木作为指引线，引导我们的目光到对岸的山峦。这些山一步

114　米泽嘉圃《传王维〈江山雪霁图〉》，《美术研究》，第 205 期（1959年 7 月），页 1 至 140。在文中他亦有讨论到中国画中的王维画风。关于这幅画的一些讨论及画上跋语的译文，可见于 O. Sirén，同注 1, vol. 1, pp. 130-131。除此并无刊印过任何关于这幅画的论文。整幅画载于伊势专一郎，《支那山水画史—自顾恺之至荆浩》（京都：东方文化学院，1934）；George Rowley, Principles of Chinese Painting（中国画的法则）（Princeton, N.J., Princeton University Press, 1959），2d ed., pl. 15。

115　这些传为王维所作的论著，包括《山水诀》（或《画学秘诀》）及《山水论》等，均可见于各画论集子中。

步地往远方移动。与此同时，中景的一叶小舟及近景的石块把我们带回前面的近景。就在这里，近景耸见了一块突兀大石，其陡峭的形状和隐伏的动力，一变上节景色中的和平宁静气氛和动作。石堆之上是一小方平地，上盖楼房，四围有树。这岛形巨石渐渐转为狭长的平地，我们的视线再次被引到对岸的另一山峦，而山下似有村庄。这系山峦开始渐远的，另一座挺立的山立即出现。山脚小径直通小桥，把我们领到一处清幽的境地，这里瀑泉一帘，把来自迷蒙背景的水流泻下，和河水汇合。画卷到此便告终止。

既是一幅可能是北宋人仿唐真迹的作品，这幅画显出了两个时期的风格，有时二者各自分明，有时却融为一体。《辋川图》在这方面可作为一个很有趣的比较。这两幅横轴虽然都似是北宋人仿唐的临本，但《辋川图》是石刻，且相传以郭忠恕的临本为据，看来更像是忠实地从一幅唐画构图临摹出来；而《江山雪霁图》看来则像是一幅根据唐代真迹而成的作品，但已为画者随意删削。由于这原因，两幅画之间的歧异非常显明，表现出两个时代的风格。

在处理远近的方面，变化颇大。《辋川图》中的处理是从近景一步步地有次序地直移到远山；《江山雪霁图》则有很清楚的三步深入空间的进展，表出独立的近景，中景和远景。这在卷首部分尤为显著，犹如依着非常刻板的公式而形成。近景长了各种高大的树木。中景的树特别矮小，以松为最多，大都是生于山丘之上。然而我们转移到背景时，远山都是秃然无树。虽然为了变化画面，画者偶或省去其中一二景，但这三景分明独立，在整幅画中都是一样。紧接卷首部分之后，我们在由石块而小舟而远山这深入的程序中，便可看到画者直接运用这个设计。但其后是平顶的大石盘踞着整条河，更把中景和远景遮蔽。其后当这大石逐渐转小，成为一小段有树的平地时，先是远山，跟着中景也开始重现。从远近画法所含的新逻辑感和这种远近发展的变化所含的戏剧性进展来看，这种构图似乎到了北宋才成立。

同样地，小川广己氏所藏的画，亦有很多其他的风格是由《辋川图》蜕变而来。画中仍然保有《辋川图》中把景物远近的层次，愈远愈高的布置法，差不多全没有重叠的成分。不过这种画法在这幅画中已运用十分纯熟，以致我们简直毫不察觉。但这张画虽以这种布置法为构图原则，其中不免有例外的地方。举例来说，如中景的山就较远山为高。不过画中大部分依照这种层次的排列。我们在《辋川图》中看到用远方山峦作为屏障，遮蔽水平线的手法；这幅画也运用得同样巧妙。整个山系变化起伏，以致我们浑然不觉其遮蔽地平线的屏障作用。

在处理单独的景物时，我们看到二图间有更密切的关联，这也是《江山雪霁图》在这方面写法唐体的迹象，画石块用粗略的轮廓，再加一些内线和晕染，而形成了一堆有凹凸感的假山石；石上散布几点墨，用来代表生在上面的植物。这些都使人联想到王维画中的画法。画中的树只有数种，全都是从想象中画成，并无真树为凭。这和《辋川图》中刻板的画法一样。凡此种种都使这幅画产生一点古意。然而这些形式虽是因袭而来，但画中景物的布置，却显出不同的地方。王维画中过份挤迫的现象，在这里变为密疏两种境地的巧妙均衡。一片水色和云雾，与坚实的石堆和山峦，便有互相交替的作用。再者，《辋川图》中每节都有夸大其中某一景物，以作重点的手法，而后一图中，物体的比例已更为统一，虽然以我们科学的眼光，仍未能算十分准确，但至少却属于较自然了。

最重要的改变在于整幅画的构图。唐画中的分段结构虽仍隐若可见，如中央略有些楼房的巨石，差不多把画卷分为两部分；但全卷已不再袭用《辋川图》的刻板分段法。取而代之的是一连串微妙的变化，使整幅画如一阕音乐作品那样有韵律和戏剧性。卷首最先同引入近中远三景，从近渐远，从右到左。然后借着小舟和近石，整个发展的方向又再折回危石突立的近景。这近景逐渐缩小之时，远山亦渐出现，而此时卷尾的中景随之接替为主题。这里的变化，从高山一转而至清秀的瀑泉。整幅画中虽然间有稍微斜向的动力，但原则上，直线和横线还是最主要的结构，而所有景物都和画面平行。这些因素看来虽然简单，但有助于达成画中和谐的气氛。

如果我们可以把这两幅画迹看作是唐代及北宋山水传统的代表作，那么《江山雪霁图》虽有古雅的气质，但其中的新风格却很明显。首先宋画之理开始弥漫全景。无论远近距离、树丛石堆，一般的比例和顺序的发展这种种画法，都有一定不变的原则。其次，从具有更戏剧性的形式来看，它不但打破了刻板的分段结构，更造成一种诗的韵律；画面的发展过程亦因而更为调和。凡此种种都使这幅画带有一种调和想象的新感觉，而这点就是宋画的特征[116]。

和《鹊华秋色图》相比，藏于小川广己氏的画也有很多重要的相同点。二图之间或多或少都共有这些基本的画法：如微向前倾的地面；

116 作为一幅摹写唐代作品的北宋临本，没有多少画能和它相俦或比较。然而与今故宫的赵幹《江行初雪图》（见《故宫名画三百种》，同注4，页50）相比，亦有若干相同的地方，特别是戏剧性的发展，辽阔的河景，重复母题来创造韵律，和谐的意境，以直线和横线为主的构图等。虽然赵幹画中的风格比较进步。同样地，虽然格式不同，但《江山雪霁图》和故宫的范宽《溪山行旅图》（参见《故宫名画三百种》，同注4，页64）亦共有同样的风格原则。两幅画同样有三步的深入自近至远的顺序、直线和横线为主的构图、戏剧性的结构以及以季节情境作为主题。

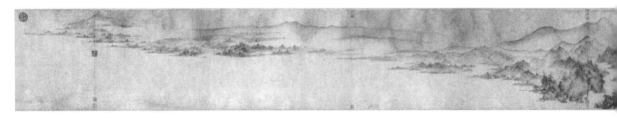

图 7-5　北宋末期　潇湘卧游图　卷　日本东京国立博物馆藏

实物和水的平衡；前景种类不同的树和中景清一色的松树间的明确分隔；以直线和横线为主的结构，以及画中戏剧性的发展过程。从图像学来说，两幅画都有用皴笔画成的石块，标准的树木种类，特别是那些显著的松树，有故事性的林木中房屋，及水边的鱼网等。由于《江山雪霁图》被公认为是摹自唐人真迹，这两幅画的相同点显出赵孟頫回复唐代画法的企图，换句话说，亦显示二者都是出自同一风格和图像渊源。

然而作为一幅元画，《鹊华秋色图》无意中泄露了某种程度的折衷方法。从正面把画面严格分为三段和个别处理景物的比例来看，赵孟頫显示出自己切望能直接重法唐体，这从这幅画和王维画中的关系，便可看见。然而同时，由于他生活在 13 世纪的末期，故其复古的意念仍为所处时代所影响。首先，他就避开了唐画中对实物极端的重视，转向实与虚的均衡；这特征在《江山雪霁图》中已可看到，但在南宋的山水画中就更为显明。同样的，他虽然企图模拟唐代画树的方法，但在种类，数目及繁复方面远远过之。再其次，他以地平线衬托鹊、华二山，彻底摆脱前人习用山峦作为远景的屏障的画法，凡此种种，都可见出《鹊华秋色图》是赵孟頫综合其南宋背景及其欲得唐画风格而成的例子。

第二幅能反映出宋画次一步合理发展的画迹是一幅长的横轴，题为《潇湘卧游图》，前人传为李龙眠的作品，今藏于东京国立博物馆（图7-5）[117]。画长约 3.9 米，从近到远，画的都是山峦，江湖。如果《江山雪霁图》看来好像是一幅仿唐作品的北宋画迹，那么从画中的山峦，树形及层次井然的戏剧性发展看，这幅画则像是属于北宋的时代。作为一幅巨大的全景画，所画的山峦，江湖直伸展到远方，故这幅画的细节反不若全面的效果耐人寻味。画中的处理方法都很合理，不若小川画那么刻板，且表现方法亦显得更为自然。近景、中景、远景有时

117　这画中间部分印在松下隆章、铃木敬合编，《宋元名画》（市川：聚乐社，1961），第 3 册，图版 27；及《中国宋元美术展目录》（东京都：东京国立博物院，1961）图 18。画中有不少的跋，最早一则成于 1170 年。18 世纪时这幅画成为御藏珍品之一，《石渠宝笈》亦有记录。铃木敬在《宋元名画》中论及这幅卷轴，称这是北宋末文人画兴起的代表作，岛田修二郎《宋元画》（东京都，1952），页 30 中认为这幅画的年代当在北宋和南宋的过渡时期，是一帧近似米芾画风的作品。

连接，有时分开。虽然远处的山仍带有屏障的作用，但这些山已被推得更远，成为合理的背景，已不若前人画中的远山那么明显地作为背景的屏障了。小川画虽有依稀的烟云，景物的基本画法却仍是采用直线。但在这幅画中，我们可以看到笔法的运用，范围更广：如描画房屋、小舟和人物，则用细笔；画树用粗笔；画山时用更粗笔，差不多已是渲染的方法。结果整幅画都笼罩着很柔和的气氛，恰能抓着河上的烟雾和气息。如果《江山雪霁图》可以看作是一幅具有王维画风的北宋作品，那么《潇湘卧游图》由其笔法和渲染都应属于北宋和南宋过渡时期，虽大概成于 12 世纪，但却似是一幅与董源画风[118]有关更典型的江南山水画。

然而这幅画中仍有很多源自《江山雪霁图》风格的地方，这些地方把二者连在一起，成为同一时代的作品。整幅横卷中的戏剧性结构，重视整个效果，而不重细节的地方，重复母题以创造韵律，虚与实的均衡，以及直线和横线的调和，这一切都是北宋画风的迹象。

我们不难看出赵孟頫在画《鹊华秋色图》时，大概曾受一些如《潇湘卧游图》这类性质的画卷的影响。一片无际的汀渚，陆地和河水间的均衡，V 字型的构图，这些都像给赵孟頫的画传袭了。一条小溪从近景蜿蜒流过两旁的高山大石，直至远景。这细节在《辋川图》、《潇湘卧游图》和《鹊华秋色图》这几幅横卷都可看到，是把后者和前两幅画连在一起的因素。不过南宋初年的一些风格虽仍存在，这位元代的画家却立意避开南宋的作风。他在山水画中设色，摒弃烟云的气氛，用皴笔代替渲染，以及他重于画出高山、树木、房屋等细节而不计较全部的效果，显露出他和唐代的密切关系，而与南宋反无关涉。

第三幅可以用来和《鹊华秋色图》比较的画迹，是一幅近年才发现的壁画，题为《疏林晚照》（图 7-6），画于道长冯道真墓中的北墙。这个墓冢位于山西大同附近的山边，建于 1265 年[119]。其时山西虽已为

118 关于董源画风的讨论，见本文第七节。

119 参阅《文物》，1962 年，第 10 期，页 45。此墓是在 1958 年 10 月发现的。墓冢日期以碑上所刻冯道真的死年为据，除了这幅主画外，在其他的墙上还有不少壁画。

图7-6　元　疏林夕照　1265　山西大同冯道真墓壁画

蒙古人占据，然而中国北方仍存着北宋画风，却使这幅画迹反映出北宋和元初的风格。这幅画对于我们的研究特别重要，因为画的右侧不但有标题，而且似是直接从一幅画卷传写到壁上的。这幅画虽比赵孟頫的画卷要大三倍（91×270厘米），但其实亦只是把一幅卷放大，以适合墙壁的面积而已。

　　全画构图大致上可分为两半：左面的风景，主要是起伏的山峦，把一座较大的山围在中央。近景的村庄有树丛房屋，这些山就耸现于村庄之上。那座主山，巍峨地矗立于整个村庄之上，墨色比四周的山浓，使我们不期然想起今在台北故宫博物院范宽所画《溪山行旅图》中的名山。画的右面风景，又自迥然不同。近景村庄以外，是连绵千里的空旷景色，村庄之上是一列矮山，衬着烟雾和河水的背景，河上泛着两叶轻舟。再远一点，我们在画的右上角还可看到另一列山系，直伸展到远方。

　　从风格上看，这幅画奇怪地杂糅了两种传统，一是范宽一脉的北宋画风，这从左半可见；右半侧反映出一种南宋初的画风。这两种画风介于上文论述过的《潇湘卧游图》和夏珪的风格之间。画者受范宽的熏陶显而易见；假使直接的启发不是来自这位大师，也必是来自北宋末的某位画家。画中高山的主客观念便已说明这点。用烟雾来分隔前景和背景的画法也是从宋代承袭来的。画的左部没有中景，可见画者仍遵守着北宋大部分画风的法则。群山仍然形成一幅屏障，遮蔽了地平线，而其他景物都因中间高山的雄伟气势变为次要。同时纯与画面平行的正面布置和直横线为主的结构。也很容易看得出来。

反过来看，画的右面好像被一种南宋初的画法所支配。这里的画面很清楚地分为三景，中景是渺茫的空间，或差不多全是空白；这是南宋风格的标准构图。虽然中景矮小的山峦和马远、夏珪二人画迹中常用的公式不大相同，但一般的概念却显然仍在。事实上，我们若以波士顿博物馆所藏夏珪的《风雨归舟图》（图 7-7）[120] 来作一比较，便可以看到二者在构图上的关系。除了画中三景外，在直横线的结构中出现了一线斜向的动力，画者加意描绘前景的景物（特别是树木）作为表达感情的工具，以及中景全作烟雾或空白，这些风格都很清楚表现了出来。和这幅壁画比较，夏珪的作品似乎代表了演变过程的后期，这演变最先在大同壁画上出现，可说是北宋末和南宋初过渡时期的余影。我们在这幅壁画中会留意到前景的景物并未十分引人注意、烟雾笼罩的范围并未尽量扩张,而斜向的布置亦只隐若潜伏。这种画法和《潇

120　载于 1933 年富田幸次郎编的《波士顿美术馆所藏中国画集》（Portfolio of Chinese Paintings in the Museum of Fine Arts, Boston），图版 85；及 J. Cahill, 同注 14, p. 45。

图 7-7　南宋　夏珪　风雨归舟　册页　美国波士顿美术馆藏

湘卧游图》的略似。

在这方面，这幅壁画有一点值得我们特别注意，就是其中的笔法。若与夏珪用笔的方法相比，这里明显地有几点不同的地方。夏珪用的笔锋很粗，用来画"大斧劈"和远山的渲染技巧，这些笔法在南宋著称一时。但我们看看壁画的笔法，便会发觉绝不相同。山面画的不是"大斧劈"而是皱纹。这种皱纹就显示这幅画仍和北宋有关。山顶上有更多墨点用来象征远处树木。近景方面，画者比较着意画出细微的地方，以分辨出各种各类的树木。然而夏珪的画和壁画虽各有不相同之处，二者的笔法却仍有很相似的地方。这幅元初画迹的笔法虽不像夏珪那样阔大，但在处理树木和房屋上表现灵活，而且其中一些远山也有运用渲染的技巧。

这幅 1265 年的画大概是 13 世纪中期中国北方典型的画迹。北方人崇尚折衷的精神，他们先受金人统治，1230 年以后又转落于蒙古人手中，在绘画时遂趋于师法北宋和南宋的风格。然而从金人画史所载，北方画的基本结构皆源自北宋，其时在山水画方面很多人都法米氏画风，在画竹方面则师文同。与此同时，北方各地并非全然不知南方的辉煌发展。北方儒学受 12 到 13 世纪南方理学家的影响很大，从这种学术情形便可得到证明 [121]。冯道真墓中的壁画，风格上的基本画法属于北宋末年，但笔法却与南宋的作品接近。从这一脉思路看，这幅壁画似与藏于京都高桐院李唐的两幅山水画技巧相近。这两幅山水画都具有南宋初的画法 [122]。

从以上所讨论各点看，这幅画奇怪地杂糅了两个传统，却仍未能将二者融合为一。画面两半的对比太明显，以致不调和。一面是高远的例子，另一面则画出平远 [123]。我们在画的右半好像从上往下俯瞰，但在左半却要从下往上仰望。一面着重烟雾的气氛，另一面却表出一群既强又硕的实物。明显地，这幅折衷性的画是由一个当地画家所画的。有趣的是，据掘墓的人说，这幅画和道长在大同附近家乡的景色完全一样 [124]。然而无论画中的景物和真景如何相似，风格上的结构却反映出这幅画确是渊源自北宋末南宋初。

赵孟頫 1296 年的画迹，虽与这幅壁画相距只有三十多年，但与之比较，却有显著的不同。这位南方画家似乎对范宽冠绝古今的画风不大感兴趣。把两种风格混在一起也与他的兴趣不投。最明显的是笔法的运用。赵孟頫用各种的细笔来画出不同的效果；但这幅前三十年的

121 关于元初儒学的发展，特别是在北方的情况，参阅注 13 所引的两个参考数据。

122 关于这两幅画，参阅岛田修二郎的，《论京都高桐院所藏山水画》《美术研究》，第 165 期（1951 年），页 3 至 4。同样地，这幅在大同附近的壁画可与若干其他画迹作一比较。短轴山水如牧溪的《渔村夕照》，今属东京根津美术馆的藏品（载于 O. Sirén，同注 1, vol. 3, pl. 34 及松下隆章、铃木敬合编，同注 117，第 1 册，图版 19），在时间上虽大概与冯道真的壁画同期，但这幅壁画既像是北宋末画风的后期作品，故牧溪画实际上亦似山水画发展较后的作品。

123 这些名词，最先见于郭熙成于 11 世纪末论山水画的《林泉高致》。

124 根据发掘者的报告，这幅画的景色和葬于这墓冢中的道长的家乡相似，其家乡即大同附近称为七峰山之地（参阅《文物》1962 年，第 10 期，页 41）。这一说法的可信程度仍是一个问题，特别是这景色中包括了各种奇怪的因素。

作品笔力之放逸，有时使其中一些细节，例如大点子等，不能达到画者心目中的效果。明显地，赵孟頫努力要师法前人的模范，而不效北宋末的画风。

不过，从历史上说，当这位南方画家在 1286 年至 1295 年间游历中国北部时，像这幅墓中壁画的画迹一定非常普遍。是以我们再细察这幅作品时，当有更大的收获。无疑地，其中有些风格在某方面确能把这两幅山水画连在一起。山石的皴笔，山头的墨点，树丛的种类，这些画法都像传到《鹊华秋色图》中。在构图上，画在微向前倾的平面，表现空间所用"愈远愈高"的画法和直横线的结构，都是二图所共有的。然而在《鹊华秋色图》中，这些相似的画法并非最显著的特征。

从这些画的比较，作为自北宋至元初绘画发展过程的认识，我们可以更清楚地看到赵孟頫这幅画在历史上的地位。由于他对元代以前的中国画都有认识，所以这帧作品自然而然有某种折衷的思想，就是说，唐代、北宋，甚至南宋的某些因素，促成了建立个人的风格。明显地，赵孟頫的目的并不止是继续他那时的北方画那么简单，而是往更古远的唐代探求新的启示。在这探索中，他摒弃夏珪和其他院体画家的南宋画风，且在某一限度内，甚至不顾如藏于日本的《潇湘卧游图》长卷和 1265 年的墓壁画一类北宋末的画风，而借着自己个性的倾向，把握住唐代作风的精华，而达到一个融合古今的新结晶。

六 《鹊华秋色图》与《水村图》

赵孟頫要从过去探寻新的风格，来解救当时艺术的窒塞空气的决心，我们细察他另一幅比《鹊华秋色图》稍后完成的山水画，亦可看到。在很多传为这位元代大师的山水画迹，其中一幅比其他的特出、在神韵或风格上，都和这幅 1296 年的画迹最为相似。这是另一幅短卷，题为《水村图》（图 7-8）[125]。从画外证据来看，《水村图》的历史，即使不过于《鹊华秋色图》，也至少与之同样重要[126]。这一卷是纸本，和

125　这幅画在国画各种目录中都有详细的记录，如《清河书画舫》（卷 10，页 48），《式古堂书画汇考》（卷 16，页 13），及《石渠宝笈·初编》后两书都把所有的题款跋语记录。自第 17 世纪末或 18 世纪初，这幅画成为北京的御藏，大概是由收藏过《鹊华秋色图》那些收藏家呈献的。然而在比较近期的历史中，这幅画和赵孟頫其他画迹的际遇颇为不同。民国初年《水村图》流出故宫，可能是废帝溥仪赏赐给其弟溥杰。当 1924 年政府接管了整个故宫时，管理人把这幅画列入遗失了的画迹中，参阅陈仁涛，同注 59，页 12。很可能这幅画被带到中国东北部，在溥仪于长春成立伪满洲国时，成为御藏画之一。第二次世界大战末，当俄人进侵东北九省时，整部藏品都散佚。然而，这幅画最近才出现，刊出。

126　关于这幅画，本文研究的有关部分，在风格及画上若干可见的印记和题字方面，都以复印本为根据。然而，没有复印的部分，特别是长列的跋语，作者以《式古堂书画汇考》（序文成于 1682 年）及《石渠宝笈》（序文成于 1745 年）作为根据。这两部书有些

出入的地方，如《式古堂书画汇考》和《铁网珊瑚》（成于 1600 年）所载整幅画上的跋差不多都相同，且更同出《石渠宝笈》没有记录的两段跋语。这两跋，一是高克恭题的，另一是邓文原题的，二人同是元代著名的书法家。这两跋必是原书的一部分，但由于二人的声名，可能在 17 世纪末被剪割下来，成为独立的书帖，其时当《式古堂书画汇考》（成于 1862 年）成书后及此书在那世纪末或 18 世纪初成为御藏之间。

图7-8 元 赵孟頫 水村图 1302 卷 纸本 水墨 纵24.9cm×横120.5cm 北京故宫博物院藏

《鹊华秋色图》长度相若，但不着色，全用水墨；画上有画者亲题两款，
俱属佳作。第一题包括两部分：题签在画的右上角，画者的署名、印
记、1302年的日期及为友人钱德钧作的题字在左下角。赵孟頫以小楷
最负盛名，像在《鹊华秋色图》一样，这些都是用近于小楷的字体写的。
不过在这里，字迹较圆润，笔意更弛纵，可见他在书法上的成就。款
末的印和《鹊华秋色图》中的一模一样。但在这幅横卷中，他所用的
印章不止一个，另外还加上"松雪斋"这个长方的直印，标出他书斋
的名[127]。次题在第二侧之左，字体较大：

> 后一月，德钧持此图见示，则已装成轴矣。一时信手涂抹，
> 乃过辱珍重如此，极令人惭愧。

和周密一样，钱德钧也是一位文人，且是南宋末的一名官吏。蒙
古人统一中国后，他自愿从一切活动中退隐。一如那位"齐人"，他并
非江南人，而是来自淮水一带。宋亡后，他在吴（苏州）定居，与其
挚友，元代翰林学士陆行直为邻。陆行直在分湖畔本有别业，又为其
友另筑一所。钱德钧遂在这里蛰居了十余年，日以诗书为伴[128]。据钱
德钧为这幅画题的诗跋，赵孟頫在1302年为他画成这幅显然是虚构的
画。然而钱氏在1314年移居友人为他盖的别庄时，却发觉整个湖景竟
然和赵孟頫画中的景色相同[129]，这真是天衣无缝的巧合了。赵孟頫这

127 这个印的出现，或可以
证明他在1295至1302
间建成这间书斋。以其
斋得之古琴"松雪"名
之。

128 关于钱德钧的传略，可
参阅《元史选》全集，
甲部，页26；及《中国
人名大辞典》，同注72，
页613，这位文人在中
国史上的声名，部分来
自其诗词的造诣，但至
少有一部分是由于赵孟
頫为他画了这幅画的缘
故。这里举出的两本参
考书，都以《水村图》
作为他传略的起点。

129 这是出于钱德钧成于
1315年的跋文《水村
隐居记》，参阅《式古
堂书画汇考》卷16，页
124。

130 有关赵孟頫和这些人之
间关系的参考资料，见
注17。

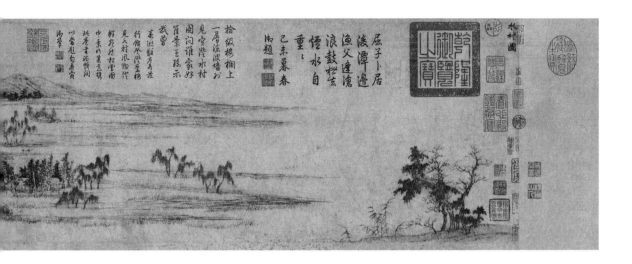

幅画迹因此可看作是江南典型的风景。

就画外证据看，这幅画迹是所有传为赵孟頫的作品中资料最多的一幅。只是元人的跋已有五十则左右，其中包括画主钱德钧的三段跋语，内容述及这幅画的背景，并以之与其别业比较。其他跋中，有画者之弟赵孟籲的跋，另一段是吴兴八俊之一的姚式所题，而赵孟頫也是八俊一员 [130]。这幅画在未入乾隆皇帝御府之前，曾落在文徵明之手，文氏且加以临摹。后为董其昌所获 [131]。和《鹊华秋色图》一样，这幅画在所有重要的目录，从 17 世纪初的《清河书画舫》到 18 世纪中叶的《石渠宝笈》初编都有记载 [132]。画中的印章虽比较少，但仍可见出其中许多收藏家亦曾是《鹊华秋色图》的画主。这些人包括了王世懋、项元汴、张应甲、纳兰性德和乾隆皇帝 [133]。从文献上来看，《水村图》和《鹊华秋色图》都可作为赵孟頫最有佐证的可靠作品。

在风格上，前者和后者在多方面都很相像。画中的题材都是一样：一片湖泽景色，衬着群山的背景，充满了浓厚的真实感。虽然《水村图》或许如前文所述，是属虚构的作品，但赵孟頫熟识江南湖区一带的景色，他在作画时，必有赖于此。画中仍然保留了分段的结构，不过已大不显著；从近景逐步进至远景的次序仍在，主要的景物亦不大互相重叠。很多景物在二图中都一再重现，如：散布在沼泽的杨柳、远山脚下的稚松、近景茂密繁杂的丛木、疏落的简朴农舍、小舟渔网、芦苇蓬生的汀渚，皴点的群山等。一如《鹊华秋色图》，这幅卷轴也显出画者同

131 《式古堂书画汇考》卷14，页 130 根据陈继儒所述，提及文徵明曾摹写这幅画；引述《清河书画舫》时，指出这幅横卷曾在王敬美和董其昌之手。

132 根据历代著录画目，下列的目录中曾提及这幅画：张丑《清河书画舫》卷 10，页 148；朱存理《铁网珊瑚》卷 2，页 23；汪珂玉《珊瑚网》卷 8，页 10；张丑《书画见闻表》页 5；陈继儒《妮古录》卷 2，页 5；李日华《六研斋笔记》第 1 集，卷 14，页 86；吴升《大观录》卷 16，页 13；朱彝尊《曝书亭亭画跋》页 11；及卞永誉《式古堂书画汇考》卷 16，页 13。这里未列举的资料还有不少。

133 《水村图》和《鹊华秋色图》间最主要的不同，就是乾隆在前者所题的跋语，不及在后一幅作品上所题的那么有趣。然而在《水村图》中他也说明自己在 1770 年巡幸此地时，亦曾携同这幅画迹与真景作一比较。

样深感到自然景物的种类不同和繁复，然而欲能在所有景物外形中，借着抽象的直线和横线，造成同样有条不紊的次序。这些都是用同样放逸自然的笔法画成，表达出他个人的诗意和内心的感情。在所有传为赵孟頫的山水画中，这两幅画可以代表他这一个最独创时期的特征，也是赵孟頫个人风格的明显迹象。

然而二图虽有这些相同的地方，《水村图》却显示出赵孟頫自 1296年完成《鹊华秋色图》到作此画这六年间显著不同的画艺。他这时已放弃色彩，只用水墨。他的笔力愈趋雄厚放逸，显出他是一位能多方面运笔的大师。他很巧妙地置近景于右方，远山于左方，这样就消除了明显的分段结构。更显著的是，景物的一般比例已更正确；从近景进至远景的过程亦较为平顺，这是由于视界大大扩展的缘故，使地面看来不太前倾。最重要的是《鹊华秋色图》中几个主要母题的分离独立，在《水村图》中，已由次要的山峦、林木、房舍、轻舟等结合成的全体一致效果取而代之。虽然据赵孟頫的题字，这幅画可能代表他较自由放逸的意体，而《鹊华秋色图》则代表他较形式化的古稚风格；但这两幅画的整个观念和风格结构是如此迥异，故从其中便可见出他画艺上从一个阶段到另一阶段的合理进展。总括来说，这幅 1302 年的画迹更调和，而且表现出一种更微妙的诗意。画中虽有真实感，但仍不失为一幅理想的山水画，隐含着画者想从尘嚣喧闹的世界遁入另一个和平宁静境地的愿望。这幅画可说是赵孟頫画艺的新结晶。

这两幅画之间，《鹊华秋色图》的特征是：显著的分段结构、平衡到差不多是对称的布置、繁多而又各自独立的母题、鲜明色彩的运用、缩小高山的比例、夸大树木和房舍等。和王维的《辋川图》比较起来，这些特征似乎和唐代的山水画法有关。但《水村图》中的特征，如：母题及情境的融和合一，给予所有景物一个合理的比例，摆脱对称的布置、从设色转为水墨山水等；好像使这幅画和前论《江山雪霁图》、《潇湘卧游图》所显示的宋代画风连在一起，从其风格的演变，我们可以看到赵孟頫的新方向。

无疑地，像《鹊华秋色图》一样，《水村图》中的元跋，不少也举出王维和《辋川图》，作为赵孟頫灵感的主要渊源 [134] 和前一幅横卷不同，这幅王维的画常被题跋的人用来和江南的风景比较，特别是近苏州著名太湖一带的分湖。这幅画从地理上看，似乎很矛盾，因为王维居住在长安一带，不在江南。但我们若把整个问题就历史事实而论，这幅

134　元人所题的跋中，其中六则以这幅画和王维或特别指《辋川图》加以比较。而且，其中一篇以之与唐代画家卢鸿的名画《草堂图》相比，这幅画差不多可与《辋川图》齐名，而所表现的意境也和王维的极相似。参阅这幅画的两幅临本，一在故宫博物院（Chinese Art Treasures，同注 6，pl. 4）；另一在日本大阪，曾由阿部房次郎收藏，现存大阪市立博物馆，请参见《爽籁馆欣赏》，第 2 册，图版 26。

画便变得非常合理了。王维虽然远在北方的长安一带作官，但在元代的文人画家心目中，却成为诗境山水的开山祖。赵孟頫在过去历代搜寻新启示的时候，就是为了这原因对他发生极大的兴趣。然而，正如前文所述，王维的画风在元代已变得很遥远，对于年轻的画家一定已成为差不多是不可企及的理想；但在绘画的意义上，其画风逐渐并入江南的传统，因而把后者在元画中提升到最重要的地位。

在赵孟頫这两幅山水画的关系中，也可得见元画的演变过程。前文已论述过赵孟頫曾受唐和宋的影响。基本上，《鹊华秋色图》的风格理论是因唐画的启发而来。我们在这幅画中认为是可能的宋代风格，如同样的母题，弥漫画面的意境，着重于直横线的布置，分段的结构和近中远三景的清楚划分，都在《水村图》中出现。事实上，以上其中的一些风格因素，特别是弥漫的意境和分明的三景，都似能显示出赵孟頫从唐代转移到北宋画风。若和《江山雪霁图》、《潇湘卧游图》相比，《水村图》在风格原则上显出了一些承袭的地方。这三幅画都表示出三景的分明，特出的意境，以细节组成一个集中的效果，尤重直横线的布置，合理的比例和戏剧性发展等。是以，我们可以作一结论，就是在许多文人题跋上，虽仍以《水村图》和《辋川图》连在一起，然而赵孟頫在画中似乎已离开了比较典型的王维画风，转向可作为江南一派有关的北宋画风，这种画风已在《潇湘卧游图》中表明。

不过，和《鹊华秋色图》一样，《水村图》确是一幅元初的作品。这幅画和以上提及的两幅北宋画相比，更显示出一些不同的地方。在远近的处理方面，从近景移往远景的过程，比北宋更平顺合理。我们可以跟着一条想象的小径，从画右下角近景的树丛开始，越过中景的村落，随着沼泽曲行，到达远山，最后从右至左，绕着山脚而行，直至左面的大山。一般来说，这幅画和《鹊华秋色图》一样，也整合整幅画的全部景物为一个连续不断，有次序的戏剧性般构成的发展，不过这发展在这里比较明白易见。这大概就是典型的元代特征。然而《水村图》最能代表元代的标记却是画中的笔法，由于受了文人画的影响，这种放逸，挥洒自如的笔势，已远离北宋纯是作描绘和处理实物的笔法。这时在近乎一种干笔中，每一线条都显出各自的独特性，因而造成了更具个性的笔意。和《鹊华秋色图》相比，这些笔法显出一种更放逸纵横的性质。每一线条都更分明，每一点略为变大。与此同时，山峦、树木和其他景物都好像消除了1296年那幅画迹中景物颇明显的"古意"。

特别是前景的树丛和中景的柳树，都有一股强烈生长的气息，确定了整幅画的风格和意境。笔法虽然放逸，但并未因夸耀书法的功力而忽略了表现的作用[135]。

《水村图》中除了主要的北宋影响外，我们还可以看到一点南宋山水画的法则。虽然构图仍以直横线为主，但主要景物已斜行排列，便已十分明显。从右面近景的树丛起，止于左面的山。这条斜角线在北宋的《江山雪霁图》中便已隐约存在，但在这里却带有和南宋特别有关的新意义。这一点在画中对近树和远山的强调，而把中间的景物，置于低调这例已可得见。我们只要把一些公认的南宋作品细察一下，如在波士顿博物馆夏珪画的一幅册页，题为《风雨归舟图》，便可看到这种关联[136]。在这方面，赵孟頫这幅画可以和元画中如曹知白作于1350年的《群山雪霁图》（图7-9）相较；曹知白画中虽明显地企图回复北宋体，但其斜角线和特别强调近景树丛等，仍然保留了一些南宋的痕迹[137]。我们可以作这样的结论：作为一个元初的画家，赵孟頫回顾以往中国画的整个传统。在他个人的进展中，他表现出能集唐代、北宋、南宋的画风，达成一个最后的融合结晶，给他所处时代的中国山水画另辟蹊径。这就是他最主要的贡献。

然而赵孟頫就是真的效法了南宋，他自己大概并不十分觉得有这一回事。和他同时的人，都知道他努力师法唐体。在政治上，他有很多理由要摆脱南宋朝廷所崇尚的风格。不过他在早年或甚至中年一定观赏过不少南宋的作品，而且也许还学过南宋的作风。所以，正如我们在《鹊华秋色图》所见，在回复王维的坚决努力之后，他好像在《水村图》中，转而把所有前代的种种绘画传统溶混成一炉。

不过画中就是有南宋的成份，其作用也是不大。综合来看，赵孟頫这幅画成为他在宋元间政治剧变之后为中国绘画寻求新的方向，摒弃南宋画风这一奋斗的重要证据。1296年的《鹊华秋色图》是他断然脱离南宋，坚决回复唐代的标记。就是在1302年完成的《水村图》中，虽然可见到一点南宋的成份，但画中基本的表现方法却大大不同。我们再次以夏珪的《风雨归舟图》作比较，便可看到《水村图》在差不多所有主要的观点上，完全与前代相违。在构图上，虽然二图都依着三景分明的方法，但这幅元画却不追随前人在中景保留空白的风尚，而画了一大片沼泽作为重心。和这幅圆扇画不同，《水村图》虽然强调了右面的树丛和左面的山，但并没有企图以近景的树丛作为主题。反

135　有关元画中书法因素的讨论，参阅拙作论曹知白一文（见注19）页155，特别是注6及页187至188。

136　见注120。

137　参阅拙作论曹知白一文（见注19），其中详细地讨论到这幅画。

图7-9　元　曹知白　群峰雪霁　1350　轴
台北故宫博物院藏

之，这幅画的兴趣中心，不在画中的任何一部分，而是湖边村庄的全景。在远近的描绘方面，赵孟頫着重于连续的，差不多没有中断的自近而远的描写，而夏珪则几乎全部留空中景。另一点重要分别就是笔法。夏珪画远山用渲染法；赵孟頫则用源自北宋的皴法。渲染是南宋技巧中重要的一部分，但赵孟頫绝少用到。反之，他几乎全以干笔画的线条为主。夏珪的表现方式，常用淋漓水墨的色调变化；赵孟頫则靠线条多方面的运用。在线条和外形上，夏珪用的笔法，人们称为"大斧劈"，而赵孟頫则用"披麻皴"。

　　夏珪另一幅最可信的杰作，是今藏于台北故宫博物院的《溪山清远图》[138]。这幅作品和《水村图》同为横卷，同为纸本，同样的用墨多于设色。我们把二图放在一起，便会发现赵孟頫一样脱离差不多凡属南宋的风格。这幅南宋作品中，有一个差不多连绵不绝，层次有序的动力，被各种斜角，突变所支配。与此相对，《水村图》表现出一片安宁静止的风景，由形式上平衡和有条理的，以横线为主，插以短小的直线为辅，而又本身完整的构图所支配。它摆脱了长卷中对虚无和云烟的浓厚兴味，而以可触可见的实物为主。夏珪的山形突崛，用"大斧劈"的笔法画出嶙峋突兀的尖角；赵孟頫的山比较重形式，用"披麻皴"的线条表现了较自然和较圆的形态。夏珪的树通常是高大秀致，枝干虬屈奇特；但赵孟頫的树则是矮小挺直，和自然的树完全相似。所以在风格上，《水村图》和《鹊华秋色图》都表现出赵孟頫对抗南宋画法的意志。

　　从这样的看法，我们便容易明白赵孟頫的伟大成就。他重新体验过自晋唐到他那时代中国绘画的整个发展后，最后借着回复王维画风

138　载于《故宫名画三百种》，同注 4，图 115 及 Chinese Art Treasures，同注 6，图 57。

图 7-10　元 黄公望　富春山居图　局部　卷　纸本　水墨　纵 33cm×横 635.9cm　台北故宫博物院藏

为名，创立了能表现诗意及个人内心感情的新江南山水画风。赵孟頫并不是一个专事模仿的画家，因此他重法唐体只是一个新的综合。一个类似意大利文艺复兴时代的古典主义。可幸的是，元代统治者因为对艺术不感兴趣，所以不但从没有设立画院，而且不去干预画家们的发展。有了这种自由，而本身又是儒者，赵孟頫接受了人文画的理论，从中回复王维和北宋的画风，借此重新形成他个人绘画的进展。在他以前，文人画从来都被看作理论高于画风，现在有了他的综合，元初时遂成立了文人山水画的确定风格，把唐代和北宋的传统从显示宇宙间充满的磅礴大气，一变而为江南山水画中表现出个人对自然的感情。这好像是王维的诗，终于变成了画。

从这发展中，赵孟頫为后代的画家开辟了新的途径，特别是元末的山水四大家，和明代的吴派；更为三百年后董其昌的画论定下基础。在这方面，我们可以看到比赵孟頫年轻一辈的黄公望，其画艺差不多就是赵孟頫影响下的直接产物。他的《富春山居图》（图 7-10）[139] 虽是一帧颇长的横卷，但其中的结构，亦只是把这位元初大师的新方法延长而已。画面既不是由分段组成，也不是一段段加上的。像赵孟頫的作品一样，其中显出的戏剧性的结构，在卷终之前，达到高潮。在笔法上，黄公望虽然比赵孟頫更放逸，更自然，而且更具情感，但他也是受了后者所开辟的途径的影响。同样地，吴镇的画艺，正如在他的《洞庭渔隐图》（图 7-11）[140] 可见，亦似直接或间接从赵孟頫而来，虽然挂轴和横卷所引起的问题不同，但画中由近景到远景构图的逐步发展；为求得一个更戏剧化，而非平衡的从近至远的发展所布置的景物，直横线的一般结构；以及畅顺，自然，虽仍带有写景作用的笔法；都表现出是源自赵孟頫《水村图》中的画风，以倪瓒来说，在《容膝斋图》

139　载于《故宫名画三百种》，同注 4，图 161 及 Chinese Art Treasures，同注 6，图 74。

140　载于《故宫名画三百种》，同注 4，图 163 及拙作论曹知白一文（见注 19），图版 9。

图7-11　元　吴镇　洞庭渔隐图
1341　轴　纸本　水墨
纵 146.4cm×　横 58.6cm
台北故宫博物院藏

图 7-12　元　倪瓒　容膝斋图
1372　轴　纸本　水墨
纵 74.2cm × 横 35.4cm
台北故宫博物院藏

（图 7-12）[141] 中，也反映出和吴镇画中同样的理论，虽则这些理论不是以完全相同的形式表达出来。倪瓒之倾向贞洁单纯，以及他颇干的笔法，表现出他个人的风格。但他所追随的方向和画法亦是受了赵孟頫的影响。

从这方面观察，赵孟頫在历史上的重要性显而易见。对于很多江南一带郁郁不得志的画家和文士，赵孟頫的发现必定成为一个启示。对于他们，这个新的发现变成了一个新的表现方式，既可一面缅怀中国传统的辉煌成就，另一方面亦可表达其个人的志趣，梦想和见解。赵孟頫的不朽就在其中。

七 《鹊华秋色图》与董源传统

《鹊华秋色图》中所有的元跋，都好像一致认为赵孟頫的绘画源自唐，而非宋代；但晚明的评画家如陈继儒和董其昌却指出唐和北宋画风是赵孟頫的来源，这是值得注意的一点。这见解所根据的理由甚为复杂，但从我们以上所论，也可解释其中一二。在《水村图》中，至少可找到一个元代和明代见解的联系点，因为有些跋虽仍指出王维是赵孟頫这幅画的根源，但至少有一个元代的作者举出五代至北宋的董源。不过，这个关系直到明代才逐渐较为普遍的为人们所提及。

明代的评画家把赵孟頫和董源连在一起时，在《鹊华秋色图》中一定看到一些很特别的地方。他们的见解必以某些风格为根据；同时要有一种艺术的基础。但在这一切之内，隐伏了明人对美术史的观念，特别是董其昌一派的见解。不过，我们在彻底讨论这点之前，应先研究一下董源的画艺。

董源和王维一样，也是很晚才得到人们的了解[142]。五代时，他在南唐的首都建康（南京），作后苑副使，远离黄河流域，故在大部分北宋的美术史论者中，只是一个模糊的人物。事实上，他并未被人看作是山水画的宗匠。举例来说，在郭若虚的《图画见闻志》中，北宋山水画的三大派别分别列出李成、关仝和范宽[143]。在同书中，有一段关于董源的有趣叙述：

> 善画山水，水墨类王维，着色如李思训。兼工画牛、虎，肉肌丰混，毛毳轻浮，具足精神，脱略凡格。有沧湖山水，着色山水，春泽放牛，牛虎等图传于世。[144]

141 载于《故宫名画三百种》，同注 4，图 186 及拙作论曹知白一文（见注 19），图版 11。参阅方闻，Chinese Painting: a Statement of Method（中国画研究法），Oriental Art, summer, 1963, pp. 72-78。

142 欲详究董源，参阅 O. Sirén，同注 1, vol. 1, pp. 208-214 及陈仁涛《中国画坛的南宗三祖》（香港：统营公司，1955），页 49 至 55。

143 《图画见闻志》（《宋人画学论著》，台北市：世界书局，1975）卷 1，页 38。

144 同上注，卷 3，页 110。

这段关于董源的描述颇为奇特，反映出 11 世纪后半期人们对他的看法，特别是在一个北方作者的眼中。

像王维一样，董源之被人拥为重要的画家，是北宋后期文人画运动的结果。举例来说，米芾是最先对这位画家作新评价的人之一：

> 董源平淡天真，唐无此品，在毕宏上[145]。近世神品，格高无与比也。峰峦出没，云雾显晦，不装巧趣，皆得天真。岚色郁苍，枝干劲挺，咸有生意。溪桥渔浦，洲渚掩映，一片江南也。[146]

事实上，除了僧巨然是董源在南京最早的弟子，在记录上米芾及其子米友仁，同被称为画山水最先师法他的人。大概就在这个时候，徽宗御藏的目录《宣和画谱》也对董源有新评价，尤着重他的山水画：

> 大抵元所画山水，下笔雄伟，有崭绝峥嵘之势，重峦绝壁，使人观而壮之，故于龙亦然。又作《钟馗氏》，尤具思致，然画家止以着色山水誉之，谓景物富丽，宛然有李思训风格。今考元所画信然。盖当时着色山水未多，能效思训者亦少也，故特以此得名于时。至其出自胸臆，写山水江湖，风雨溪谷，峰峦晦明，林霏烟云，与夫千岩万壑，重汀绝岸，使览者得之，真若寓目于其处也。[147]

11 世纪末，知识广博的沈括，在他的《梦溪笔谈》中，写下了关于这位画家最具启示性的一段：

> 江南中主时，有北苑使董源，善画，尤工秋岚远景，多写江南真山，不为奇峭之笔。其后建业，僧巨然祖述源法，皆臻妙理。大体源及巨然画笔，皆宜远观，其用笔甚草草。近视之几不类物众，远观则景物粲然，幽情远思，如睹异境。如源画《落照图》，近视无功，远观村落，杳然深远，悉是晚景远峰之顶，宛有反照之色，此妙处也。[148]

在所有这些对这位五代至北宋画家作品的赞赏中，我们不难发现

145　毕宏，河南人，8 世纪初期一位善画山水、松、石的画家。根据文学上的资料，他的发展和风格，似与王维的相若。这可能就是米芾如此推许他的原因。其生平概略，可见于朱铸禹《唐宋画家人名辞典》（北京：中国古典艺术出版社，1958）页 205 至 206。

146　《画史》（《美术丛书》第 2 辑，第 9 集，第 1 册），页 5。

147　《宣和画谱》卷 11，页 278 至 279。

148　沈括，同注 99，页 565。

他们常特别举出其山水画中的一种特质：江湖，溪谷，重汀绝岸，都是用粗笔画成，宜于远观，同时表现出很强烈的真实感。事实上，这些特质，也和他们在王维的作品见到的大同小异。不过在这里表现的程度更为浓厚而已。毫无疑问，由于文人画家被同样的风格所吸引，故董源得以在后来画史上崭露头角。

董源在元代最后被提升为山水画的宗祖。元代评画家和文人画的代表人物汤垕，对董源的赞赏，不遗余力：

> "董源天真烂漫，平淡多姿，唐无此品，在毕宏上。"此米元章议论。唐画山水，至宋始备，如元又在诸公之上。[149]

事实上，中国的山水画到北宋的三大宗师时已达到高峰。汤垕把董源尊为其中一人。关仝所占的地位因之遂为董源所取代。

> 宋画家山水超绝唐世者，李成，范宽，董源三人而已。尝评之：董源得山之神气，李成得山之体貌，范宽得山之骨法；故三家照耀古今，为百代师法。[150]

这位作者在其论著中曾作另一同样的见解，我们在论王维时，已引述过[151] 另一位元代美术史家夏文彦在论述到这三位画家时，所下的类似评语，也许亦是以这个见解为据。[152] 除此以外，黄公望在《写山水诀》中，一开始便下这样的评语：

> 近代作画，多宗董源、李成二家，笔法、树石各不相似，学者当尽心焉。[153]

这种种见解都显示出在元代，董源渐渐把关仝、范宽和李成挤开，成为山水画中最具影响力的画家，至元末，无可否认，他已成为所有著名画家所取法的最大宗师[154]。

元末画家从宗法其他宗师转到仿效董源，这一转变，显然有些地理上的原因。早期的名家大多数都是北方人，在黄河一带任官。范宽善画悬崖峭壁；李成则以画平原景色和寒林著称。董源在长江流域的建康任事，只有他能在南方山水的江湖沼泽中，描绘到云雾和四时的更迭。因

149 《画鉴》页 21，参见以下注 203。

150 《画鉴》页 37。此见解在元人画论中的意义，参见拙著《曹知白〈树石图〉及其画艺》，同注 19，页 167 至 170。

151 同注 105。

152 《图绘宝鉴》页 36。夏文彦这本成于元末的著作，虽不及汤垕的评论那么有系统，但他有很多见解都似乎受汤垕的影响，其中对山水三大宗师的观念就是一例。

153 黄公望《写山水诀》，《辍耕录》卷 8，页 1。

154 拙著《曹知白〈树石图〉及其画艺》，同注 19，页 166 至 170 已略述这个发展和曹知白画艺的关系。

此他渐被公认为江南风景的一流画家。值得注意的是，11世纪后期的北方作者中，如郭若虚和郭熙，对他似乎不大推崇，但和南方比较有关联的，如米芾和沈括，则对他的画艺仰慕不已[155]。对于大部分都是南方人的元代画家来说，董源的画风最是宜于取法的新方向。

下一步应做的事，自然就是看看董源的作品，是否和《鹊华秋色图》有直接的关系。遗憾的是我们所处的地位，并不如在研究王维时那么有利，现存传为这位江南画家的作品颇为分歧，以致不能给我们任何实据，来形成一个关于其画风的肯切概念[156]。不过，在传为他的作品中，有三幅画似显出和赵孟頫的画迹有若干关联。第一帧是题为《潇湘图》的横卷（图7-13）[157]。这幅画有董其昌书于1599年及1605年的二段跋语作为鉴定。和他同时的王铎在一首诗中也赞赏不置。从画上的半印"司印"来说，这幅画至少是元代以前所作，而流传到元代的画[158]。这幅短卷是绢本，水墨及设色，画的河岸景色，前景芦苇蓬生，背景山峦起伏，都和《鹊华秋色图》相似，二者显然有相当的关系，然而这张《潇湘图》，原来似乎是一张长卷的尾段，因为另一张长卷题为董源《夏景山口待渡图》（图7-14），现长约十余尺，而其末尾一段，却大半与《潇湘图》相同，由此可见二画有直接的关系。二者相比较之下，可以见到《潇湘图》或许是二者之较古的一卷，凡山峦、树木、沙洲、芦苇、人物等，都似较实而重刻划，但是《夏景山口待渡图》，却和赵孟頫的《鹊华秋色图》，有许多更相似的地方，最显著的是一排柳树，和《鹊华秋色图》中的，简直是完全相似，而在整个构图上，《夏景山口待渡》以远山为背景，而中段则集中近景的群树，也与《鹊华秋色》的大概布置相同，其他如芦苇的散布，以及注重横的沙洲与直的树木的对比等，两画都有许多相似之处。从这来看，如果能够证明这两张画成于元初之前，赵孟頫之受了这两张传为董源画卷影响而作他的《鹊华秋色图》，似乎是极有可能的。

在周密的《云烟过眼录》所载赵孟頫在1295年自燕京所带回的画中，有一张董源的画，其中所载如下：

> 董源《河伯娶妇》一卷，长丈四五，山水绝佳，乃着色小人物，今归庄肃，与余向见董源所作《弄虎故实》略同。（周密，《云烟过眼录》（《艺术丛编》，台北：世界书局，1975，第1集，第17册，《书画录》上，页89）

155　米芾的先人虽是山西太原人，但他居于江南的吴地。他一生最喜游历，特别是长江流域和中国南部。是以在他的著作中，他成为最能欣赏江南山水的人。之前提到的沈括是杭州人，他的见解与米芾的相若。

156　在O. Sirén所列的表中，传为董源画迹的有20幅，见O. Sirén，同注1，vol. 2, pp. 32-33。

157　此画复印本见O. Sirén，同注1，vol. 3, pls. 164-165；陈仁涛，同注142，图版7；L. Sickman and A. Soper，同注6, pl. 89。

158　这幅画的文献记录虽然未经全部刊出，但与一幅载于《式古堂书画汇考》卷3，页434同样画题的画的记录却相合。这另一幅画中有三段跋语，出于董其昌之手，日期为1599、1605及1613年；另一段无日期的跋语是王铎题的及明代收藏家袁枢的两个印。在第一段跋语中，董其昌指出在图卷外面，有出自文三桥（文彭）手笔的画题。除此之外，另有两个半边的印，一个除了一小角外已不能辨明，另一个印在左面只见有"司印"两个字，这可能是元代官府印"纪察司印"的一半。这幅画据谓在十多种目录中都有记载，以《清河书画舫》为首，参阅陈仁涛，同注142，页7。

图7-13 五代 董源 潇湘图 卷 北京故宫博物院藏

其后，清康熙时的姚际恒，在其《好古堂书画记》也有记载：

董北苑《潇湘图》大卷。高一尺五寸，长五尺许，缣素完好。
作大江叠巘，深林稠木，含烟蓄雨之状，备极奇观。前作着色小
人物，江滨巨野之地，乐工数人奏乐，拥二姝及侍女一，舟将抵
岸，舟中坐红衣人，上张盖，及群从环列。尝见《云烟过眼录》云：
"赵松雪所藏，有董源山水一卷，长丈四五，绝佳，乃着色小人物，
如娶妇故事。"今案之，即此卷也，所云丈四五者，盖截其后多
矣。明董思白得此卷，始定为《潇湘图》。跋中云："卷有文寿承
题，董北苑字失其半，不知何图也。既展之，即定为《潇湘图》，

盖《宣和画谱》所载，而以选诗为境。所谓'洞庭张乐地，潇湘帝子游'耳。"观思翁此语，因知周草窗未喻此，故以为娶妇故事。寿承所题，亦必相讼以为田家娶妇图。思翁勘出，不欲道破，以彰前人之短，故云字失其半。其鉴赏既精，而盛德又若此可敬也。惜其未曾印合草窗之书。其为吴兴所藏，历传为娶妇故事，及为后人裁割大半，均未之知耳，此卷思翁笃爱，每十年一题，三十年凡三题之。（姚际恒《好古堂书画记》《艺术丛编》，台北：世界书局，1975，第1集，17册，卷上，页9）

由此而言，赵孟頫在1295年所带回吴兴的画中，就有一张董源的

图7-14 （传）五代 董源 夏景山口待渡图 卷 绢本 设色 纵49.8cm×横329.41cm 辽宁省博物馆藏

画。当时大概完好，也许和今日之《夏景山口待渡图》一样长，但后来则为后人割去大半，仅余最后一小段，这就是董其昌认为的《潇湘图》，直传到现在，仍保持这张画，由此我们可以说赵孟頫的《鹊华秋色图》，一定有受了这样的一张画的影响的。然而奇怪的是，如果《潇湘图》就是赵孟頫所带回南方的河伯娶妇卷的话，《鹊华秋色图》却似受《夏景山口待渡图》的影响较多。目前这张夏景图，有柯九思天历三年（1330）的跋，而虞集在其《道园学古录》中，也有一首诗系为此卷而作（卷21，页194）故也和赵孟頫的时候，距离不太远。姚际恒之认为《潇湘图》即赵所携回者，亦未必全对。因此，或者只能说，赵孟頫所带回的，是一张像今日《潇湘图》及《夏景山口待渡图》的画，也许就是其中的一张[159]。在元人的著录和别集中，两画都有提到。是否赵全看过这两张画，则不能证明。可是赵孟頫之从这两张画中之一取材，来作他的《鹊华秋色图》，都是没有问题的。至少，我们可以说，有两张这样的画，不管有没有款印，但在元朝，都被认作董源的画，而且发生了很大的影响了。[160]

第三幅作品是《寒林重汀图》，绢本、水墨及着以淡色。今藏于日本兵库的黑川古文化研究所（图7-15）[161]，和《潇湘图》《夏景山口待渡图》不同，这是一幅立轴。但虽有更多令人印象深刻的文献记录，然而这也似是一幅由董其昌鉴定的作品，画上有两个印鉴，是宋和元宫殿的。[162]画题曾载于《宣和画谱》[163]。在三幅画中，这幅画的风格和赵孟頫的画迹最为相似。三景距离分明，其间以一片河水分隔，

159 《夏景山口待渡图》卷，除了柯九思跋外，还有奎章阁的虞集、李泂，及雅琥等的跋，柯、虞二跋都提及这是董源的画，如果所有这些跋都真，则这画当到元以前无疑，而为这几位奎章阁学士鉴定了。但是，作者未能亲见此画，无法完全断定此画的真伪。惟据《宣和画谱》，则董源有此一画，而虞集《道园学古录》中，亦载有此画，然此画是否即所谓河伯娶妇者，则不可得知。以作者推测，赵孟頫1295年自燕京带返吴兴者，可能为现在《潇湘图》之原卷，亦即周密认为河伯娶妇之一卷也。原画并无题，而娶妇者亦系忖测，而该画或因过残，元朝人临之，而命名为《夏景山口待渡图》，后经鉴书画之奎章阁学士跋，而流传至后世，或者各跋原在《潇湘图》者，盖经数人之鉴别而定些，然后于临本成后，将各跋附于临本上，而原画亦仅留一小段较完好者，故《潇湘图》今仅有王铎及董其昌跋，而未有元跋也，其实原

画即在元流传，且经赵
孟頫收藏，应有元人跋
语也。今仅书此，以证
将来研究结果。

160　关于这两张画和《鹊
华秋色图》的关系，请
参 见 Richard Barnhart,
Marriage of the Lord
of the River: A Lost
Landscape by Tung Yüan
(Ascona: Switzerland:
Artibus Asiae, 1970).

161　欲知其著录的详细解释，
参阅松下隆章、铃木敬
合编《宋元名画》，同注
117，第 3 册，释义，页
1 至 2。铃木敬在撰写这
些解释时，以这幅画属
于北宋和南宋之间，而
米泽嘉圃却认为是成于
南宋末的作品，不似出
自董源的手笔。像《潇
湘图》一样，这幅画之
与这位 10 世纪宗师连在
一起，亦是从董其昌开
始；他在画上写了一行
大题字，其中这样说：
"魏府所藏董源，天下第
一。"魏府似是指明初首
都南京的名门大族之一。
根据铃木敬所言，这家
人中，最出类拔萃的是
徐达，他是明太祖朱元
璋手下的一名大将，其
后在太祖即位后任高官；

和《鹊华秋色图》一样，这幅画画的是泽国风景，以江湖之水川流其
间。前景有一条狭长的土地，从右面出现，止于距画面左缘不远，这
里四周是一丛高大的芦苇，使人联想起赵孟頫画中同样的物象。中景
有一大片陆地，直伸出画的两边。右面的小桥通往屋舍所在，这里最
特出的地方，就是一丛种类不一的树木，排列的位置也和《鹊华秋色图》
中的树木差不多，远方冈峦起伏，前面右侧有一村落，后面左侧亦有
另一村庄，再远一点，是一望无际的沼泽，直伸展到画的上缘。从近景、
中景较细意描画的景物到远方很放逸草茂的景色，可见笔法的变化。

　　这幅画中，有不少景物使我们联想到北宋的画迹。举例来说，我
们可以把台北故宫博物院所藏范宽的《溪山行旅图》，[164] 作为比较的根
据。只在尺寸上，这两幅画在中国画迹中都以篇幅最大著名[165]。这幅
传为董源的《寒林重汀图》中，画远近深入的过程，有画出近、中、远

死后赐给他的谥号是魏侯。这就是董其昌在题字中所指的魏府了。

162　这两个印："缉熙殿宝"属南宋理宗时（1225~1264）；"宣文阁宝"是元代末帝
时所用的。米泽嘉圃认为这两个印都是伪造的（见上注的参考资料）。另有"万
钟"一印，大约是万历时米万钟的。

163　和《潇湘图》一样，这幅画的画题亦可见于董源作品的列表中，刊于《宣和画谱》
卷 11，页 281。且《梅道人遗墨》中，有提到此图，贝琼之《清江贝先生诗集》4 卷，
亦有提及此画之诗，故此画在元朝已甚著名，惟所载此画，是否即今黑川之《寒
林重汀图》，仍难完全确定也。

164　范宽这幅名画，载于《故宫名画三百种》，同注 4，图版 64；Chinese Art
Treasures，同注 6，图 18。

165　范宽这幅画的尺寸是 206cm×103cm，传为董源的画约为 182cm×117cm。

图 7-15 五代 董源 寒林重汀图
轴 绢本 设色 纵 179.9cm × 横 115.6cm
日本兵库县黑川古文化研究所藏

三景分隔的明显企图，颇近于范宽作品中的表现法。这幅崇山峻岭的画卷中，戏剧性的发展是渐渐地披露出来，最先以近景的大石堆作为对比，然后进至中景各种不同的景物，一帘飞瀑把大石分而为二；树丛和房屋都好像遮盖了大石的表面。继至最后的高潮：峻峭绝壁的垂直动力，这峭壁阻挡了画面上半的全部视域，因而表达出大自然山岳的气势威力。同样地，河景山水画表现的戏剧性发展：首先轻轻略过前景芦苇蓬生的小撮泽地，然后进至中景有树林农舍的复杂岛屿，最后才到一小组远山，我们的视线循此直达远方，这是诗意的抒情表现法。由此可见，范宽山水画中不绝上升的发展，似乎代表北方山水的"高远"，而传为董源作品中的连绵远景，则像是江南一带"平远"的例子。最后，这幅严冬河景中显著的直线和横线所造成的一般感觉，使人想起范宽作品中的结构。

然而虽有这些相同的地方，但这幅河景看来不全似是北宋的作品。其中一点是画中的细节与细节间，都有争着显得特出，引人注意的倾向。近景的芦苇，中景的树木，远处形如面包的山丘，甚至远方的琐细树丛和小撮土地，都像要我们加以注意，这和范宽的作品大相径庭。前者的作品中，所有的细节都很巧妙地附于最显著的意境和情感上。另一点是，河景的复杂构图，从这些细节便可得见，如：近画右缘的桥渡，隐蔽于树丛或山冈后的房屋，参差葱郁的枝叶和整幅画中细节上常见的紧密重叠。凡此种种，都把这幅画和那幅 11 世纪的作品划分开来。再者，画中的笔法颇不均匀，例如描画中景的石块树木，过于戏剧化的光暗对照，中部洲渚上房舍后的木叶所用的扁笔和不自然的突兀远山，都显露出一个后期专家试摹写一幅北宋的画迹。一般来说，这大概是一幅成于 14 世纪以前的画迹。也许是金人之作，而被认为是董源的画，到了元代，它给元代大师如倪瓒、吴镇的画风，有一个重大的影响。

这三幅传为董源的作品，虽各有不同的风格特征，但也有若干共同点。三幅画都使人联想到那些论著中常提到和董源有关的概念，如江湖景色，用草笔画成，宜于远观，笼罩着云雾水气这一类典型的江南山水。正如从上文可见，三幅画中既没有一幅可以完全确信是这位建康（南京）画家的作品，也没有一幅是能完全确定成于 10 世纪，所以这些画都完全不能供给我们任何关于这位江南画家的确实资料。不过从历史观点来看，重要的是这三幅画都似乎以董源的名字流传到元，而后再经董其昌鉴定是董源的作品。因此这些画虽或未能给我们一个有关这位 10 世纪画家的真正形象，但却清清楚楚给我们显示了从元人到董其昌或 17 世纪初人们对董源的看法。元朝已是差不多三百年之后，董源的形象已变得那么遥远，以致不但他所有的人物画和龙画，就是他仿李思训风格画的着色山水画，都似乎被人遗忘了。根据米芾所说，11 世纪所有的雪景和诗意山水都被认为是王维画的，这是由于他那时刚获得了文人山水画始创者的地位。和王维一样，董源成为元代的理想画家，集王维画风、文人画和江南山水，而融为一体。

我们讨论赵孟頫的作品，最特别的是在这三幅传为董源的画中，特别是《夏景山口待渡图》和《寒林重汀图》，都有不少细节和前论赵孟頫画迹中的细节有关联。事实上，我们若假定《寒林重汀图》，和《鹊华秋色图》多少互有关系，也不是毫无根据。而且我们可以找到一些文献记录以资佐证[166]。但二图中的景物都表现出充分的相同点。画中都有一些如房舍、桥渡、轻舟、树木等的叙述性因子。而芦苇、树木、山丘、房舍和泽地甚为相似。两画也沿用刻板的布置和片段的分隔。

就在这方面我们才能够明白为何董其昌的跋语之一，以《鹊华秋色图》"兼右丞、北苑二画家法"。由于这幅画所有的元跋都只认为《鹊华秋色图》和唐代画家有关，而从来没有提到这位五代的建康画家，但如今从画与画之间的关系来看，这种关系已十分明显。不过，如果更深入地研究赵孟頫对董源的兴趣，或许可以更清楚这位 17 世纪鉴赏家心中的思想，同时亦明了这位元初画家究竟有何目的。

赵孟頫对董源感到兴趣这一事实，从不少实例可以证明。我们知道 1295 年赵孟頫居留北方后，在带回家乡的画迹中，有一幅是董源的山水画[167]。赵孟頫所作的诗中，有一首是《题董源〈溪岸图〉》。[168] 虽然其中意象并不十分明确，不能组成一幅画来作比较，但诗中已充分地指出烟云景色，雨洒洲渚的林莽，使人想起文学著作所记的董源风格，现藏于故宫博物院赵孟頫的一封书信中，可以看到他对这位前代画家一段有趣的评语，其文谓：

> 近见双幅董源着色大青大绿，真神品也。若以人拟之，是个无拘管放泼底李思训也。上际山，下际幅，皆细描浪纹，中作小江船，何可当也。又两幅《屈原渔父》，又一幅《江乡渔父》，皆董源绝品，并双幅，不得不报耳。……[169]

166 两画都见于《宣和画谱》中，但无法知其是否即今两画，元人别集中，虞集有诗《夏景山口待渡图》（《道园学古录》卷 21，页 149），贝琼有《题董元〈寒林重汀图〉》（《清江贝先生诗集》卷 4，页 171）。

167 见注 26。事实上，在带回来的画中，有多幅是董源的。其中一幅是着色的人物图《山水绝佳》。另一幅是以石块及水作背景的龙图。关于这一卷画，周密亦提到他曾看过董源其他同样的人物画。

168 《松雪斋文集》卷 2，页 9。

169 《晋唐五代宋元明清名家书画集》（南京，1937），图版 54。

再者，标准的元代画史著作中，虽没有指出启发赵孟頫的人是谁，只提到他是从唐体发展开来，但在夏文彦的《图绘宝鉴》中，却记载着其子赵雍师法董源的山水[170]。因此我们大可以假定赵雍所采这路线，很可以代表他父亲的志趣。

我们回到上文已讨论过赵孟頫的两件手卷，便可看到这两幅画中都反映出这种兴趣。《鹊华秋色图》的敷彩，使我们想起各种记载中关于董源的一些风格。郭若虚谓董源"善画山水，水墨类王维，着色如李思训。"稍后一点，他指出董源曾画"沧湖山水"，"着色山水"[171]。然而，最能使人联想到这位10世纪画家的地位，就是《鹊华秋色图》虽然明显地是关于黄河流域一处真实的地点，但看来像是典型的江南山水，尤过于北方的风景。画中很明显地没有巨大的山岳，代替的是江湖景色，衬以绵延到远方的泽地。这些都是北宋人描述的典型董源特征。

然而在《水村图》中，我们可以找到董源和赵孟頫之间更明确的关联。在48段元跋中，有些虽仍认为这位元代画家受王维的影响，但至少其中一段则究竟提到了这位10世纪的画家。这首诗是苏州的钱良佑（1278~1344）写的：

> 每怜北苑风流远，笔底精神此日同。
> 春水孤村无限意，题诗输与杜陵翁。[172]

我们要揣度赵孟頫画迹中能反映多少董源的风格，当然是困难的事。但这位作者之提及这位10世纪画家，是颇重要的。

这里所述赵孟頫的二幅画迹中，虽然大部分题跋的人指出王维是主要的渊源，但亦有暗示到他对董源的兴趣，因为元初时，赵孟頫专心一意师法王维这位唐代画家，希望在画中获得启示。正如夏文彦的评语中指出，赵孟頫"书法二王，画法晋、唐，俱入神妙"[173]。毫无疑问，这至少有些是由于王维在元代在诗画方面的地位。作为一个诗人，王维在宋、元两代都很著名，这是由于他爱好自然和他的人格，都和晋朝的田园诗人陶渊明的志趣相同。我们可以明白，元人认为赵孟頫师法这位唐代画家，是值得赞赏的事。

然而到13世纪末，距王维所处时代已五百多年，王维一定已由真实性变为传奇性的人物。那时他的《辋川图》，成为文学上和美术传统

170　《图绘宝鉴》卷96。

171　《图画见闻志》页46。

172　《式古堂书画汇考》卷16，页127。钱氏在1310年前后作吴郡的儒学提举。

173　《图绘宝鉴》页96。

上的一部分，除了临本外，在诗文中亦常被提及，其诗人的声名一定促成了他作为一个诗意山水画家的重要性。对于元代的画人，他成为一个理想的画家，特别是在当时的社会，大部分的文人学者都尚逃避丑恶的现实。在尊崇赞赏中，他们一定忽略了他画艺中其他方面，只把他塑造成一个典型的文人画家[174]。在他们的眼中，王维是雪景和水墨画的一代宗师，但由于其时他的作品存世不多，所以他已好像高不可攀了。

反过来看，董源的情形却不同。他既是一个江南的画家，当时南北二方的人大概都可看到他的作品。他以同样的题材——沼泽、江湖、云雾掩映的景色——和放逸的草笔著名，自然是王维的继承者，这点在郭若虚的评语中已可得证。[175]和王维的情形一样，元代画家把董源理想化，重新塑造他的形象。他们完全忽略他的龙画和人物画，也不顾他对李思训作品的兴趣，只强调他师法这位唐代的文人画家。

在这过程中，王维和董源二人都好像融为一体，变成一个形象，因为他们二人都近乎相辅相成。王维的学养，事业和人格，都似和文人画理论中的理想文人非常吻合。但他存世的作品却太少，以致不能发出启迪元代画家的真实力量。就是他有一些作品在 13 世纪仍然可得见，但也必被大量传为他的但非真的作品所掩盖，使这位画家的形象变得模糊。另一方面，从事业和性格来说，董源是一个不甚显赫的人物，但他既师法王维，对探求文人画风泉源的元代画家来说，是不可多得的指引。更重要的一点是，他是来自江南一带的最早的山水画家，他既被看作是那一派山水画的理想画家，遂代表了元人合理的选择。一种集这二位画家大成的山水画，从这时开始发展，到后来对元画的影响力最大。对这个背景有了了解，我们便明白为什么根据元代作者，董源渐渐被公认为北宋期间最伟大的山水画宗师。

无可怀疑，三百年后，董其昌回顾这个新的画风时，便以之作为他对文人画所下见解的根据。其时王维的作品一定已非常罕见，就是董源的画迹也寥寥无几，只有承继他们二人传说的元画家作品却大量地保留。董其昌回顾以往，借着元画重建文人画的画风。有了这一根据，他再进一步和友侪定下南北二宗山水画的理论。他把南宗看作伟大的中国美术传统的主流，以王维为鼻祖，另一方面把董源高举为江南山水的杰出代表。

不过就是董源的形象也是那么模糊不清，以致他亦不得不倚赖元

174 根据一些关于唐画的早期论者，王维除了在山水画别出新意外，更能画其他的题材。他的人物画大概仍存世，如大阪阿部房次郎所藏的《齐南伏生像》。在记录中，由于他是虔诚的佛徒，所以曾为佛寺的墙画了很多画。然而后人只主要指出他是一个伟大的山水画家，特别是雪景图，用墨属于较灵活的一类。在宋末和元代的论著中，他差不多只被当作是位伟大的山水画家，很少人提到他其他的艺术活动。

175 在郭若虚的评论中（《图画见闻志》页 40），董源被认为师法王维和李思训二人，然而因为晚明时人们企图把王维和李思训分为中国山水画上的两大相对的趋势，所以董源和李思训的关系很少人提到，而他和王维的关系，在中国山水发展史的主流却常有引述。

代的作品来组成一个形象。在上文已提到这位明代评画家鉴定为董源所作的三幅画迹，其中一再出现的景物，在他看来一定是属于这位 10 世纪画家的风格，以这三幅画和赵孟頫的《鹊华秋色图》和《水村图》比较，我们发现董其昌对董源画风的看法，大概是从这位元代画家的作品中形成的。由于大多数元人著作都认为元末四大家或多或少师法董源，也由于这四大家的作品，在风格形成的过程中直接或间接地受赵孟頫的影响，所以我们若把赵孟頫看作据王维、董源组成新画风的创始人，亦甚合理，虽则这位明代评画家因为一个理由，不愿全力称誉这位元初画家这个成就。关于这个理由，我们稍后将会加以说明。

八　《鹊华秋色图》与赵孟頫的艺术思想

到目前为止，我们所讨论赵孟頫师法唐及北宋画风的目的，和元代画评中常见的名词"古意"似乎有关。事实上，赵孟頫在他认识的画家和书法家中，常极力提倡"古意"的思想。由于这原因，他常常被人们，特别是近代的美术史家，误会是元初"保守传统主义"（Conservative traditionalism）的魁首，和元末代表"主观的浪漫主义"（Subjective romanticism）的画家如倪瓒，吴镇对峙[176]。现在，在更彻底的了解《鹊华秋色图》和《水村图》后，我们当继续从一般的元代画评中，重新审查赵孟頫的各种主要观念，以求对他的"古意"概念得到一个更清楚的认识。

一般来说，"古意"的强调，在元代是很自然的。在一个像中国那么古老的国家，凡是古旧的东西都会引起人们的敬意。不过，这名词在中国画论中日渐通行，似乎亦是和文人画理论之得势相附而行。关于这点，11 世纪末叶的两本论著就是一例。两书同时用到这个名词，但用法各异。郭若虚的《图画见闻志》，虽有一些提及古代的地方，却很少用作判断精品的标准。但在米芾的《画史》，这名词有时是"古意"有时是"高古"，都常用来称许画家或美术作品[177]。从这时起，这名词便成为文人画评中不可缺少的词汇。元时，这个名词在各种画论中习用日久，竟成为绘画新方向的基础。

"古意"是源自中国复杂文化传统的典型名词。是以西方术语中，并无相等的字眼，前文有些地方引述到时，便以"仿古主义"（archaism）来代替，但由于"仿古主义"的对象是指一些古老，陈旧和绝了迹的东西，

176　O. Sirén，同注 94, p. 109.

177　《画史》（美术丛书本）页 6、7、9、11。书中每段的含义各有不同，然而一般的概念都甚连贯。

且含意常是否定的，所以用这个字眼来代表赵孟頫画迹所反映的各种概念，并不十分适当。为此，我们采用"古典主义"（classicism）这个比较肯定的西方名词。在一般用法上，根据韦伯斯特字典（Webster's Dictionary），这是指"在批评上，已公认为正式标准的文学或艺术所包含的理论和特征，这些理论和特征原属希腊和罗马的文学艺术，且具有清晰、简洁、庄严和正确的风格[178]。作为一个模范，古典主义常被用作评判的标准，带有理想的成分。从其历史含义看，这个名词则暗示一段时间性的距离。正如古典主义在西方文化中的形成过程经过很多个阶段。在中国，重新捕捉古意的企图在各时代也有很大的变化，有时像 19 世纪新古典主义（Neo-classicism）那么锐意摹仿，有时其创造性和意大利文艺复兴时代的正式复兴不相上下。由于这种种含义，"古典主义"这名词，用来等如元代画评中的"古意"，似最为适当。

我们在赵孟頫的画迹和著作中，可以更清楚明了元代的古典主义。我们既已研究过他两幅主要的画迹，现在便转从他的著作着手，看看他怎样表达自己的见解。遗憾的是，在赵孟頫的著作中，我们找不到他连贯有系统的理论，在标出他名字的文学著作中，有一本纯粹是文学性质的，而另一本却是颇令人怀疑的作品。在《松雪斋文集》中[179]，我们看到的多是他自抒己意或公事作的诗文。除了几首为前代画家题的诗外，并无直接提到绘画的地方。另一方面，《赵氏家法笔记》[180]却集合了各种不同的摘录，有关于绘画技巧的，有关于方法的，更有关于各种作画步骤的。但都没有一定的编排。然而，重要的部分，大多是著名画论中的片断：如郭熙的《林泉高致》[181]、饶自然的《绘宗十二忌》[182]和传为王维、荆浩、李成及其他人论六法及其他传统法则的短文[183]。由于赵孟頫富有创作的心思，故这本论著一点也不能代表他的天才任何一面。

要知道一些他的见解，我们只有讨论一下和他同时代人的著述。举例来说，元代美术史家夏文彦在他的《图绘宝鉴》（序文成于 1365 年）中，举出赵孟頫的一些官爵之后，接着以精要的评语，把赵孟頫的成就总括起来：

> 荣际五朝，名满四海；书法二王，画法晋唐，俱入神妙。[184]

这段评语，加上夏文彦把赵孟頫置于元代部分之首一事，就显示

178 Webster's Collegiate Dictionary（韦伯斯特字典）（1947, 5th edition），p. 186.

179 这本文集在 1339 年，即他死后 17 年首次刊行。由其子赵雍所编，其挚友载剡源（1244~1310）作序。由于载氏的序文日期是 1298 年，可能是为更早的版本写的。这个版本已不可得见。

180 《赵氏家法笔记》（《涵芬楼秘籍》，第 4 集，第 29 册，上海：商务印书馆，1918）。参阅丁福保、周云青合编《四部总录艺术编》（上海：商务印书馆，1957），第 1 册，页 732 关于此书的评论，其中包括了余绍宋在《书画录解题》的评论。余氏以为这本被传为赵孟頫的书，是由多篇早期的文章组合而成，所以没有显露多少赵家一脉的见解。最近台北丁念先所藏之明李日华手书《赵氏家法笔记》，亦在《艺坛》月刊，第 1 至 8 期连载。

181 郭熙《林泉高致》，收于虞君质《美术丛刊》（台北：中华丛书编审委员会，1964）第 1 辑，页 117 至 132。

182 饶自然《绘宗十二忌》（北京：人民美术出版社，1959），第 3 辑，页 139 至 142。

183 都收在于安澜编《画论丛刊》（北京：人民美术出版社，1960）内。

184 《图绘宝鉴》（《艺术丛编》，台北：世界书局，1975，第 11 册《元人画学论著》内）卷 5，页 82。

出元末时这位宗师如何受人敬重了。从这数语看，那时似乎已不能对任何画家赋予更高的称扬了。

然而，这一段并非夏文彦提及赵孟頫唯一的地方，在很多其他的条目中，除了提到他的名字外，还引述他对绘画的一些意见，我们细察一下这些记录，便会对《鹊华秋色图》所反映的倾向更为清楚。在论及元初画家陈琳时，他这样写道：

> 陈琳……善山水、人物、花鸟，俱师古人，无不臻妙。见画临摹，咄咄逼真。盖得赵魏公相与讲明，多所资益，故其画不俗。论者谓宋南渡二百年，工人无出此手也。[185]

这段评语大部分都是出自元代另一作者汤垕的。汤垕给陈琳画出更明确的背景，其文谓："江南画工，其先本画院待诏。"[186] 赵孟頫指导陈琳的观念，或改变了他的方针，这里清楚显示出其重要性，特别是由于后者以画工名于当代，大概受其"先人"的影响，又循南宋院体一路的画风。我们最要注意的是，赵孟頫把陈琳解放出来的方法，是指导他师法古人。

这位作者在论另一位元初画家王渊时，这样写道：

> 王渊……杭人。幼习丹青。赵文敏多指教之，故所画皆师古人，无一笔院体，山水师郭熙，花鸟师黄筌，人物师唐人，一一精妙，尤精水墨花鸟竹石，当代绝艺也。[187]

在这段评语中，赵孟頫的重要性更为明显。毫无疑问，他曾引导王渊学习唐代、北宋的名家，使他有一个新的方向遵循，具有意想不到的结果[188]。论到第三个画家，夏文彦谓：

> 陈仲仁……善山水、人物、花鸟。为湖州安定书院山长。日与赵文敏论画法，文敏多所不及。后见其写生花鸟，含毫命思，追配古人。叹曰：'虽黄筌复生，亦复尔耳。'其见重如此。[189]

我们看这段评语时，一定会留意到一点，就是所有元代的作者，都知道赵孟頫的重要地位。这样看来，"文敏多所不及"一句，并非贬

185　同上注，页 83。

186　《古今书鉴》（《艺术丛编》，台北：世界书局，1975，第 11 册，《元人画学论著》内）页 45。

187　《图绘宝鉴》页 86。

188　O. Sirén 所列名家作品（参见 O. Sirén，同注 1，vol. 7, pp. 140-141），存世的王渊作品中，大多是他的花鸟体，能与这些著录上的见解相合的画迹，寥寥无几。

189　《图绘宝鉴》页 86。

斥赵孟頫，而是推许陈仲仁的词藻而已。最重要的是，整段评论还是
强调赵孟頫是那时代首屈一指的画论家；而从他称颂其友可与 10 世纪
时的画家黄筌匹比来看，赵孟頫常教人效法古人。[190]

　　除了这三位画家外，一定还有很多画人受赵孟頫思想的影响。虽
然夏文彦并没有明确地论述他们。举例来说，赵孟頫全家差不多都是
画家。其夫人管道昇工书法，善画墨竹、梅兰[191]；其子赵雍，画山水
"师董源"，而"善人马"[192]；另一子赵奕，以能书画名[193]；其孙中有
二人，一名赵凤，所画兰竹，直追乃父赵雍的画迹，以致人们常误以
为出自其父的手笔[194]；另一名赵麟，和父亲赵雍一样，善画人马[195]。
除此以外，其弟赵孟籲，亦为知名的画家[196]。而元末四大画家之一王蒙，
是他的外孙[197]。我们可以说，所有这些画家，在理论和风格上，一定
都深受他的熏陶，因为他是开其家族传统之先驱。

　　赵孟頫对董源的兴趣，我们在这些画家中可见一二。最重要的是
书中指出赵雍师法这位 10 世纪的画家，这事实也可反映出他父亲在绘
画方面的志趣[198]。由于王蒙被认为师法巨然，而巨然的风格和董源最
为接近，且又同在建康任官；所以这亦是赵孟頫志趣的遥远迹象。另
一位画家郑禧，虽不是其家族的一员，夏文彦也有记录下来：

　　　　善画山水，学董源笔法。用墨清润可爱。画墨竹禽鸟，全法
赵文敏。[199]

　　作者一再提到董源。虽则今天郑禧的作品已不可多见，但这位元
初大师向不少同时代的人传播思想观念，于此亦可以得证。

　　如果我们进一步把夏文彦列出的画家一览，便会发现泰半的元代
画家都师法北宋的画家。这些人中，有很多是赵孟頫的挚交好友。先
世来自"西域"的高克恭被称为"始师二米，后学董源、李成，墨竹
学王华。"[200] 从米体转效董源、李成画风这一转变，是否是由于赵孟頫
的影响，当然不易解答；但其友人这转变反映出元初绘画的趋势，这
个趋势是赵孟頫一手造成的。另一位朋友李衎，据传"始学王澹游，
后学文湖州"[201]。这些记载，都进一步显示出元初绘画的普遍趋向；不
是重法董源，便是效北宋的文人画风。反过来看，夏文彦虽亦提到元
代有些人师法南宋，但这些画家实际上只占少数[202]。这大概是受赵孟
頫影响的另一迹象。

190　在现存数幅传为陈仲仁
　　所作的画中，似乎没有
　　一幅作品的品质值得赵
　　孟頫这么高的赞语。

191　参阅《图绘宝鉴》页 91
　　及《松雪斋文集·外集》
　　页 17 至 19。

192　《图绘宝鉴》页 82。

193　《吴兴备志》卷 12，页
　　35。

194　《图绘宝鉴》页 82。

195　同上注。

196　同上注，页 83。

197　同上注，页 88。夏文彦
　　称他为赵孟頫的甥，一
　　般以为谬误。从年代比
　　较看，王蒙像是属于较
　　年轻的孙辈。有关这问
　　题的讨论，可见于潘天
　　寿、王伯敏合著，同注
　　24，页 12。一说元时"甥"
　　即外孙之意。

198　《图绘宝鉴》页 82。据
　　文献记载，除了管道昇
　　外，赵雍在这个家族中
　　常是最近他父亲的一个，
　　所以这是十分可能的。

199　《图绘宝鉴》页 88。

200　《图绘宝鉴》页 90。高
　　克恭更详尽的传略，可
　　见于《新元史》，同注 1，
　　卷 188；庄申《元代外
　　籍画家的研究》，《中国
　　画史研究》（台北：正中
　　书局，1959）页 147 至
　　170。

201　《图绘宝鉴》页 82。有关
　　李衎更详细的讨论，可
　　见于 A. Lippe, "Li K'an
　　and seine, Ausführliche
　　B e s c h r e i b u n g d e s
　　Bambus', Beiträge Zur
　　Bambusmalerei der Yüan
　　Zeit（李衎及其《墨竹
　　图卷》对元代墨竹画的
　　贡 献)," Ostasiatische
　　Zeitschrift, 1941-1943。

202　夏文彦这本书颇能反映
　　出当时人的鉴赏力。书
　　中确有鄙视南宋画风的
　　偏见，其中虽有提到几
　　位师法马、夏体或南宋
　　院体的画家，但他们所
　　有的作品都似乎不见于
　　中国。然而幸亏得日本
　　人保藏，孙君泽的一些
　　画迹今仍存世，参阅《宋
　　元名画》，同注 117，第
　　3 册，图版 28 至 29。无
　　论如何，夏文彦的记录
　　是指元代仍残存着南宋
　　画风的最佳证明，亦可
　　作为明初重建画院的联
　　系。

203　见《中国画论类编》，同
　　注 99，页 476，俞剑华
　　从其中证据推测这篇论
　　文成于 1328 年左右，这
　　一推断颇值注意。1959
　　年出版《画鉴》新版，
　　由马采标点注释，日期
　　亦无大差别；他认为《画
　　论》和《古画鉴》今虽
　　似两本论著，但原来本
　　是一书，故把二书全为
　　一书，题为《画鉴》。

204　汤垕在写这本论著时，
　　多赖米芾的《画史》，并
　　常引述其中的内容。

205　《画论》（《艺术丛编》（台
　　北：世界书局，1975，
　　第 11 册，《元人画学论
　　著》内）页 9。

206　在注 19 所提拙作中，这
　　问题有更详细的讨论，
　　页 176 至 179。

207　《画论》页 9。

208　参阅注 19 所提拙作关于
　　这段的论述，页 177。

如果夏文彦这本书反映出赵孟頫的古典主义在元初画林如何深入各阶层，那么另一本有关元画的重要著述，汤垕的《画论》似亦能反映这位元代画家的文人画基本理论。从内容的各种证据看，这本书比夏文彦的还要早，成书日期当在赵孟頫死年 1322 年后十年之间[203]。这本论著陈述了一些赵孟頫的见解，文中提到他们的地方凡六见，比提到任何一位元代画家的次数要多[204]。在其中一段，汤垕表示赵孟頫是他最敬佩的元代画家。

> 今人收画，多贵古而贱今。且如山水，花鸟，宋之数人，超越往昔。但取其神妙，勿论世代可也。只如本朝赵子昂，金国王子端，宋南渡二百年间无此作。[205]

汤垕其时仍是最具影响力的权威，他对赵孟頫如此推崇，就像三十多年后的夏文彦一样，仍然附和着那伟大艺术人格的无比影响力。在这段评语中，他虽然似乎非难人们盲从以古画为贵的时尚，但他在原则上并不加以反对，而且还暗示着其时古典主义的普遍流行。

作为一本理论的著作，《画论》代表了元代文人画最基本的见解。汤垕批评同时代的人只以"形似"来评画，忽略了气韵的整个观念[206]。他这主要的见解，和苏东坡引起共鸣。其中最重要的一段是这样的：

> 观画之法，先观气韵，次观笔意、骨法、位置、傅染，然后形似，此六法也。若看山水、墨竹、梅兰、枯木、奇石、墨花、墨禽等游戏翰墨，高人胜士寄兴写意者，慎不可以形似之。先观天真，次观笔意，相对忘笔墨之迹，方得为趣。[207]

传统的六法，在这新的排列下，明显地应和着文人画的概念，定立了新的评价等第，以气韵为最主要的因素，形似则是最不重要的[208]。这其实就是赵孟頫的见解。虽然在《鹊华秋色图》和《水村图》两幅画中，我们都留意到赵孟頫的画法有某种程度的真实感，但这并非他根本关心的，因为在他的画中，也好像常常都乐于加入己意，以求达到更调和的画面和更深入的感情。这种特质，可以说和这里引述汤垕评语中的气韵相若。汤垕既称誉赵孟頫是自北宋以来中国最伟大的画家，毫无疑问，心中一定认为赵孟頫是最能达到他在书中定下的理想的人。他常常引述赵孟頫，而后者又符合他所定的全部资格，使我们不禁怀疑他的思想或许源自这位画家的作品。

然而我们细读汤垕的论著，便会发觉到作者的看法，和北宋文人的看法有某种不同的地方。对于北宋的文人，正如前文所述，他们虽然对王维和董源感到兴趣，但文人画可说是一个新的发展，望向将来，每个画家都确立自己新的风格和画法。是以苏东坡和文同精画墨竹；李龙眠善"白描"；米芾独创其米点画风[209]。然而汤垕在常提及古人时，其文人理论则杂糅了一点古典主义。换句话说，他回望如唐代、北宋过去的画风，这就是赵孟頫的主要见解。这使我们再次怀疑汤垕的论著，大概多少是把赵孟頫的画法和理论整理编排而已。从我们在这两幅画所讨论过各点来看，这似乎是大有可能的。赵孟頫和钱选有一段常为人称道的对话，记于1387年，我们在其中可以看到一些这样的见解：

> 赵子昂问钱舜举曰："如何是士大夫画？"舜举答曰："隶家画也。"子昂曰："然余观唐之王维，宋之李成、徐熙、李伯时，皆高尚士夫，所画盖与物传神，尽其妙也。近世作士大夫画者，其谬甚矣。[210]

这两位元初名画家的对话，不论是否真有其事，然而却给了我们一些概念，知道直至其时，文人画多少只是一个理论，还没有明确的画风，这一派比较确定的风格，似乎在赵孟頫以后才成立。所以很可能这新的画风是由他一手塑成的。

王维和董源在中国绘画新获得的重要地位，也是在汤垕这部论著中反映出来的。事实上，这部论著形成了中国绘画的新历史，对后世各代影响至大。上文提到他在论山水画发展时，改变宋人对各画家重要性的看法，提出他自己的新方式，以王维列于唐代画家之首，董源则冠绝北宋画家[211]。他又把郭若虚对北宋三大宗师的观念更改，以董源代替关仝，组成了他对山水画三大画风的新系统："董源、范宽、李成，三家鼎立，前无古人，后无来者，山水之法始备。"[212] 在这个见解里面，一定也潜伏着赵孟頫发展开来的理论和风格。

在《清河书画舫》（序文成于1616年）中，张丑引述赵孟頫的话。这段记载据说是赵孟頫题在他1301年的一张画上。这幅画成于《水村图》前一年。

209 关于这发展的简要讨论，参阅滕固，同注91，页71至83及 O. Sirén，同注1, vol. 2, pp. 11-52。

210 J. Cahill, 同注17, p. 14.

211 参阅注103、104所提出的两段文章。

212 这个意象出自《图画见闻志》页19。汤垕的评语见《画论》页10。

作画贵有古意，若无古意，虽工无益。今人但知用笔纤细，傅色秾艳，便自以为能手。殊不知古意既亏，百病横生，岂可观也。吾作画似乎简率，然识者知其近古，故以为佳。此可为知者道，不为不知者说也。[213]

　　虽然这段文字在 1616 年以前的文献中都不可得见，但内容和赵孟頫的思想互相吻合，所以大概也颇为可信。我们把这段文字分析一下，便可见出其中的见解和《鹊华秋色图》及《水村图》中的完全相同。他看到当时人们常注重工巧，所以文中所强调的古意，多少是和工巧对立。和他同时代的人的时尚，包括了他文中的"用笔纤细"、"敷色秾艳"，这些风格都好像有接源自院体画风，与马夏体并存的优美精细花鸟画相近，山水画则不大相似。与这个趋势对立，他形成了自己的画风，虽然"似乎简率"，但实在却是"近古"。这就是他给陈琳、王渊这一类画家的劝告，二人在他指点新方向以前都是注重院体的画家。这就是他"古意"理论，或是古典主义的真谛。

　　我们回顾中国的美术史，便会发现到赵孟頫这种古典主义，如在《鹊华秋色图》和《水村图》所见，是一个有决定性的革新转变。中国绘画从最早的成长时期直至宋代末叶，都只是向着改良技术和克服各种描绘的困难，一路平稳地发展。到宋代，徽宗画院的自然主义支配一切，且继续影响南宋设于临安（杭州）的画院；这时描绘的观念已成为标准，以致表现的问题反被人遗忘了。面对这种潮流，文人派的画家主张以气韵和形似相抗。他们以提倡墨戏来自我表现，从而使中国绘画趋向更简练、更集中，减少了象征和描画的成份。然而在这期间，虽有不少画家师法前代某些大师的画风，但却从来没有大规模的复古运动。

　　元初人们正值中国遭到社会剧变，一定强烈地感到一段时间上的距离。为要重接上传统，赵孟頫凭着他的博识广见，在古典主义中找到他所需要的解答。在他领导下，这成为一个普及的活动，虽然这个活动决非有组织的。大多数的元代画家，特别是那些居于江南的，都似乎全心全意地响应这个发展。结果，有元一代，这个由赵孟頫发起的古典主义，持续不衰。从这时起，中国绘画的发展差不多只是起伏着古典主义或仿古主义，视画者的画法而定。明初的绘画发展是回复南宋的院体。15 世纪末叶，为改变这一趋势，沈周及后来其门人文徵明

213　《清河书画舫》西部，页19。

发起另一种古典主义，借以承继元代的文人传统 [214]；而其他在苏州的画家，如周臣和仇英，则流于装饰性的仿古主义（Decorative archaism）到了 17 世纪，董其昌再次提倡这文人古典主义（Literati classicism），继续同一趋势，再进一步，由此看来，赵孟頫的古典主义，可以看作和欧洲的文艺复兴同具划时代的重要性，虽则后者的性质并不完全相同。

回顾一下元代初期，我们看到在这个时代，所有传统的价值都被推翻，而主要的文人学者全都在努力找寻一条出路，这整个情形，在绘画方面显露得最为清楚。对于一些人，特别是那些效忠于宋的，如钱选等，孙君泽也可能是其中之一，都认为唯一可能的路线，就是继续南宋的画风；由于这时已没有任何画院限制，所以笔法可以更灵活自由 [215]。至于其他的人，特别是那些来自中国北方的，如高克恭、商琦、刘贯道和其他数人，解决的方法似乎只有继续李成、郭熙和米芾的画风，这些画风在金及元初时的北方已是根深蒂固的 [216]。更有别的画家，如亦是北方人的李衎及其子李士行，则借金代王庭筠所传授的文同和苏东坡的墨竹画风，作为他们应走的方向 [217]。有一小部分人，如来自淮河流域的龚开，甚至探索光怪陆离的题材 [218]。这些趋势或多或少只是继续着南宋或北宋末某些风格，并无任何新的解决办法去应付当时新的需求。

赵孟頫这位来自江南中心地区的典型南方人，其才华学识，比起大部分和他同时的画家都要广博，他终于为江南的画家找到新的途径。我们上文已分析过他的《鹊华秋色图》和《水村图》，又讨论过他的思想观点，从这里便看到赵孟頫个人在山水画寻求新的解决方法，渐亦变为江南大部分画家所要追求的。他的古典主义，他对唐画的兴趣，他重法王维和董源，他极力提倡文人画；这一切在元代中叶及末叶时，都为名重一时的画家们接受。更明确地说，他自己把古来所有的题材，都尝试过，如人、马、花鸟和山水；又把各种不同的风格尝试过，如《鹊华秋色图》、《水村图》、着色山水画和水墨画等，对于年轻一辈的画家，这些试验都极为可贵。在这方面，元代的水墨画较青绿山水为普及，这一现象似乎是赵孟頫从《鹊华秋色图》到《水村图》试验得来而转变的结果。同样地，人们对墨戏比对刻划的山水和竹图，有更浓厚的兴趣。这另一迹象早在赵孟頫从 1295 年到 1302 年的进展中显明。最重要的是，大概由于这位元初画家尝试过画各种传统的主题，使元

214 在这方面，值得注意的是文徵明最喜赵孟頫，他摹写了《鹊华秋色图》和《水村图》。

215 参阅岛田修二郎、米泽嘉圃《宋元绘画》，页 19 至 22 及方闻，同注 17, pp. 173-189。

216 《图绘宝鉴》页 79 至 81，论及金的部分。

217 参阅注 201 所引论李衎一文。

218 参阅《图绘宝鉴》页 83 及《古今画鉴》页 44。

代的画家渐渐明白到山水画最宜于文人表达个人的感情。

　　赵孟頫在中国绘画所占地位的重要性，董其昌在 1630 年为《鹊华秋色图》题跋时，似已十分明白。其结语谓："湖州一派，真画学所宗也。"湖州是赵孟頫所居府治之名，吴兴亦在其内。董其昌以这派为画学之宗，就表示出他因得到这位早期画家的思想而感激莫名。事实上，这句评语有点含意不清，但也许董其昌有意如此。同一跋中，除了赵孟頫外，他也提到了周密和钱选。周氏在元初也居住此地；而钱选以工花鸟画名于当地。三人都以画家、诗人和鉴赏家著称。所以他们合起来，便成为历史上这段艰苦时期最重要的一群领导人物。董其昌在跋语中所指的大概是整体来说，不过，就是果真如此，赵孟頫既在这位 17 世纪的批评家的评语中受到特别推崇，当然仍是三人中最重要，最具影响力的一个。

　　然而，湖州所指的并不止此。我们研究一下此地的历史，便会看到其特出的文化传统。在中国画及书法史上，这一州可以夸耀一些最显赫的名字[219]。三国时代（公元 3 世纪）的曹不兴，是这一州内的吴兴人。从文献记载，他的画艺常带有传奇性和魔力的意味。中国早期两位最伟大的书法家，王羲之及其子献之，在东晋时代（公元 317~420）曾作吴兴太守。唐时，另一位有名的书法家颜真卿（8 世纪初期）亦曾任此职。宋代，这里出了一位早期的山水画大师燕文贵（10 世纪末期）。但湖州之在中国艺术中这样闻名，是由于文人画的两大魁首，文同和苏东坡（二人同为 11 世纪后期人）都和此地有关。由于不可思议的命运，文同从来没有脚踏实地，因为他在接任湖州太守之职途中去世，但后人却常称他为"文湖州"[220]。他的表弟苏东坡继他任此职，虽然任官不到一年便罹祸[221]。12 世纪，效董源、巨然画风的画家江参亦居此地[222]这些都指出这地域富有艺术传统，对元代画家当有不少的影响。无疑地，有了赵孟頫家族数代的画家再加上钱选、唐棣和评画家夏文彦等吴兴的人物，更有包括了赵孟頫和钱选的著名"八俊"；且其地处于苏州和杭州之间，无怪乎湖州一带，是元初古典主义的繁荣滋长中心，是 13 世纪中国的翡冷翠（佛罗伦萨）！

　　董其昌的跋指湖州是画学所宗，其中可能暗示了这种种辉煌事迹。在这一列著名书法家和画家中，最佳的代表莫如赵孟頫，因为他是一位能综合这两种艺术的大师。这位画家之能以文人画为其古典主义的根本信条，也从文同和苏东坡二人的名字获得无比的支持。总括一句，

219　张遹周《吴兴备志》卷 2，页 11 提及一些有名的画家，这些人或多或少都与湖州有关。

220　见于凤《文同、苏轼》（《中国画家丛书》，同注 24，1960）。文同的传略载于页 1 至 7。

221　同上注，页 20 至 21 引述到这件事。

222　根据《唐宋画家人名辞典》，同注 145，页 57 至 58 页，江参是浙江西南部的衢州人，但在吴兴住过一段颇长的时间。

董其昌跋语的用意，毫无疑问是指出赵孟頫是湖州一派的主要人物；这整个趋势之得以并入中国画的主流，完全是归功于他。

事实上，董其昌把赵孟頫推崇到这世代受人尊敬的地位上，是有更深一层的理由，这是因为他扬名后世的画论，大部分都可溯源于这位元代的大师。赵孟頫把文人的理论传给了明代的画家，由是产生了这些观念，认为绘画非为装饰，而是作画者个人的表现；画家的高尚品格亦是画迹品质的重要关键。董其昌主张"行万里路，读万卷书"是画家不可缺少的训练。这个见解也和赵孟頫的古典主义思想相应和。最重要的，这位元代画家复倡王维、董源，使后者最后得以提升到文人画风最崇高的地位。这早已为董其昌一派画史最重要的理论，即南北两宗山水画的理论定下根基。的确，董其昌的理论只是有元一代所积聚力量的顶点，而这些力量主要都是由赵孟頫一手发起的。[223]

赵孟頫的画之以古典主义为主，在他许多活动中也反映出来。他是当时最负盛名的书法家之一，以 4 世纪的二王（即王羲之、王献之）为师，从而演化出他自己个人的风格[224]。就是今天，他仍是人所共知的小楷和行书大家[225]。这两种字体分别见于其《鹊华秋色图》《水村图》的题识。诗歌方面，他摒弃感伤情调丰富的词，效法汉、晋及唐代较早的诗体[226]。治古经籍方面，他为周代、汉代的史传作注，这是他表达自己的政治和社会思想的一种方法[227]。他又是一个有成就的音乐家，上溯音乐及古琴这乐器的源起，使中国音乐重获生机[228]。在这各方面，其中有些虽不及绘画的成就那么特出，但也可见出古典主义是他的学识和美术整个发展过程（后者可见于前论的两幅山水画迹）中的中心思想。

九　赵孟頫的人格与成就

有了这个背景，我们可以把《鹊华秋色图》作为门径，借此了解赵孟頫这个元初人物的整个人格。他既聪颖过人，又多才多艺，正好为宋室服务；但却因宋亡，而本身又是宗室之后，所以陷于进退维谷的境地。不过，经过多年赋闲，当他被召为元世祖忽必烈效力时，便毅然面对不忠于宋的指责，宁愿接受工作的召唤，不愿像他许多朋友一样终生隐居，以他自己的看法，直接效劳或能使元代统治者认识到中国的伟大传统。是以他大胆地建议货币的改革[229]；常欲铲除作恶多端的丞相桑哥[230]；接连地主张刑罚应不上大夫之身的权利[231]。凡此种

223　Nelson Wu, "Tung Ch'i-ch'ang（1555-1636）: Apathy in Government and Fervor in Art," Arthur Wrigtt and Denis Twitchett ed., Confucian personal ities (Stanford, Calif.: Stanford University Press, 1962), pp. 260-293.

224　这是元代各作者共同的意见：杨载的评语载于《松雪斋文集》本传，页 11；夏文彦的在《图绘宝鉴》页 28；陶宗仪的在《辍耕录》卷 7，页 1。

225　这是中国书法史关于赵孟頫书法的一般观念。然而在他的行状中，杨载称他除了草书和小楷外，更能篆、隶及草书各体。

226　参阅吴梅《辽金元三代文学》（上海，1936）。

227　《松雪斋文集》本传，页 11。

228　《松雪斋文集》卷 6，页 1 至 3 可见到这两篇乐论。

229　《松雪斋文集》本传，页 2 至 3。

230　同上注，页 6。

231　同上注，页 4。

种都是发自这基本的动机，就是面对屈辱和蔑视，他也要把传统的儒家理想引用到这新的朝代。在这方面，一半由于他个人的努力，他在其一生之内得以亲眼看见中国传统的真义渐为元政府接纳，如重立儒学及恢复科举考试。[232]

另一方面，他虽然接受了元人的统治，但对所有宋的遗臣都非常了解和尊重。明显地，《鹊华秋色图》和《水村图》都是为这些在元初由于对故宋忠心耿耿，因而隐居不仕的人画的。在这方面，他的挚友中有些也处于同样的背景，如画家钱选和书法家吾衍[233]。另一位友人吴澄和他一样受元帝之召，在 1286 年赴京任职，但数月后由于郁郁不得志，便决然回到南方。赵孟頫写了一封信送他，其中不但表示出真切的同情，而且还流露出自己欲作南归的愿望[234]。然而他后半生仍多留居燕京，在元廷中服务，一面忍耐，一面敢作敢为。无疑地，他要从事更多积极的措施，不愿逃避现实。

不论他仕元人的动机是为了名或利，他的政治生涯并不见得顺利，事实上，他似乎心中常感到负荷背弃了家世的重担。在他的著作中，有不少的诗都表现出他既感懊悔，亦觉良心有愧。最明显的一首诗，题为《罪出》：

> 在山为远志，出山为小草。[235]
> 古语已云然，见事苦不早。……
> 谁令堕尘罔，宛转受缠绕。
> 昔为水上鸥，今如笼中鸟。
> 哀鸣谁复顾，毛羽日摧槁。……

赵孟頫的夫人，画家管道昇曾作词一首，赵孟頫作《渔父词》二首和之，诗中似亦隐藏了同样的意象。夫人写道：

> 人生贵极是王侯，
> 浮利浮名不自由，
> 争得似，一扁舟，
> 弄月吟风归去休。"[236]

赵孟頫和之：

232 这些制度都是始于仁宗，这位最与汉族人友善的皇帝的一朝（1312~1320）。

233 陶宗仪《书史会要》（1929 武进陶氏逸园影刊明洪武本）卷 7，页 5 的《吾衍传略》中提到。

234 《松雪斋文集》卷 6，页 9 至 10，虽然有时这种与朋友思想的同感，只是文学上一般的习惯，但正如笔者在注 22 指出，其时赵孟頫这种南归的愿望是颇真切的。

235 远志和小草都是草药名，最先见于《世说新语》关于谢安的故事。赵孟頫引用这名称当有双重意义。

236 《松雪斋文集》卷 2，页 12。

　　"渺渺烟波一叶舟，

　　西风落木五湖秋，

　　盟鸥鹭，傲王侯，

　　管甚鲈鱼不上钩。"

　　侬住东吴震泽州，

　　烟波日日钓鱼舟，

　　山似翠，酒如油，

　　醉眼看山百自由。[237]

　　这些诗词和他文集中其他更多的作品，都表示出他希望和那些隐士一样，在蒙古人统治下不出，回到朴实自由的生活。

　　不过他虽然怀着这种心情，但他受召入仕元人亦已成为事实。在他题陶渊明《归去来图》这幅画的诗中，他揭露出他选择此途的理由：

　　生世各有时，出处非偶然。

　　渊明赋《归来》，佳处未易言。

　　后人多慕之，效颦惑蚩妍。

　　终然不能去，俛仰尘埃间。

　　斯人真有道，名与日月悬。

　　青松卓然操，黄华霜中鲜。

　　弃官亦易耳，忍穷北窗眠。

　　抚卷三叹息，世久无此贤。[238]

　　在这首诗中，他说出关于出仕或归隐的问题，正如他一样，每个人都应该自己决定。但毫无疑问，他对这位感发后世隐士的 4 世纪田园诗人非常敬慕。这就是他常能了解那些忠心遗臣，而他们也乐于和他结交的原因之一。《鹊华秋色图》和《水村图》中似亦表达出同样的心境和感情。

　　总括来说，我们在他这种天才横溢经验渊博的性格里，看到元初酝酿着一股和故宋遗民相反的力量，使中国历史，在政治上、文化上和艺术上都转向新的路线。不过，由于元人腐败的统治所挠，故他所建议的政治改革，只得有限的成功。他重新提倡中国古代伟大文学传

237 《松雪斋文集》卷 3 页 13 至 14。

238 《松雪斋文集》卷 2 页 14。

统的努力，也为元统治者一方面轻视文人才干，另一方面令有创作天才的士人从古典传统转向其时盛行的散曲、戏剧和传奇故事这种手段所溶解。就是在绘画方面，他的马和人物画迹，其中虽不乏有趣的新创，也只成为唐代画风最后的主要回应。然而在山水画和书法中，他却能够借晋、唐、北宋的伟大传统来应付中国历史上这个重要时期的新美学需要。他循着文人画的思想，把王维、董源的风格和他自己对自然的感受融为一体，由此确立了江南山水的画风，以此作为他自己的心血结晶。正如《鹊华秋色图》和《水村图》所反映的，这种新的山水画，含有更亲切的诗意，更真实的感觉，更放逸更美的笔墨。为后世的中国画立下了基础。

然而赵孟頫虽有这种种成就，但后代的画家和文人对他却常常不甚完全了解。他对故宋的不忠，在他本是操履纯正的人格上成为不可磨灭的污点，不但以儒家的评价标准来衡量，就是以文人画的条件亦然。就是在有元一代，关于他的批评和诽谤的传说已经出现。到明代，这些谣传就更为普遍，于是遮蔽了他在艺术上的成就。画家中如文徵明是能赏识他成就和人格的一个，但其他一些人却不能谅解他的不忠。在这方面，董其昌是最典型的一个例子。从上文可见，他深明赵孟頫在中国绘画的重要性，所以对这位元代大师崇慕备至。然而，他对赵孟頫在政治上所处的不幸地位，特别是他和宋代的关系，感到困惑，结果，在他的著述中，他有时贬斥这个画家的人格，但在别些文章中，却又赞许后者的果敢成就[239]。大概是由于这矛盾的态度，使董其昌不常称许这位画家。在他论述文人画一脉传统的名作中，他追溯源流，以王维为始创者，随后是董源、巨然、李成、范宽、更至北宋的李龙眠、王诜和二米，接着就是元代四大画家，一点也没有提到赵孟頫[240]。然而董其昌以前的评画家，一般都似乎已感到赵孟頫在构成中国绘画方向的特殊地位；但自董其昌以后，作者们则以称誉元末四大家为主题。不过，从《鹊华秋色图》中数跋，及其著述很多地方可见出，董其昌心底里是很明白赵孟頫作为中国绘画转折点的重要性的，这在以下的评语中便可得见：

> 元时画道最盛，唯董、巨独行，外此皆宗郭熙。其有名者：
> 曹云西，唐子华，姚彦卿，朱泽民辈出。其十不能当倪、黄一。
> 盖风尚使然，亦由赵文敏提醒品格，眼目皆正耳。[241]

239 举例来说，在《画禅室随笔中》，董其昌评赵孟頫所以短寿，皆因他品格不高。

240 董其昌《画眼》，收于虞君质编《美术丛刊》，同注181，第1辑，页282。

241 同上注，页292。同一文中的另一段评语（页286）也显示出同样的见解："王叔明画，从赵文敏风韵中来，故酷似其舅（？）。又泛滥唐宋诸名家，而以董源、王维为宗，故其纵逸多姿，又往往出文敏规格之外，若使叔明专门师文敏，未必不为文敏所掩也，因画叔明笔意及之。"

从这方面，我们才能完全领悟《鹊华秋色图》上董其昌 1605 年所题最透彻了解的跋语。我们在这里不妨再引述一次：

> 吴兴此图，兼右丞、北苑二家画法。有唐人之致，去其纤。有北宋之雄，去其犷。故曰师法舍短，亦如书家以肖似古人，不能变体为书奴也。

（译者：曾嘉宝）

赵孟頫二羊图卷

赵孟頫在这幅《二羊图》上自题：
"余尝画马，未尝画羊，因仲信求画，余故戏为写生，
虽不能逼近古人，颇于气韵有得。子昂。"从画作的观点看，
赵孟頫作品的妙处在于它能够吸取唐画的精髓，从而演化为一个新的综合。
此图赵孟頫只用水墨和较自由的笔法，已见他有点脱离唐人风格。
从内涵看，此画虽自称戏作，
然却被后人解读为苏武的忠节（高贵的绵羊）和李陵的背叛（低首的山羊），
以此来论赵孟頫仕元的窘境。也许赵孟頫在戏写《二羊图》时，
很可能心中早已负荷着这个沉重的道义重担。

一

元代画家，以赵孟頫（1254~1322）最多才多艺。书画诗文之外，又兼学者、政治家、经济学家、音乐家于一身。他的个性与天才，差不多支配了元代初期的文化；而他的书画，对于整个元代以及后世书画的发展，都有决定性的影响。他的画艺曾以佛道、人物、山水、竹石及马羊等著名。然而在一般人心目中，他画马的成就，可算最高。可是，对其画马有较深认识的人，却是极少。[1] 关于此点，有多篇行状传记早已提及，而且也认为是他最高成就。因此而引致一般人都误把许多元、明马画看为他的作品。[2] 本文因就此问题，作较详细讨论。然而，要把赵孟頫所有的马画拿来作详尽的研究，范围实在太广。因此，本文单以他的《二羊图》作为讨论的焦点。此一手卷，目前藏于美国华盛顿之弗利尔美术馆（Freer Gallery of Art）[3]（图 8-1）。因为这张画藏美已久，所以西方许多学者，都曾略有论及；如瑞典之喜龙仁（Osvald Sirén）、德国之 Wilhelm Cohn、美国之席克门（Laurence Sickman）、劳伦（Benjamin Rowland, Jr.）及李雪曼（Sherman Lee）等。表面上，《二羊图》看来似乎是一张很简单的短卷，其实却是有极其深刻之奥妙的。[4]

《二羊图》全画，仅宽 25.2 厘米高 48.4 厘米长。除了两头羊之外，空无所有，亦无背景。右面的山羊，站立的姿势是身躯朝右，头部向左弯，作者利用羊背上的线条把这个弯自然地显示出来。羊身上又长又直的毛画得非常工细，两旁的毛轻软地垂下来。整个形象显得浑身是劲。这头山羊弓起身躯，头部前伸，几达地面，张口瞪眼，尾巴上翘。相反地，左面的绵羊昂然而立，身朝左，头仍转右。圆胖的羊身上覆着的卷毛，是以不同色调的墨画出。绵羊以四条瘦小的腿支撑着身躯；

1　本文为关于赵孟頫画艺研究的一部分，其中 The Autumn Colors of the Ch'iao and Hua Mountains: A Landscape by Chao Meng-fu（赵孟頫鹊华秋色图）(Ascona, Switzerland: Artibus Asiae, 1965) 即为首篇完成的论文，而本文次之。

赵孟頫的详尽传略，已列于拙作《赵孟頫鹊华秋色图》，《故宫季刊》，第 3 卷，第 4 期及第 4 卷，第 1 期。至于对赵孟頫的畜兽画曾论之甚详的文章则有 Osvald Sirén（喜龙仁），Chinese Painting: Leading Masters and Principles（中国画：名家与理论）(New York: The Ronald Press, 1956)，vol. 4, pp. 17-59；Benjiamin Rowland, Jr（劳伦），Enciclohaedia of World Art（世界美术百科全书）(New York: McGraw-Hill Book Co., 1960)《赵孟頫》一文。

图8-1　元　赵孟頫　二羊图　卷　纸本　水墨　纵25.2cm×横48.4cm　美国华盛顿弗利尔美术馆藏

2　喜龙仁所列各家现存画评注表中（O. Sirén, 同注1, vol. 7, pp. 102-104），传为赵孟頫的作品共列74幅，其中至少有20幅是画马的。作者亦曾亲见传为赵氏所画的马图数10张。

3　在讨论中国艺术或画迹的著作中，这幅画是最常论及的画迹之一。这些论著，其中包括 William Cohn, Chinese Art（London: The Studio Ltd., 1930）p. 80；Laurence Sickman and Alexander Soper, Art and Architecture of China（Baltimore: Penguin Books, 1956），p. 150；O. Sirén, 同注1, vol. 4, pp. 21-22；Benjamin

Rowland, Jr.,《赵孟頫》, 同注1, pp. 364-365；Sherman E. Lee, A History of Far Eastern Art（Englewood Cliffs, N.J.: Prentice-Hall; New York: Harry N. Abrams, 1964），pp. 403-404。

4　这些作者全都强调赵孟頫的写实主义，并一致把这幅画看作赵氏畜兽画迹中最可靠的证据，然而他们论及这幅画时意见亦略有分歧。喜龙仁认为："山羊正低垂着它翘着双角的头，就像准备应战或是袭击那既傲兀且一派富贵气象的绵羊，而绵羊却俯视着它的对手，小眼珠儿露出点不屑一顾'轻蔑'的精神。这个情景发生于一个农庄的后园，画者观看时兴味之浓，不独见于这两头动物的身体外貌，亦见于它们意态上的行为。"Cohn 在 1948 年执笔时，认为这幅画可作为赵氏写实主义的一个例子，并作如下评论，谓"中国美术中写实主义的发展常显示出其内在力量的动摇。"另一方面，劳伦氏亦极着重于把这幅画作为赵氏企图达到"气韵"这个中国绘画最高标准的一个例证，请参见 Benjamin Rowland, Jr., Art in East and West: An Introduction through Comparison（Cambridge: Harvard University Press, 1954），pp. 117-122 及《赵孟頫》，同注1。李雪曼氏则注意这两头动物间明显的对照："那头差不多不成形状，身躯笨拙的绵羊，是用断续的线条把轮廓勾划出来的，尤为着重于羊毛斑驳的特质，绵羊脸上颇为呆笨的表情，以及这头动物婀娜多姿的步法。另一方面，山羊隐含的动作，它脊骨所显示的结实线条，它锐利的四蹄，一身羊毛的洒脱笔法，以及蕴藏于它脊背分垂下来的长毛的线条韵律，在在都使它和山羊模糊的特征成一强烈的对比。"

三条腿是直立的，另一条则微弯。羊的头高昂，面露一片平静安详的
神态。

由于没有背景的关系，这两头羊就成了我们观察此画时的焦点，
更使我们对二者之间对比的特征不容忽略。举例来说，二羊站立的姿
势是反向的，它们的身躯朝着相反的方向，而头部回转，使两个主题
产生联系。山羊的俯视和绵羊的昂首成一对比；而且，前者表现出动态，
后者却是静穆而从容自如的。不过这两头同被称为"羊"的动物间最
明显的差异，是见于那些飘垂的长毛和那些卷曲的短毛。这两头不同
种的羊一并造成了一个独立的构图，彼此互相维系，差不多就像中国
人熟悉的"道"的图画象征。

从品质方面看，这幅画在所有传为赵孟頫的动物画中，就算不是
最精之选，总也是杰作之一了。许多早期这类题材的画，常是设色而
且笔触细巧的。相反地，赵氏的《二羊图》是纯粹用墨和各种笔法画
成的。画者用一枝颇干的笔画出山羊那长直的毛质，又用一枝较润湿
的笔来强调绵羊身上各处斑斓的卷毛。这两头羊的身体各部，如头、耳、
眼、双角和四足，都是用不同的笔法画成的。事实上，画中二羊所具
有的写实法，显示出画者对于传统中国画的技巧，曾经受过严格的训练。
然而在作画时，他宁可只用水墨而不用那较为传统性的敷彩和细致笔
触。这两头羊乍看起来虽然简单，但却反映出赵孟頫登峰造极的画艺。

这幅画的画法看似简单，但画者却能把绵羊和山羊画成有血有肉
的动物，栩栩如生。作为一个大宗师的作品来说，这点就是最重要和
最令人敬服的地方。就是没有了背景，它们仍能好像稳稳地站在地上。
而且，它们不像那些汉代石浮雕中定了型的动物；它们有自己独特的
表情，差不多就像具有一些人类的性格。这就是赵孟頫写实主义的一
部分，亦即他题识中的所谓"写生"。

除了上述种种形象上的分析外，二羊之间的关系也颇堪玩味。它
们是否如喜龙仁所说的正准备一战？然而山羊虽较似有意挑衅，但它
的双眼却并没有和绵羊相遇，这一点就推翻了这个可能性。不过，在
中国人的心目中，都认为山羊和绵羊比较起来，山羊较野，不属于家畜。
赵孟頫的绘画可能就是依据这简单的对比而成的，因为绵羊看来确是
静止的，一动也不动，既安闲，甚至有点傲然之态；而另一方面，山
羊看来颇为活跃，既机警，又自觉，好像被某种压力所支配似的。画
者似乎故意加入一点幽默感。这种对比造成了不少紧张的气氛，使这

帧作品产生了意想不到的丰富形象和含义。这种刺激性的紧张气氛或许就是赵孟頫在他的题识中所说的"气韵"吧。

二

从表面证据看，《二羊图》在赵孟頫的作品中，可说是文献记载最为详尽的一幅了。[5] 这幅画开首便是赵氏的亲笔题识，是用他著名的秀逸行书写的，其文云："余尝画马，未尝画羊，因仲信[6]求画，余故戏为写生，虽不能迫近古人，颇于气韵有得。子昂。"

在他的署名下有两个印鉴：第一个刻有"赵子昂氏"的四方印是在赵氏作品中最常见的；[7]下面第二个长方形的印，刻着"松雪斋"三个字，这是另一个标准的印。[8]题识、印鉴、加上图画就形成了赵孟頫的独创构图。

虽然画上没有其他元代的印鉴或题跋，但我们可以想象到这幅画可能从仲信那里落入他人手中。不过，由于元代的收藏家不常在他们所藏的画迹上系印，所以我们也没有办法肯定这个可能性。关于这幅画的画主，最早的记载见于那段唯一余下的跋语。题跋者名良琦，是一个住在苏州的僧人。[9]他在文中指出是在1384年题于顾瑛（1310~1369）家中的。由于顾瑛早在那一年以前离世，且其惊人财富的大部分亦已遗赠其子，故其宅第很可能已归其子所有。[10]由此看来，这幅画可能一度落入顾瑛本人手中，因为他是当时富甲一方的文人之一（其他还有倪瓒及曹知白），藏有最特出的名画、法书、善本书籍和铜器。[11]顾瑛之可能收藏了赵孟頫这幅横卷,也是很自然的事。所以在明代初年,这幅画仍存于顾家，这在良琦题的跋语中也曾作如是的暗示：

> 余尝读杜工部画马赞云："良工惆怅，落笔雄才。"未尝不叹世之画者难其人也。晋、唐而下，姑未暇论，至如近代赵文敏公书画俱造神妙，今观此图后复题曰："虽不能逼近古人，气韵有

5　在福开森（John C.Ferguson）所编的索引中，这幅画分别记录于自明末至18世纪的九种目录。参阅福开森编《历代著录画目》（南京：金陵大学中国文化研究所，1933）页387起（此书1968年台北市的台湾中华书局亦有出版）。

6　无论在赵孟頫的《松雪斋文集》（《四部丛刊》本）或是《哈佛燕京丛刊》的《元代引得》中，作者皆未能查出此人。

7　这个印鉴虽然和孔达、王季迁合编《明清画家印鉴》（香港：香港大学出版社，1966）页525、711，编号2、3、4、5、7、17、18、19、20、21中所复制的其他十个同样刻字和排列方式的印鉴绝为类似，但却并不和其中任何一个完全一样。

8　这个印章复制于孔达、王季迁合编，同上注书，页711，编号22。

9　其全名为良琦原璞，为元末明初时的禅僧，通儒学，且亦为文士圈中的一分子，这些文士包括重要作家如顾瑛、杨维桢、倪瓒、张雨及不少其他的人。参阅顾嗣立编《元诗选》，辛部；顾瑛《玉山璞稿》（台北：台湾商务印书馆，1966）。

10　顾瑛的传略亦见于上注所揭《元诗选》中同一出处。据此书，洪武一年，顾氏及其子被贬至临濠（安徽省北部），此盖因其子曾出仕元朝。顾氏翌年卒，时年60岁。唯40岁时，他已将大部分的家财交与其子，而过着隐逸的生活。

11　据同一传略称，顾氏三十左右始从事搜求名迹，而且差不多每天都邀约友好至家，共赏珍藏。

得。"非公夸言，真妙品也。好事者其慎保诸。

　　吴龙门山樵良琦寓玉峰远绿轩题，时为洪武十有七年秋七月
十九日也。[12]（图8-2）

　　和这段跋语附在一起的是四个印鉴，一个在前，三个在后，全都
属于良琦禅师的。这段跋语虽是在顾瑛死后16年题的，但文中仍能反
映出在1340年间当顾氏成为诗人画家的祭酒时笼罩着他人格的那种气
氛。这种气氛似乎一直至明代初期仍能持续不衰。[13]

　　这幅今藏于弗利尔美术馆的横卷，画上现存的跋语仅余前文所举良琦
跋（即是说，如果我们不把18世纪乾隆皇帝在《二羊图》上面所题的跋
语计算在内的话）。可是，根据17世纪初以来的各种目录记载，这幅画卷
后面原来另有八段题跋。编纂于18世纪末叶的乾隆御用目录《石渠宝笈·续
编》中有一则注释，指出这些早期著录的八段跋语早已散佚。[14]可见在乾
隆得到这幅画之前已经失去了。幸而在较早期的书画目录却保存下来。

　　根据李日华（1565~1635）《六研斋三笔》所载，赵孟頫这幅横卷
上有以下各家的题跋。[15]这些跋语，亦见于郁逢庆的《郁氏书画题跋记》
（序文成于1634年）；[16]卞永誉编的《式古堂书画汇考》（1682年）；
[17]以及1708年康熙御修的《佩文斋书画谱》。[18]今据以上资料所载，把

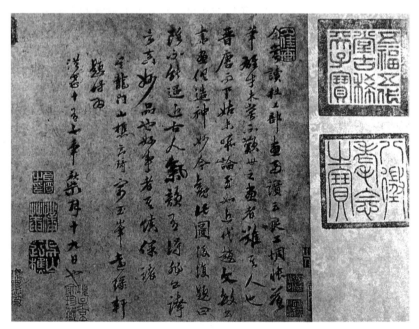

图8-2　元　赵孟頫　二羊图　卷　元　良琦题跋　美国华盛顿弗利尔美术馆藏

12　这是杜甫所作名诗之一，
　　称美韩幹所画的马其中
　　一幅。俞剑华编《中国
　　画论类编》（北京：中国
　　古典艺术出版社，1957）
　　页1016亦有引用。所引
　　的句即为诗中最末二句。
　　"良工"一词，唐诗中常
　　用来形容技艺精到的画
　　家，含赞赏之意。

13　顾瑛家中的多次宴集，
　　亦屡见于注9所揭的《元
　　诗选》所收录之他的诗作
　　中。

14　《石渠宝笈·续编》，《重
　　华宫》卷18，页132。

15　《六研斋三笔》卷2，页3。

16　《郁氏书画题跋记》卷7，
　　页4。

17　《式古堂书画汇考》卷
　　16，页132至133。

18　《佩文斋书画谱》卷85，
　　页11。然而这个出处只
　　记录了其中四段跋语，头
　　三段引自郁逢庆，而最后
　　一段则直接取自李日华
　　的著述。

已佚的八段跋语转录于此。

良琦的跋语之后，紧接着是袁华（1316~1384 以后）的跋。袁氏昆山人，是诗人，也是书画鉴赏家。他与顾瑛交谊，是人所共知的。洪武初年，袁华在苏州作儒学教授，后来他因受谋叛罪名牵连，被捕下狱，死在狱中。[19] 他所题的跋文如下：

> 赵文敏公为仲信写二羊。展卷间，如行河湟道中，与旃裘索带之牧羝奴，逐水草而栖止。昔称"廊庙材器，稽古入妙"者，信矣。汝阳袁华书于鳌峰寓舍。[20]

在这段跋中，袁华企图借这幅画使人联想到中国西北的草原地区，这种关系在下一段由张大本题的跋中更为明确。张大本是顾瑛、袁华和良琦的挚友，他是和上述的两位题跋者同时观赏到这幅画的。其文称：

> 昔李伯时好画马。遇大比丘戒堕马胎，乃画一切佛得三昧。[21] 松雪翁亦善画马。今披此图，又善画羊，观龙门所题，想亦含此意。又惜其丹青之笔，不写苏武执节之容，青海牧羝之景也。为之三叹！东郭牧者张大本，寓昆山客馆，与琦龙门同观，书此。

苏武（公元前 139~ 前 60 以后）汉武帝时以中郎将被派作与匈奴通好的特别使节。公元前 100 年，苏武被匈奴强留。其族的首领可汗着令他归顺，但苏武不受高官的利诱，坚决不降。匈奴人遂对他虐待，把他弃于山洞中，既乏口粮，也缺食水。然而苏武却能生还无恙。后来他被放逐到青海的大草原看守一群公羊，限他等到他的羊群中生出小羊来才能回来！19 年后，汉廷终与匈奴修好，苏武遂得释放。苏武对汉帝的忠心耿耿，长期受苦，已在中国历史上赢得美誉。从那时起，苏武塞外牧羊的形象就成为在长期苦难中能忠贞不渝的象征。[22] 袁华在题上面那段跋时，虽然没有提到苏武的名字，但显然正在暗示这个故事。以下的几段跋语中，这个故事也是主要的重心。

随后的一横跋语是偶武孟所题的。他在洪武年间任官，与上面的几位题跋者是同时代人，很可能也是同时观赏到这幅画的。他题了以下的一首诗：

19 袁华的生平传略见于《明史》卷 133。他生于 1316年，据传活至六十余岁。如果我们把良琦题跋的日期作为袁氏跋文的日期，则后者在 1384 年应已年近七十。

20 袁华为江苏昆山人。他在这里自署汝阳人，是随着传统习俗，列其祖籍。

21 这段关于李公麟为人熟诵的轶事之一，见于宋代两种记录：邓椿《画继》（《画史丛书》）卷 3，页 13 记述如下："以其耽禅，多交衲子。一日，秀铁面忽（可能是一名外国僧人）劝之曰：不可画马。他日恐堕其趣。于是翻然以悟，绝笔不为，独专意于诸佛矣。"《宣和画谱》（1964年北京出版，俞剑华注译的白话本页 131）则把这则轶事作如此的记述："公麟初喜画马，大率学韩幹，略有损增。有道人教以不可习，恐流入马趣。公麟悟其旨，更为道释尤佳。"

22 苏武的生平大略记录于《汉书》卷 54。

　　　　王孙长忆使乌桓，[23] 因念苏卿牧雪寒。

　　　　落尽节旄无复见，写生传得两羝看。

　　　　义阳偶武孟。[24]

　　偶武孟跋文以下四跋，大都是出自方外隐者之手，也许是鉴于所处的政治环境，所以没有署姓名。以下所列是其中三段：

　　　　水晶宫中松雪翁，[25] 玉堂归来金盖峰。[26]

　　　　楼船如屋载珍绘，四壁展玩青芙蓉。

　　　　江都之马 [27] 滕王蝶，[28] 彩笔临摹最亲切。

　　　　如何此纸意更新，不写骅骝写羝羯。

　　　　昔余游宦涨河东，大群濈濈晴沙中。

　　　　长髯巨尾悦人意，几回立马当春风。

　　　　只今抚卷头如雪，复为王孙画愁绝。

　　　　也知临笔感先朝，不写中郎持汉节。

　　　　戒得人。

　　此处先朝亦指宋而言，比较赵孟頫与苏之不同。

　　　　吴兴毫素妙如神，暂写柔毛便逼真。

　　　　沙漠已空人去远，春风塞草几回新。

　　　　东竺山人至暾。

　　　　居延岁晚朔风寒，荒草茫茫木叶干。

　　　　山羝自肥羝自老，也知曾属子卿看。

　　　　昆丘遗老。

　　以上所引的七段跋语，可能是题于同一时期，即首段跋语所标明的 1384 年。从以上看，前四位题跋者可以肯定说是那一个时代的人，同时也是顾家的密友。在顾瑛的诗集中，屡屡提及这些人，可见他们之间的友情之笃。由于其他三位题跋者亦和前数段跋语一样表示相同的意见，更由于最后一人自称为"昆丘遗老"，所以很可能这些都是元末至明初与顾家相往还的人。同时，"昆丘"指的是"昆山"，即顾瑛

23　乌桓实指乌桓山，其地即为屡犯汉境的蛮夷盘踞之所。此诗作者不过借此词暗指赵孟頫之委身事元而已。

24　偶武孟自署义阳人，其实为江苏太仓人。

25　这是暗指赵孟頫的另一个名号"水晶宫道人"。

26　此句似是指赵孟頫曾在大都（玉堂）蒙古人执掌的朝廷中作官以及他衣锦还乡。

27　江都为江苏扬州的别名，在这个特殊情况下，这是用来指唐代的一位画家，即唐太宗的侄子，在初唐名重一时的画马能手江都王李绪。有关他画艺的论述，见于张彦远《历代名画记》卷 10；朱景玄《唐朝名画录》卷 1 及《宣和画谱》卷 13。

28　滕王即嗣滕王李湛然，擅画花鸟、蜂蝶。他的画艺，《历代名画记》卷 10 及《唐朝名画录》卷 1 都有论述。

的居地，亦是这群鉴赏家雅集之所。[29]

接着是原画已脱跋文中第七段，其文曰：

> 松雪翁胸中妙夺造化，故戏笔写羊，即得其真。宛如敕勒川
> 上，风吹草低而见之也。[30]
> 石城居士为友橘金先生题。

这位石城居士可能是李杰（1443~1517）。李氏本身是一位进士，亦是当代的显赫之士。由于他是常熟人，而常熟距昆山不远，所以他很可能就是这段跋文的作者。[31]

脱去的跋文中，末段是李日华（1565~1635）所题的。李氏亦是进士，官至高位，且被认为是明末最著名的鉴赏家之一。前揭的《六研斋三笔》是他的著作之一，书中所记的都和书画有关。这幅画上各段题跋的详细记载，尽见于此书。李氏收录所有成于他以前的题跋，而后来15世纪的目录也把他的题跋收录。他把前人跋语中的意见总括起来，并且加了自己的见解：

> 子昂肖物之妙，无所不造极。此二羝乃其偶作，而宛然置人
> 于黄沙白草间。评者纷纷征苏卿事，我恐此妙趣正复当面蹉过也。
> 吾深叹其亡羊。
> 春波，竹懒，李日华。

末二句显出李氏对赵孟頫的画艺，有深刻的了解。他似乎不同意前人征苏武事以附会赵氏此图，而于末句以亡羊而讥学者但知有苏武持节一事，而于子昂画中妙趣了无所得之意。不过其语内之亡羊，是否有双重意思，影射赵之亡羊，却是颇可以玩味的。[32] 下文当再有详论。

乾隆的御跋，在日期上是最迟的一段。跋文写在绘画的范围内，反映出这位皇帝的自大心理。由于他无缘得见那些遗佚的跋语，所以其中跋文的意思和其他的大为不同。

> 子昂常画马，仲信却求羊。
> 三百群辞富，一双性具良。
> 通灵无不妙，拔萃有谁方。

29　记录元末所有这样活动的最佳文献是前揭注 9 所引顾瑛，《玉山璞稿》。

30　此诗末句所指乃一首名为《敕勒歌》的民谣；宋时郭茂倩已将之收于他所编的《乐府诗集》中。敕勒是北齐时（550~577）聚居朔州一带（即今山西省北部）的蛮夷部族。今人一般都以"川"字解作河流，唯在六朝及唐，此字却含草原或平原之义。关于此点曾承何惠鉴先生提及此诗，在此谨表谢意。潘重规《乐府诗粹笺》（香港：香港新亚书院，1963），页 100 至 101 中亦载此诗，并附注释。

31　李杰的传记，已列入《明人传记数据索引》（台北：亚洲协会，1965）页 215 及陈乃乾编《历代人物室名别号通检》（香港：太平书局，1964）页 68。

32　《辞海》"歧路亡羊"条下指出此点。

跪乳畜中独，伊人寓意长。[33]

　　我们且不管他诗中的末句，这位皇帝之注重这幅画的技巧和表现法，与其他题跋者之强调这幅画的含义，成为一个有趣的对比，显示出明清鉴赏家之间的不同观点。此跋题于1784年，加以这幅横卷记录于御用的《石渠宝笈·续编》，由此显示出这幅弗利尔美术馆所藏的画迹，直至乾隆皇帝统治的末期才进入宫中。在这本目录中，编纂人插入下面一段关于已佚数跋的按语：

　　　谨按：是迹据僧良琦跋，乃顾瑛家所藏也。又见《真迹日录》（张丑著，1577~1643），[34] 及《书画汇考》（卞永誉著，成于1682年），亦首载琦跋。后有袁华、张大本、偶武孟、无名氏、东竺山人、昆丘遗老、石城居士、李日华八人诗识。今俱佚。盖为市贾割去，另为一卷矣。[35]

　　末句所述，对于已佚的题跋，只是一种随便的解释而已。实际的理由似乎较此严重得多，不过编纂者在举出这个记辞时所处的环境，也是我们可以体会得到的。这个问题，下文将会再加讨论。要之，这就是目前从跋文题识中所能找到关于这幅画的历史了。
　　关于这幅画的历史，其他可作补充的证据可以在印鉴和别的文献记录中找到。从大部分的跋语中，我们得知这幅作品在14世纪末洪武年间曾受到一群鉴赏家的激赏，获得一致好评。我们从15世纪所得唯一可能的记载，就是李杰所题的跋语，如果他真是那个在真迹上自署为"石城居士"的人的话。16世纪期间，这幅画成为一户丰姓人家的藏品，其中尤以落于丰道生[36]之手为然。丰道生的先世，历代为鄞县（今浙江省宁波）的官吏，他在1523年得举进士，寻且擢官，显名于时。据说罹祸后，他曾一度被放逐于外。重返家园后，退隐不出，终生致力于学术的研讨。他搜罗的书籍达一万册，并筑书室收藏。这所书室大概建于苏州，成为他度其余生的处所。[37]
　　丰道生曾收藏赵孟頫这幅画的事，唯一的迹象见于《华氏真赏斋》这部目录。[38]这幅画很可能在数代以前已落入丰家，因为自元末开始，这家人已是非常显赫的了。然而，史家称，丰道生晚年性情愈趋怪异，死时贫困潦倒，病魔缠身。这幅横卷之所以易主，成为居于浙江北部

33　原文英译以弗利尔美术馆所藏档卷中的译文为据，其中附有二注：一、第三句中三百的见解是源自《诗经》的"谁谓尔无羊。三百维群"；二、第七句中"跪乳"之意源自"羊有跪乳之恩"一句谚语中所含孝道之意。这个涵义见于《公羊传注》及《春秋繁露》。

34　由于张丑的《真迹目录》或《清河书画舫》都没有提到这幅画，所以此点大概是《石渠宝笈》编纂者之讹误，除非他们所据的《真迹目录》是较现存此书包罗更广的另一种版本。另一个可能性是他们错把那本画录当作郁逢庆曾纪录此画的《书画题跋记》。

35　同注14。

36　记于汪珂玉《珊瑚网》卷23，页25及《佩文斋书画谱》卷98，页9。

37　丰氏传略见于《明史》卷191。

38　前揭注36所引二书曾作此说。

嘉兴的项元汴（1525~1590）的有名藏品之一，大概就是由于这个理由。项元汴的印鉴，在画上可见的共 16 个，大部分印在画的两旁，不少印鉴只余半边，显示出这幅画后来曾经再作装裱，以致印鉴的另一半被割去。

当这幅画仍为项家产物时，李日华在割裂部分题了最后一跋，也是很可能的事。李氏与项氏二人同是嘉兴人。李氏既是当地素负盛誉的文人，大概很有机会欣赏到项家所藏的书画，因此可以在他的著作中，特别是前揭的《六研斋笔记》，把他看过的画迹记录下来。《二羊图》在明末一些目录中也有记载，如郁逢庆的《书画题跋记》（序文成于 1634 年）、汪珂玉的《珊瑚网》（序文成于 1643 年）及顾复的《平生壮观》（序文成于 1692 年）。

17 世纪期间，尤其是在 1644 甲申年大乱后，这幅横卷辗转落入不少名收藏家的手中。正如画上的印鉴所示，这列人名包括安徽桐城的方亨咸，顺治进士，亦是书画家；[39] 卞永誉，以其父为汉军名将，曾任云贵总督，因此在康熙朝官运亨通，任福建巡抚，后迁刑部右侍郎，然以书画鉴赏名于时，有《式古堂书画汇考》60 卷，为书画研究之巨作；[40] 还有原籍河南的宋荦（1634~1713），他历任江苏江西巡抚，后来又在朝廷任吏部尚书，加太子少师，但最名闻于时的却是身为诗坛祭酒及书画鉴赏家。[41] 由于只有卞永誉的印鉴押于画面和今日所见的框裱上，可见这幅画最后一次的装裱，是在成为卞氏藏品之前或后，而很可能就是他把那些已佚跋文割去的。[42]

由此看来，这幅画大概是在康熙帝统治期间，自宋荦的手中落入宫中的，但更可能在稍迟的乾隆年间才流入宫中。由于其中二印还待鉴定，故此二印仍可能给我们提供有关 18 世纪时这幅画的画主。现存的唯一迹象，就是乾隆皇帝成于 1784 年的御题，显示出这幅画在他统治的后期才成为御藏珍品。如若这幅画早在他统治初期已成为他的藏品，则乾隆必会在更早的日期题上诗识，正如在另一篇较早的拙作中所论赵孟頫《鹊华秋色图》及别些画迹的情形一样。

民国成立初年，废帝之弟溥杰从宫中运出一批画迹。赵孟頫这幅画大概就是其中之一。1931 年，这幅画为弗利尔美术馆购得。不过，由于此画并没有列于故宫所失名画清单中，[43] 因此可能在较早时已被带出宫廷。无论如何，这幅画因此得以避过厄运，因为不少以前宫中所藏的画从北京转运天津，稍后在伪满期间，又再运往长春，最后当伪

39 其传略见于《中国人名大辞典》页 59。

40 其传略见于 A. W. Hummel, Eminent Chinese of the Ch'ing Period（Washington: U.S. Govt. Print. Off., 1943-44），p. 626。

41 其传略见于上注所揭 Hummel 之书，p. 689。

42 关于这一点，安岐在他的《墨缘汇观》中便曾指控卞永誉所用的卑劣手段，层出不穷。这是罗覃（Thomas Lawton）在对安岐这部画目作一研究后所得的见解，谨此致谢。

43 参阅陈仁涛《故宫已佚书画目校注》（香港：统营公司，1956）。

满于 1945 年崩溃时，便散佚迨尽。[44]

目前这幅画画面盖满印章，十分凌乱，这是应由乾隆皇帝担承责任的。虽然他只押了 13 个玺（和项元汴比较，项氏的印鉴有 16 个之多）和题了一些跋语，但他已使这幅画变得面目全非。他的玺面积特大，更恼人的是全部占着那些极端重要的范围，就在画者或早期的鉴赏家，包括项元汴在内，都没有触动过的空白上。尤以乾隆的题识和御玺为然，二者占据了二羊之间的地方，不幸地拥塞了那十分需要而且含意无穷的空白。我们若要力求纯正，领略到二羊间空白的重要性，就必须能假想这幅画的原来情形。

二羊之间的关系，二羊与题识，甚至与赵孟頫自己的印鉴的关系，在画者设计这幅画的原状中（图 8-3），是十分对称的。这段题识是不可或缺的，不单只是由于其中的含义，亦因它是整个构图中组成美感的部分。这两头动物诚然自成一组，形成一个差不多完整的圆圈，但仍留下空位，这个空位在心理上应以一段题识来补上。就像画者在以写实的笔触画就二羊后，试图诱导我们明白他的寓意，就是除了外表的样子外，那藏于他心中更重要的含义不但在题识的字里行间中暗示，而且由抽象的文字形状更完满地表达出来。

44　欲知故宫藏画的简史，参阅那志良，《故宫四十年》（台北：台湾商务印书馆，1966）。

图 8-3　元　赵孟頫　二羊图　卷　恢复原状（未加后人藏印及题跋）

45　杨恩寿《眼福编》，第 2 集，卷 14，页 3 载有另一幅同一题签的画，然而却是绢面，题识意思大致与本文所论画上所载相似，但不尽同。然其中却有和赵孟頫不大吻合之处（例如言其不工于马之句），故这部目录所载这幅画，乃一幅以弗利尔的图卷为蓝本的赝品，极为可能。且以青草、朽木及山石作为背景的东西这个构思，亦与今论之图所采手法相左。最启人疑窦的是目录所载题于五页纸上的跋语，而所收录的一段，与弗利尔画上良琦所题的一段完全相同，就是辞句和日期也一字不差。不过由于此图下落不明，故无法加以证实。目录谓此图为荣古斋藏品，亦无从查明。

46　这幅画最近曾经刊印于数种中国大陆出版的刊物，其中如《故宫博物院藏画》（北京：人民美术出版社，1964），第 2 册，页 19 至 21；《中国古代绘画选集》（北京：人民美术出版社，1963），图版 12。前者不单只复制了整幅的画，而且还包括了赵孟頫的题字。

47　欲知周密一二，尤其是他和赵孟頫之间的关系，可参阅拙作《赵孟頫鹊华秋色图》，同注 1，页 21 起。这幅画曾记录于周密的《云烟过眼录》（《美术丛书》，第 2 集，第 2 辑，卷 2，页 13，有关周密详细年表，可参阅夏承焘《唐宋词人年谱》（上海：古典文学出版社，1955）。

48　北京故宫博物院刊印的这幅画是属一种"麻纸"质（如《石渠宝笈·续编》，《瀛台》所载），水墨设色，并无画者署名或印鉴。正如很多传为唐代画家所画的画一样，有最早期的"睿思东阁"及"绍兴"印鉴两方，同为南宋高宗（1127~1162）之物。

另一方面，从美学的观点看，其他的印鉴和跋文并不一定增加这幅画的价值（除非我们以现代"波普"派艺术的观点来着眼）。不过，从文献记录方面而言，它们却给这幅颇为质朴的作品留下了一个多姿多采的背景。对于一个训练有素的鉴赏家来说，所有这些因素都会在他的想象中引起各种不同的联想。然而最重要的是，对于这幅画的可靠性，它们给予我们有力的佐证。[45]

三

《二羊图》是在空白的背景上画上两只羊，一幅如此的构图竟然成于元代，可以肯定地说是受了古代名家的影响。赵孟頫自题的序文中已指出此点，同时显示他在作画时心中的意念。北京故宫博物院近年所印的一幅画，对于赵孟頫所受的影响，可能给我们提供了一点线索。这幅题为《五牛图》的作品（图 8-4）是一幅短小的横卷、纸本、用墨及设色，传为唐代的韩滉（723~787）所作。[46]赵孟頫的挚友周密（1232~1298）是元初最著名的鉴赏家之一，根据他的《云烟过眼录》，赵孟頫在 1295 年从北京把大量的画迹携回他的家乡浙江吴兴，其中一幅即为韩滉所画的《五牛图》。[47]在这幅今藏于北京的画上，除印鉴之外，还有赵孟頫三跋。由此看来，这幅就是曾为赵孟頫本人收藏的画，大概是无疑问的。[48]以下是他所题三跋：

周密所录，虽是这幅画的最早记载，但并无任何与此有关的资料。在后来的目录中，最先见的是张丑《清河书画舫》卷 4，页 55 至 57，其中谓："韩太冲《五牛图》在项氏，绢本，矮卷，其后赵文敏公凡三跋。"文中既指出此画为绢本，故与今存于北京故宫博物馆之一帧有异，然而赵孟頫所题三跋却有助于使二者互相关联，很可能这点出入是由于张丑的误解所致。不过日本京都大学的长广敏雄教授及东京国立大学的米泽嘉圃教授二人曾向我转述他们亲眼看到过一幅绢本，而线条更为精细的《五牛图》，此图今属日本的私人收藏。据米泽教授之言，这幅画已极残破，而且就现时情状而言，已没有任何跋语。这幅画和张丑所画画目中载的那幅是否相关颇难确定，因为虽则二者同为绢画，但张丑所见之画具赵氏跋语，而今在日本之画则无。另一方面，另一种成于 17 世纪的目录，即汪砢玉《珊瑚网》亦载有一幅画于"黄麻纸"上，并有徽宗御笔金书标题的画。此图又谓："辛未岁，余得是卷。适项孔彰来，见之即取案头宣德纸影去。自此临本不少。其赵松雪三跋，孔克表一跋，为竹懒翁刻《六砚三笔》。而卷已旋售，真如烟云之过眼然。"由于本人未获机会亲睹今在北京或是在日本的横卷，故无法鉴定二者孰为韩滉的手笔。就本文目的而言，北京的那幅横卷，以其中有刊行的资料看，要是不能再推得更久远的话，似乎至少也可以上溯至 12 世纪。赵孟頫所题的三跋，从其日期看，似乎都和他各时期的笔迹吻合。据此，我推断今在北京的横卷似即赵孟頫于 1295 年自大都携返吴兴的那幅，是以与赵孟頫的《二羊图》有关。根据李日华《六研斋三笔》卷 1，页 10 所录，孔克表题于 1352 年的跋语，赵孟頫即为以此图作为韩滉所画者。孔氏乃孔子的后裔，元末时为一颇负盛名的史家；洪武时，尝为翰林院学士。

图 8-4　唐　韩滉　五牛图　卷　纸本　设色　纵 20.8cm × 横 139.8cm　北京故宫博物院藏

　　余南北宦游,于好事家见韩滉画数种,集贤官画有《丰年图》、《醉学士图》最神,张可与家《尧民击壤图》笔极细,鲜于伯几家《醉道士图》与此《五牛》皆真迹。初, 田师孟以此卷示余, 余甚爱之。后乃知为赵伯昂物, 因托刘彦方求之, 伯昂欣然辍赠, 时至元廿八年（1291）七月也。明年六月携归吴兴重装,又明年济南东仓官舍题。二月既望赵孟頫书。（图 8-5）[49]

　　由此看来, 跋文是题于 1293 年的。赵孟頫虽然在 1292 年便已把这幅画携返他的故乡吴兴, 但在他同年往济南作通守时, 一定又把它带回北方。后来他在 1295 年解官重返吴兴时, 他再随身带回此画。这段事实, 周密曾记录下来, 于此可证赵孟頫如何珍视这幅画。[50]

　　第二跋以行书写成, 与前一跋的正楷迥异, 文曰:

　　　　右唐韩晋公《五牛图》, 神气磊落, 希世名笔也。昔梁武欲用陶弘景。弘景画二牛, 一以金络首, 一自放于水草之际。梁武叹其高致, 不复强之。此图殆写其意云。子昂重题。

　　由于画中共有五头牛, 而这段轶事则称只有二牛, 可见赵孟頫把这幅画解释得有点言过其实。然而细看之下, 我们发现他的观点也并非完全是无稽之谈。在五头牛中, 最左面的一头确是络以金制的缰绳。另一方面, 最右的一头牛, 背景所画的小树至少也算得上是田畴陇亩

49　赵孟頫跋语内所举各名, 周密在其《云烟过眼录》中全入收藏类。事实上, 赵氏在其跋语中所指, 即如他往返南北及任官济南, 都与《元史》及其他资料中所录生平互相吻合。跋文的字体和他在《鹊华秋色图》卷中所系题字尤为类似。

50　关于赵孟頫在创作《鹊华秋色图》之前之种种活动, 参阅以该画为题之拙作, 页 17 起。

图8-5 唐 韩滉 五牛图 卷 元 赵孟頫三跋 北京故宫博物院藏

的迹象。是以很可能画者在作画时心中确存有这个故事，不过他自作主张，把牛的数目从两头增至五头。这段跋语虽然没有日期，但其位置是在前一段的左面，且从其含义与风格看，都似属于1293年以后。[51]

第三跋是在更后才题的：

> 此图仆旧藏，不知何时归太子书房。太子以赐唐古台平章，因得再展，抑何幸耶！
>
> 延佑元年三月十三日集贤学士正奉大夫赵孟頫又题。

这三段跋语笔法情形，可以肯定是出自赵孟頫之手。同时自三跋观之，此即为周密在《云烟过眼录》中提到韩滉所画的那幅画，当无

51 此跋字体近似赵氏1302年所画《水村图》中的字迹。跋语中所举陶弘景的故事，其中含义，本文稍后将另作论述。

疑议。三跋都显出赵孟頫如何称赏这幅画。再者，他既收藏了这帧作品多年，定必谙悉此图，且更受其影响。的确，此图和赵孟頫的《二羊图》相较一下，便会呈现出二者间若干明确的关联。

　　细看韩滉的《五牛图》，便会发现虽然五头牛若非以轮廓画出，便是以正面的立体形象画出；但画者企图在色彩和姿势上，使它们略作变化。在同一主题的范围内制造出变化这个概念，是唐人构图中典型法则之一。在这里，画者把五头牛画于一幅差不多毫无背景的横卷上，用微妙的变化来避免单独的气氛，对于这种构图上的技巧，赵孟頫似乎极为明了。事实上，在他所画的《二羊图》中，他已摄取了这幅画若干最佳的特点。首先，山羊的姿势与韩滉画中最右面的牛所立的姿势不无相似之处，二者的头都是往地面低垂。同时，山羊略为缩小的四肢位置，可能是脱胎自中间那头牛。绵羊的姿势很可能是以第四头牛为蓝本，而一身羊毛则仿自右起第二头牛身上的斑点纹。总而言之，赵氏这幅画与韩滉作品之间在绘画上的关联，已足够显示出前者很受后者的影响。

　　我们对这个关于启迪赵孟頫的主题继续下去，便会发现赵孟頫受唐人的影响，并不止于韩滉的画。在另一篇关于赵孟頫的文章中，我已把他在中国北方各地经过十年宦游后所得的经历对他在山水画中（尤以受唐人影响的《鹊华秋色图》为然）进展的影响详为叙述。[52] 就水牛画来说，根据周密的《云烟过眼录》所载，赵孟頫在 1295 年从北京带回来的画中，另一幅《三牛图》是与顾恺之（340~407）同时的晋代画家谢稚所画的。[53] 我们虽然没法知道这幅画画的是什么，但这个在一个构图内把五头牛易而为三的主意显出和赵孟頫《二羊图》中二畜排列的方法较为相近。

　　再者，周密曾记录元初江南一带的若干艺术藏品中包括牛和骏马的画迹。由于赵孟頫是人所推戴的高官及名闻一时的书画家，所以他必曾有机会接近不少这些私人藏品。举例来说，其中的一位收藏家赵兰坡，大概是他的远房叔伯，曾藏有很多出自唐代名家如韩幹、陈闳、戴嵩和韦偃等手笔的马、牛图。[54] 赵孟頫可能看到过的画迹虽然今已不存，但我们也可以借数幅署着这些画家名字的作品作一比较。今藏于台北故宫博物院中的一幅画有两头酣斗水牛的画迹，就是相传为唐末画家戴峰的作品；[55] 而另一幅前为伪满皇室所藏的画迹，画的是同样的构图，却被传是他的兄弟、韩滉的弟子戴嵩所画的（图 8-6）。[56] 虽然

52　参阅《赵孟頫鹊华秋色图》，同注 1。

53　《云烟过眼录》，同注 43。

54　赵兰坡，又名赵与懃，乃宋室后裔，嘉熙间（1237~1240 年），为临安府县尹，其地即京都（杭州）所在。他本身虽是画家，但却以鉴藏家较为人所熟知。据周密称（《云烟过眼录》，页 1 至 10），他所藏各朝书画名迹逾三百卷。关于他画艺的论述，见于夏文彦的《图绘宝鉴》卷 4，页 69。

55　这幅画是台北故宫博物院所藏一本名为《墨林拔萃》集册中之一。已复制于《故宫名画》（台北：台北故宫博物院，1966），第 1 册，图版 5。此画并无印鉴、署名，亦没有任何其他记录。

56　此画的复印本见于 O Sirén，同注 1, vol. 3, pl. 104，其下落现今不明。

图8-6 （传）唐 戴嵩 斗牛图 册页 北京故宫博物院旧藏

文献记录和风格都不能确证这些传为戴氏兄弟作品之说，但两图的同样构图以及互相关联的传说，似乎指出同属源自唐人，是以这两幅画可以拿来看作曾经影响赵孟頫《二羊图》的某类画迹。从周密所载元初各家藏画的目录中各条看，赵孟頫可能披阅过不少像传为戴嵩所画的那类作品，至为明显。[57]

在戴嵩所画的那幅画中，二牛正在狠斗之际。右面那头牛向前猛冲，头部低垂，双角向另一头牛直刺；而这头牛则正向左方急转，头往上翘，显然表示既惊惶、又痛楚。像这种两头水牛忙于搏斗的构图，似乎是典型的唐人画法。至于设计周详的排列位置，如横线与斜／直线、低垂的头与上昂的头、袭击者与被袭者等的对比，亦属典型。画中强烈的动作气氛、画者对表现二牛身体和肌肉的兴趣、渲染的画法、以至全无代表性的背景，同属唐画的特征。传为戴嵩的作品与韩滉的《五牛图》虽然差异很大，尤以笔法方面为然，但这两幅画却可作为把唐代动物画和赵孟頫的画作一比较的根据。

57 周密的《云烟过眼录》载有不少为各家收藏戴嵩画的《水牛图》，虽然没有一幅和这些搏斗中的《水牛图》任何一幅完全相似。

　　《五牛图》可以肯定和《二羊图》有关，而《斗牛图》只是可能与之有关；但在这两幅画中，我们可以看到赵氏如何从唐代画家的构思中借镜，然后再将之一变而为一些绝不相同而又崭新的东西。正如我在论赵氏的《鹊华秋色图》时所指出，这点就是这位元初大师最具创新力的一面。赵孟頫作品的巧妙处在于他能够吸取唐画的精髓，从而演化为一个新的综合。大致上，他仍保留着几分唐代动物画中分段的间隔，井然有序的排列和写实的宗旨。这种继往的精神就是赵孟頫画法中正统的成份。但在《二羊图》中，他把分段的间隔很巧妙地附属于一个独立的整体，而两半则相辅而成；又以复杂而精密的构图来替代井然有序的排列。如果唐画在组织上似乎多少是附属性质的，那么元画却是在一个单独的组织中达至统一。赵孟頫作画手法，高妙绝伦，以至他的题款在整个概念中所起的作用，较元代以前画迹上的题款所起作用远为重要。这数行字体虽然在构图的左面自为一个体系，但实际上却是造成画面统一的部分，而且由于这数行墨迹具有双重作用，既可和二羊作为对比，同时亦因与二羊同为水墨的产物而相辅相成，故这数行墨迹已成为构图中不可或缺的部分。

　　或许这两幅唐画和赵孟頫那幅元画之间最大的分别是由于画者的写实手法不同。在《五牛图》中，举凡有力的轮廓、色彩、渲染、立体构图、以及对肌肉和解剖特征的兴趣，都是唐画中最典型的，使人强烈的感到面积和体积。水牛的身躯似乎充满了整个空间，其体态健硕，至为明显。戴嵩的《斗牛图》，也同样表现出体力和动作，这些都是唐人写实主义的一部分。相反地，赵孟頫在《二羊图》中只用水墨和较自由的笔法，已见出他有点脱离唐人风格。再者，他以四分之三面把两头动物画出，又把二羊的大小依照图画面积缩小，二羊的体态因而减少了不少威风凛凛，劲力十足的感觉。所以虽有真实的细节，但个别的因子或单独一头羊却不会占据了我们全部的注意力。除了纯粹的描绘之外，还有别些更能引起我们兴趣的地方。在二羊互相关联的细节中存着一个强烈的对比。但若个别来看，每一细节却没有什么特别的意义，各部分都是相辅相成的。就是在画面和赵孟頫自己的题识之间，也有这个共同的需要存在，换句话说，这幅画最重要的部分是其中各种对比和共同点所产生的诗意。赵孟頫所追求的是节奏、抒情的诗意和"神韵"。

　　我们如果把《二羊图》和赵孟頫同一时期的其他作品比较一下，

58 正如罗越（Max Loehr）教授在评论拙作《赵孟頫鹊华秋色图》一文，Harvard Journal of Asiatic Studies, vol. 26（1965-1966），pp. 269-276 中指出，此画的日期为元贞元年（乙未）年底，故应为公历 1296 年而非 1295 年。

59 复印本见《故宫书画集》（北平：国立北平故宫博物院古物馆，1931），第 12 册。此画属绢面无款，唯所系赵孟頫二印，和《二羊图》上的相同。

60 读者必须了解元代这种水墨竹石画皆师法北宋末年的作品，如文同和苏东坡这些文人画家的画，而非唐人画迹。是以这类题材的画和元代（仿唐人画风）的作品之间存有若干程度的差异。

61 参阅拙作《赵孟頫鹊华秋色图》，同注 1，特别是页 53 至 69。

便会发现这种不同与相同间的诗意是他那时期作品中一贯的作风。在赵孟頫成于 1296 年的《鹊华秋色图》中，[58] 我们也可以看到唐代的形体写实主义同样变为元初诗意的写实主义。关于这个题目，我在别的地方已作详细论述。如果正如我以前所说赵孟頫在《鹊华秋色图》中把王维的唐代因素一变而为一阕新创的交响乐，那么韩滉《五牛图》中的唐代因素便一变而为一阕室内乐了。在赵孟頫的画艺进展过程中，他曾盘桓于这诗意写实主义的问题，这两幅画似乎就是属于他这时期的作品。赵氏第三幅作品《竹石图》是一幅绢本小画，今藏于台北故宫博物院。[59]（图 8-7）这幅画在绘画观念上亦显示出十分类似的地方。虽然我们在唐代找不到这一类画的雏型，但那同样的基本构图原则（不对称的平衡）把这幅画和《鹊华秋色图》及《二羊图》连在一起。右面的新篁和左面的石块同为一些较矮小的植物所包围，而二者亦相辅相成，使整幅画充满了节奏匀称的波动。正如其他的画一样，《竹石图》是元代诗意写实的典型表现。[60]

我在前一篇关于赵孟頫的论文中，曾讨论过《水村图》，这幅 1302 年的作品，虽然题材截然不同，但在日期、画法、以至神韵上，大概是与《二羊图》最接近的例子了。[61] 在前揭的作品中，《竹石图》可算是赵孟頫最早期的作品，画成的时间约为 1280 年间或 1290 年初。这幅

图 8-7 元 赵孟頫 竹石图 册页 台北故宫博物院藏

绢本的画并无画者署名，只有印鉴二方及颇为一律的笔法，这些都是
他早期作品的迹象。除了这些迹象外，画中比较上有限的深度和旁向
的动作，显然都把这幅画置于其他画迹之前。第二幅作品是成于1296
年的《鹊华秋色图》，这幅画大部分有赖于赵氏对唐代山水画、以至于
色彩运用和明显的分段间隔的认识。那段正式的长篇题款，开始在构
图中占一个重要的地位，在第二和第三部分之间与尖耸的华不注山峰
成为心理上的平衡。到第三阶段，《二羊图》和《水村图》都显出赵氏
已能支配他所师法的楷模，而且能够达到自成一家的表现手法，这时
是在1300年后，他这幅动物画大概就在这时完成。最值得注意的是，
这两帧作品都是以水墨作于纸上，而题款在构图中占着重要的地位。
正如《二羊图》一样，《水村图》后面紧跟着一段长的题款，虽然这段
题款并非与画迹同时写成的，但如果我们只看图画本身，我们仍会觉
得《水村图》这个标题之所以置于右上角，而日期、题辞及署名之所
以置于左下角，是由于画者企图使画中自右下角至左上角斜行的动作
得以平衡。然而最主要的是，二者之所以紧密联系在一起，是由于在
一个统一的构图中各物体都融在一起，画中更高更空旷的感觉和浓厚
的诗意写实气氛。

事实上，把唐代的写实主义一变而为诗意的写实主义，是元画最
重要的特色。正如我在另一篇文章中指出，在曹知白（1272~1355）的
作品中，虽然他的画艺是从北宋发展到元代，多于从唐发展至元，但
也可以发现同样的演变过程。[62] 吴镇（1280~1354）画艺的早期进展，
大抵也是和这个画风演变平行，[63] 正如另两位来自北方的元初画家高克
恭和李衎风格上发展的方向一样。[64] 不过只有在赵孟頫的作品中，我们
却看到这个演变的经过情形。赵氏在他的《二羊图》题款中自认不能
逼肖古人，无意中便透露出他灵感的主要来源——唐代的动物画。但
他这幅画亦属"写生"之作，显示出确实的写实痕迹。同时亦为"游
戏"之作，暗示着一种强烈的个人画法，是以他自喜"颇于气韵有得"，
而不求只达到把二羊的样子画得形似。从这段题款便见出赵孟頫是何
等地自觉到自己正从事的工作，同时说明为何他在那个时代为人一致
尊崇，不但是他所作的画迹和书法，就是他的画论也受到推许。[65] 正如
《二羊图》中首段跋语所示，僧良琦显然对赵孟頫的成就深为了解，并
且对他的评价极高。

62　参阅 Li, Chu-tsing, 'Rocks and Trees and the Art of Ts'ao Chih-Po'（曹知白《树石图》及其画艺），Artibus Asiae, vol. 23, no. 3-4（1960），pp. 153-280（另有单行本）。

63　关于吴镇的成就，可参阅 James Cahill（高居翰），Wu Chen: A Chinese Landscapist and Bamboo Painter of the Fourteenth Century, Thesis (Ph.D), Michigan University, 1958。

64　虽然除了 O. Sirén, 同注 1, vol. 4, pp. 38-45, 54-58 外，还没有任何精详论著涉及这两位画家中任何一人在画风上的进展，但文献上的资料已显示出他们如何搜求北宋文人画家的作品作为他们自己画中的典范。

65　有关赵孟頫的画论对当时人影响的论述，可参阅拙作《赵孟頫鹊华秋色图》，同注 1，页 70 至 80。

四

中国的动物画最先见于新石器时代的彩陶，到商代可能已很普遍。所作的画主要是为了巫术的需要。虽然这样早期的画今已不存，但商代末年青铜器皿上的饰纹都是野兽的形象，一如在当时可能见到的画一样。除此之外，在战国时代铜壶上的狩猎图中，也常刻有野兽。动物图像与巫术间最有力的联系，大概可见于十二宫图或名为"四神"的方向符号，就像见于若干汉代铜镜或稍后六朝墓穴壁画上那些一样。《宣和画谱》（成于 1120 年）关于动物画的引论，对于动物画的源起作以下的说法：

> 乾象天，天行健，故为马。坤象地，地任重而顺，故为牛。马与牛者，畜兽也。而乾坤之大，取之以为象。若夫所以任重致远者，则复见取于易之"随"。于是画史所以状马、牛而得名者为多。至虎、豹、鹿、豕、獐、兔，则非驯习之者也。画若因取其原野荒寒，跳梁犇逸，不就羁绁之状，以寄笔间豪迈之气而已。若乃犬、羊、猫、狸，又其近人之物，最为难工。[66]

这篇叙言中关于牛马的记载，明显地带有巫术的意义。这两种动物在畜兽画史中占着重要的地位，同时给予后代画家颇为独特的图像和意义来遵循，大概就是基于这个原因。近年在唐代首都长安附近的永泰公主墓中，发掘到一些浅浮雕图像，日期可上溯至 706 年。墓碑上有一连串的野兽，在一个十二宫图中各自据守一定的位置（图 8-8）。[67]

唐时，一个重大的发展把马在各类的畜兽中提升到前所未有的崇高地位。随着汉武帝（公元前 140~ 前 85）的例子，帝王将帅爱好马匹，在狩猎及战争时使用。外国的使节，特别是来自中亚细亚的，知悉了中国人的嗜好，便纷纷以各种骏马作为贡物。画家们常奉命绘画马图，所以马图盛极一时，画家如韩幹、韦偃、曹霸和其他不少人都以画马著称。

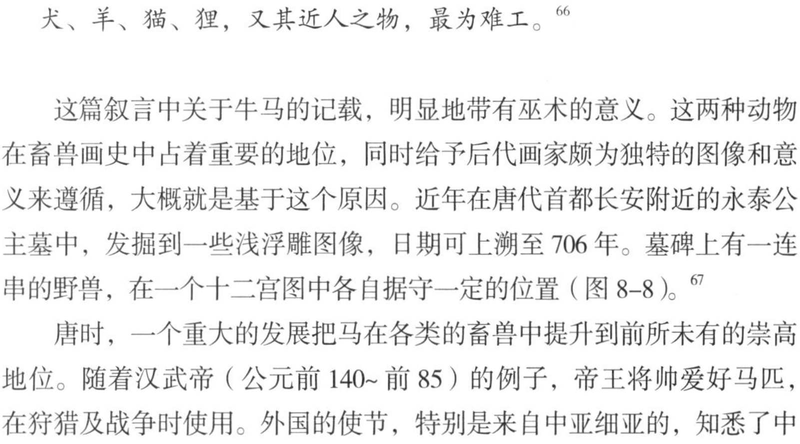

66 参阅 1964 年北京出版俞剑华注释的《宣和画谱》页 214。这段引言大概是这本钦定画目中一些编纂者对于这类题材的看法，他们都受到北宋期间一些理学学说的若干影响，而尤以受《易经》影响甚深的周敦颐（1017~1073 年）和邵雍（1011~1077 年）的学说为明显。

67 参阅西川宁编《西安碑林》（东京都：讲谈社，1967）图版 180、188 及 189。这些全是出自发于 701 年的永泰公主的墓碑上的一组动物画。亦可参阅武伯纶《唐永泰公主墓碑》，载于《文物》，1963 年，第 1 期，页 59 至 62。

图 8-8 唐 永泰公主墓石棺盖上所刻动物

[68] 张彦远的《历代名画记》在叙述韩干生平中详论中国马图的历史：[69]

> 古人画马有《八骏图》，或云史道硕之迹，或云史秉[70]之迹，皆螭颈龙体，矢激电驰，非马之状也。晋、宋间顾、陆之辈，已称改步，周、齐间董、展之流，亦云变态。虽权奇灭没，乃屈产蜀驹，尚翘举之姿，乏安徐之体。至于毛色，多骊骝骓骏，无他奇异。玄宗好大马，御厩至四十万，遂有沛艾大马，命王毛仲为监牧，使燕公张说作《駉牧颂》。天下一统，西域大宛，岁有来献。诏于北地置群牧，筋骨行步，久而方全，调习之能，逸异并至，骨力追风，毛粉照地，不可名状，号"木槽马"。圣人舒身安神，如据床榻，是知异于古马也。时主好艺，韩君间生，遂命悉图其骏。则有玉花骢、照夜白等。时岐、薛、宁、申王厩中，皆有善马，干并图之，遂为古今独步。

马图所以在唐代受人欢迎的另一个原因，是因马能代表譬喻，至少这是一部分宋人的见解，如《宣和画谱》中记擅于画马的唐江都王李绪一条可见：

> 尝谓士人多喜画马者，以马之取譬，必在人材驽骥迟疾，隐显遇否，一切如士之游世。[71]

由于马图画的都是名驹，所以唐代画家所采取的基本画法是集写实主义和理想主义于画中。韩干画的一幅横卷《照夜白》，今为大都会博物馆藏品(图8-9)。[72]这是现存这类画中的表表者。正如上文所指出，照夜白是玄宗最宠爱的骏马之一。据谓韩干曾对这匹马和其他的马小心观摩，认为这些马都是他的"老师"，这种态度显示出他写实的画法。[73]虽然现在这幅画已经修改不少，但仍是我们今天所保留唐代马图的最佳例子。画中一匹生气勃勃的骏马正企图从捆缚着它的木桩脱身。坚牢的木桩和骏马的腾跃动作成一对比。画得最好的部分是马头，正如唐代大部分人物画也是如此。马的鼻、口和颚的部分昂得很高，眼和口都张大，鬃毛笔竖，这一切都显示出韩干能够把握到如何表现出这匹马的体力。唐画的典型特征是轮廓的勾划、井然有序的排列、浓厚的体积感觉、对体力表现的兴趣以及对于动作的强调。

68 关于唐人画马的泛论，参阅 O. Sirén，同注1, vol. 1, pp. 136-142。

69 参阅张彦远著，秦仲文、黄苗子点校，《历代名画记》(北京：人民美术出版社，1963)页188。

70 中国画史中并无关于史秉的记载。据曾英译《历代名画记》为英文之时学颜博士所注，此名应为史粲，刘宋(420~479)时画家，曾作《八骏图》。

71 参阅《宣和画谱》页218。

72 在多种刊物中，如 Ludwig Bachhofer, "Zwei Chinesische Pferdebilder des 8. Jahrhunderts n. Chr," Pantheon (Munich, 1934), pp. 343-345；O. Sirén, 同注1, vol. 1, pp. 138-139；Laurence Sickman and Alexander Soper，同注3, pp. 89-90都曾讨论过这幅名画。1965年夏，蒙 Lady David 之允，得以细察此画，谨致谢意。

73 韩干以马为师的故事，首载于朱景玄《唐朝名画录》。这段轶事，后世不少著录亦屡加引述，其中尤以《宣和画谱》为重要，参见页221。

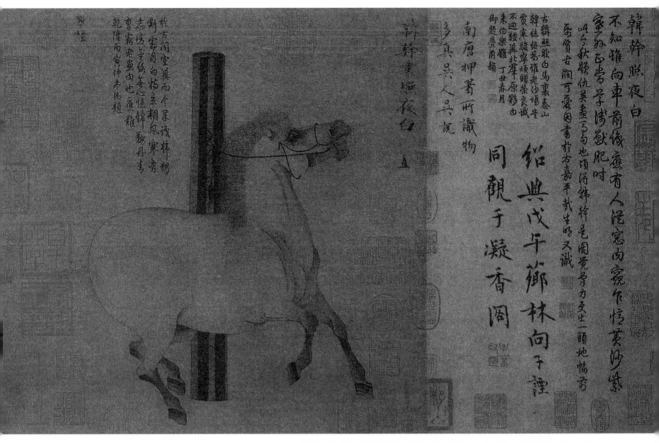

图8-9 唐 韩幹 照夜白图 卷 纸本 水墨 纵30.8cm×横33.5cm 美国纽约大都会博物馆藏

74 参阅周密《云烟过眼录》页13。这本书目中所举一画为《五陵游侠图》,上有南宋高宗(1127~1162年在位)御题。

75 参阅以下元代及明初各家所录赵孟頫同一见解的片言断语。就是他在《二羊图》的题识也表露出这种感想,虽然他并没有明确指出那些古人是谁。

76 参阅周密,《云烟过眼录》页11。

　　韩幹在唐代各大家中,其作品是最能影响赵孟頫所画马图的一个。赵氏藏有韩幹的画迹数帧,[74] 而且曾多次表示对韩氏佩服得五体投地,自认无法达到这位前代大家的成就。[75] 这幅《照夜白》上虽然没有印鉴或序跋足以证明赵孟頫曾收藏过或看过这幅画,但他知道有这幅画,是大有可能的事。周密所撰的目录曾提及一幅韩幹画的《照夜白图》为元世祖忽必烈南征时手下的经略司知事申屠大用(致远,忍斋)所藏。[76] 这幅《照夜白图》就算不是我们正在讨论的一幅,也至少是同样画题的另一幅画。赵孟頫既名显于时,又常周游各地,他曾有机会欣赏到申屠所藏的画迹,是毫无疑问的。

　　韩幹的画风,接步其后的在宋代有文人画家李公麟(1040~1106)。据《宣和画谱》中李氏的长篇传记所载,李氏极喜收集古画,所藏包括顾恺之、陆探微、张僧繇、吴道子的画迹。"凡古今名画，得之，则必摹临，蓄其副本，故其家多得名画，无所不有。"[77] 李公麟的画曾受多家影响，由于他早年对画马最感兴趣，故韩干对他的影响最深。不过，他临摹时，并不只是蹈袭前人，而是把前人之意与一己之意融会贯通，另立一体，自成一家。[78]

在他那幅常被人认为就是前曾藏于日本[79]有名的《五马图》（图8-10）中，虽然仍沿用一些唐画的特征，如分段的间隔、轮廓表现法和井然有序的排列，但李氏画的五匹马，有着较精细的轮廓线条，极少渲染和肌肉的细节描写。那更柔和、更富体形的线条成为重要的特征。再者，李氏比诸唐代画家更喜把五匹马作个别的处理。正如喜龙仁所称，李氏企图把每一匹马和马夫连在一起，故所画的马和马夫都具同样的姿势、态度、甚至同样的面部表情。[80]李公麟为要把自己的精神注入画内，又为了画中达到更大的统一性，故有意地作出这种种的尝试。这个新鲜的作画法，正如近年班宗华（Richard Barnhart）指出，是李公麟所创立的，以作为文人画运动的一部分。李氏把唐人的楷模和文人的表现力熔于一炉。[81]

赵孟頫熟知李公麟的《五马图》，似乎是无疑问的。这是赵氏在世时最为人所传诵的作品之一。根据前揭周密的《云烟过眼录》，两位常与赵孟頫往还的友人曾藏过这幅《五马图》：即上述赵氏的远房叔伯赵兰坡和他的挚友王芝（子庆）。[82]再者，赵孟頫个人对这幅画的兴趣，亦见于其文集《松雪斋集》中一首论及这帧作品的诗。[83]从一般传为赵氏的画迹的数目，可以想见他受这幅画的影响之深；赵家三代所画的三幅马图，都是直接模仿自李公麟《五马图》而成的。[84]

77 《宣和画谱》页 130。

78 《宣和画谱》页 131 和汤垕，《画鉴》页 11 所载韩干传略中都提到对韩干的整个好尚。后一出处且提及李公麟藏画中有韩干的手笔，又谓李氏特别师法后者所画的马。《宣和画谱》一书成于李氏卒后二十年间，其中所载传略，尤为强调李氏要达到把他对古人的兴趣和他个人的新意综合为一体的尝试。至于汤垕所撰李公麟的传略中，也极力强调同样的见解，特别是他临摹韩干所画的马。

79 除其他刊物外，下列书籍曾刊印这幅画迹，并加论述。《国华》（东京出版），第 380 至 381 期；O. Sirén，同注 1，vol. 2，pp. 42-43；Laurence Sickman and Alexander Soper，同注 3，pp. 121，pl. 95B；William Willetts, Chinese Art（Harmondsworth, Middlesex; Baltimore, Md.: Penguin Books, 1958），vol. 2, pp. 629-632, pl. 46；Richard Barnhart, Li Kung-lin's Hsiao ching t'u: illustrations of the classic of filial piety,《李公麟孝经图考》Thesis (Ph. D), Princeton University, 1967, pp. 150-175。

图8-10 北宋 李公麟 五马图 纸本 水墨 纵 26.9cm × 横 204.5cm 收藏地不详

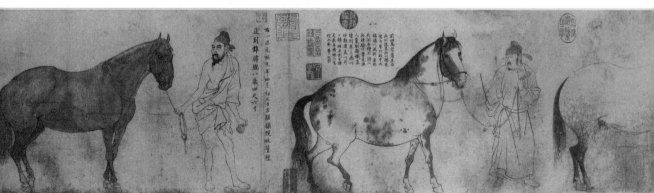

80 O. Sirén, 同注 1, vol. 2, pp. 43.

81 见注 79 所引班宗华（Richard Barnhart）之论文。

82 《云烟过眼录》页 9、19 至 20。欲知赵兰坡一二，参阅注 54。王芝（子庆，井西）为宋末元初有数的鉴藏家之一。周密所著画目中曾屡提及。其传略见《宋史》卷 309。

83 参阅《松雪斋文集》（《四部丛刊》本）卷 2，页 14。

84 这类画的名单中包括一幅赵氏三世合绘的横卷，此图今在耶鲁大学美术馆，请参见 L. W. Hackney and Yao Chang-foo, A Study of Chinese Paintings in the Collection of Ada Small Moore(New York, 1940), pl. 27；《赵氏三世人马图》，John M. Crawford 氏藏画，请参见 Laurence Sickman ed., Chinese Calligraphy & Painting in the Collection of John M. Crawford, Jr. (New York: Pierpont Morgan Library; distributed by Philip C. Duschnes, 1962), pp. 101-104, pl. 28；《人骑图》，请参见《赵孟頫人骑图》（北京：1959）；赵

我们把《二羊图》和《五马图》作一比较，便会发现二者虽然题材与构图各有差异，但其间仍有显著的相同地方。二画之相似，不在个别的细节，而在大体上的画法。举例而言，《五马图》中喜以古人为模拟对象，在每一单位内使两个形体调和的企图、马和马夫之间的关系、各匹马不同的外形、画中的亲切感以及较近乎书法体的画法，在赵孟頫的《二羊图》中，差不多都完全承袭过来。不过同样地，这种借鉴手法绝非是因袭，而是其创新性的。李公麟把韩幹的画风从唐一变而为宋，曾经过一番过程，而赵孟頫在他那个时代再表现唐代画风，也是经过同样的过程，而赵氏已能设法把握到李公麟的秘诀。

赵孟頫在元初作画的目标，很可能是受李公麟模仿唐画的兴趣所影响。李公麟是 11 世纪末叶文人画运动的一分子，参与其事者包括苏东坡、文同、米芾和黄庭坚。李氏虽与其他画家一样着重水墨和书法体的线条，但他所追寻的方向却与苏氏和文氏对墨竹的兴趣及米氏对山水的独好略有分别：他的目标牵涉到对古迹的观摩。在这种取法前代方面，李氏是所谓文人古典主义（Literati Classicism）的中坚分子。他专力于道释、人物和马这些比较传统的题材，对横幅的偏好，再加上他所用的线条变化无穷，或为了表达的种种理由，或为了激发更大的美感。

赵孟頫特别受惠于李公麟的画法，同时大体上也受他的文人画理论与实践的影响，这是众所周知的。李氏的名作今天仍存的，就是前

雍《人马卷》，弗利尔美术馆藏，请参见赵仲穆临《李伯时人马卷》（战前上海中华书局出版）。

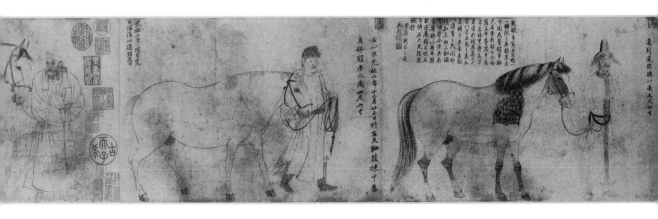

揭的《五马图》和《孝经图》，这两幅画赵氏都曾加以模拟。[85] 赵孟頫
与钱选之间一段为人乐道的对话，亦能反映出他对李氏的倾慕。这段
对话最早见于成于 1387 年曹昭的《格古要论》。[86] 赵以李与其他数画家
"皆士夫之高尚，所画盖与物传神，尽其妙也。"后世很多作家也常提
到赵、李之间的关系。陶宗仪在《辍耕录》所引的一段是最有卓见的：

> 又尝见公题所画马云："吾自幼好画马，自谓颇尽物之性，
> 友人郭祐之[87]尝赠余诗云：'世人但解比龙眠，那知已出曹、韩
> 上'。曹、韩固是过许，使龙眠无恙，当与之并驱耳。"然往往阅
> 公所画马及人物、山水、花竹、禽鸟等图，无虑数十百轴，又岂
> 止龙眠并驱而已哉？[88]

由于陶宗仪与赵孟頫儿孙辈份属亲戚，[89]上文所引一段记录应是可
靠的。元代画史家和画论家的观点是赵孟頫的画艺渊源自韩幹和李公
麟的画风，但却把他们的概念和画法一变而为自己的风格。正如笔者
在论他的山水画《鹊华秋色图》时所指出，这种创新性的取法前代奠
定了赵孟頫的古典主义。从他获得元代作家的普遍欢迎，可见赵孟頫
在画马方面达到新的领域，《二羊图》是另一幅成功的作品。

在前一篇论文中，我曾借很多元代典籍，指出赵孟頫是元初最负
盛名的文人领袖，对当代其他画家及画论家以及元末的画家深具影响。
他的声名显赫，完全是由于他具有古意的基本概念。他本人也深知自
己作品中存着这个因素：

> 作画贵有古意。若无古意，虽工无益。今人但知用笔纤细，
> 傅色浓艳，便自为能手。殊不知古意既亏，百病横生，岂可观也？
> 吾所作画，似乎简率，然识者知其近古，故以为佳。此可为知者
> 道，不为不知者说也。[90]

这段理论是在 1301 年发表的，而《二羊图》据说就是成于这一时期。
另一段提及古代名家的资料见于《二羊图》上赵氏的亲笔题款。
我们观赏这幅画，同时又读到这段题款，自会明白赵孟頫的意向和思想，
他吸收前代画风，又再加以创新的能力。《二羊图》亦能达到"似乎简率，
然识者知其近古，故以为佳"的境地。在这幅画中，赵孟頫把握到唐

85 注 79 所揭班宗华之论文中，已详论此二图对赵孟頫的影响，就其见解，在所有传为这位宋代画家的画迹中，唯此二图可确断为其作品。

86 参阅 James Cahill, "Ch'ien Hsüan and His Figure Paintings", Archives of the Chinese Art, Society of America, vol. 12（1958），pp. 14, note 24.《格古要论》一书为曹昭所编。

87 这位郭祐之常为人误作郭畀。二人皆为赵孟頫之友，前者以鉴藏书画名于时，而后者则以绘事著称。翁同文，"Un Imbroglio Biographique: Kuo Pi, Dates et Attributions（一个混淆不清的传记：郭畀的生卒年及所传画迹），" T'oung Pao（《通报》），vol. 50（1963），no. 4-5, pp. 363-385 对此点已有论述，该文后由著者用中文发表于台北《大陆杂志》。

88 《辍耕录》（台北市：世界书局，1963），第 7 册，页 105。

89 陶宗仪乃王蒙之表亲，而后者则为赵孟頫之外孙，是以他们之间的关系至为明显。王蒙与赵孟頫的正式关系近已为翁同文所著一文确立，请参见翁同文《王国器为王蒙之父论》，附刊于台北艺文印书馆所刊《百部丛书》内之《知不足斋丛书》内"王国器词"。

90 拙作《赵孟頫鹊华秋色图》，同注 1，页 76 中已加引述。原文见于《清河书画舫》西部，页 19。

画与宋画的精髓，并且以新的画法使之重赋活力。这就是赵孟頫心目中文人画的元素。

唐代名画家曹霸所画的一幅马图，赵氏曾加评论。这段评论，见于和他同时代人汤垕的《画鉴》所引的话：

> 唐人善画马者甚众，而曹、韩为之最。盖其命意高古，不求形似，所以出众工之右耳。此卷曹笔无疑。圉人、太仆，自有一种气象，非俗人所能知也。[91]

自苏东坡那首传诵一时的诗出现后，[92]"不求形似"的概念在元代受到特别重视。故赵孟頫的评语把曹霸画中可与元代画法相衔接的各方面点出。由于曹霸和韩幹被公认为那时代最工于画马的画家，我们很难想象到曹霸这位唐画大师的画可以叫作非写实派的作品，只有把赵氏的评语置于前揭一连串的画中，包括韩幹的《照夜白图》、韩滉的《五牛图》、李公麟的《五马图》和赵孟頫自己的《二羊图》，我们才能明白赵氏不求形似的概念。事实上，在所有这些作品中，所画的动物都非常逼真，而且用笔精到，然而形似并非画中的最终目的。反之，这些画的"气韵"是由于其他因素达致的。是以对赵孟頫来说，形似是必然的，但他的画的真正鹄的是诗意的韵律，是把形象含义和古意糅合一体，这一切都在他的《二羊图》中表达得淋漓尽致。

五

由于《二羊图》和前人所画马图之间互有联系，故我们在一些赵孟頫自己所画的马图中找出与《二羊图》的关系，也是颇合理的。赵孟頫的名字虽然见于不少马图上，但在概念、构图和技巧上堪与弗利尔美术馆所藏的这幅画相比的则寥寥可数。其中一小幅绢面的横幅却是显著的例外。这幅画名《调良图》，笔法细致，画的是一个马夫和他的马在一阵吹向右面的狂风中站着。这幅作品早已收入一集画册中，今藏于台北故宫博物院（图8-11），[93]虽然和前面所论的其他画迹一样，画中一点背景的迹象也没有，但马和马夫都画得极具强烈的写实感，借着摆动的马尾、飘拂的马鬃和马夫拍动的衣裳、卷缠着的胡子，把风的动力逼真地反映出来。

91　参阅汤垕，《画鉴》页10。

92　这是与苏氏文人画理论有关的名诗之一，曾被英译多次，如喜龙仁，《中国画艺论》(The Chinese on the Art of Painting)，页 57 至 58；Fong Wen, 'The Problem of Ch'ien Hsüan'，Art Bulletin, Sept., 1960, p. 182。

93　此图今已收于台北故宫博物院《历朝名绘册》页 8；首次刊印于《晋唐五代宋元明清名家书画集》(南京教育部，1936)，图版391。画面有赵孟頫的印鉴数方，左面且有"子昂"二字的款识，然字迹粗着，似与整幅以细划线条构成的画面不大相衬，是以此款识为后人所加，不无可能。然而，印鉴却与画面似极相称，且与故宫博物院所藏《竹石图》(图版8-7)上数方差堪比拟。《竹石图》并无款识，但却有印鉴数方，而且正如本文所论此图，大概亦属早年之作。

这幅藏于台北故宫博物院的画和《二羊图》之间在技巧上虽然有异，但二者仍有不少相似的地方。首先在若干细节上，如山羊飘垂的长毛和马尾及鬃毛，以至马夫的胡子都甚相似。同样地，三头动物的腿都是笔直而细长。这两幅画中都有两个主体，构成有趣的对照，在小册页画中，黑色的马身和马夫身穿的白衣成一对比；马的精确侧面轮廓和人四分三面的相反站立姿势，低垂的马头和马夫微倾的头，以及对马的横面强调与其看守人直立的姿势。虽然这两幅作品都没有背景的迹象，但二者同样具有一种空间的感觉。另一点共同的特色，亦为二者与唐代画法歧异之处，就是对马和人的体力和外形不再加以重视。画者绝没有强调马匹的肌肉或外貌的企图。画中亦不特别描写动物和人身内在的能力和体力。这小幅画虽然表现出强烈的动力，但却不是由于内在的力量，而是由于外面的风力所致。反之，两幅画对主题的韵律和感受更感兴趣。更令人惊异的是二图中心理因素的雷同。在马图中，人与马之间正如绵羊和山羊之间，存有同样的紧张气氛；两对形象都是被心理和形体的因素连在一起，虽则这种关系在马图中比在弗利尔美术馆所藏的那幅为明显。总而言之，虽然所依的楷模有异，但这两幅画可能同属一个画家的手笔。这幅马图必然有若干雏型，即如那些常被传为韩干和其他画家所作的画迹。李公麟大概亦是以这类唐代画

图 8-11　元　赵孟頫　调良图　纸本　水墨　纵 22cm × 横 48cm　台北故宫博物院藏

图8-12 元 赵孟頫 人骑图 1296 卷 纸本 水墨 纵30cm×横51.8cm 北京故宫博物院藏

迹作为其前揭《五马图》的雏型。不过,由于赵孟頫的《调良图》与《五马图》的技巧颇有差别,故他必定是直接取材自唐代某位画家的作品,而绝非借助于李公麟。在概念和画法上,《调良图》似属较早期的作品,大概成于 1286 年他到大都后的初期,而《二羊图》则显出较后期的画法,应成于 1300 年间。

在品质和艺术性方面,其他和这两图同属一类的画迹极为罕见。其中一幅较近的例子是最近曾刊印过的《人骑图》。[94] 这幅横卷今藏于北京故宫博物院(图8-12),这幅画是赵孟頫所画马图中记录最详尽的一幅,画的是一位骑在马背上的官吏。画迹本身设色、纸本、笔调工巧。赵孟頫亲笔的题款有三段,首段成于 1296 年,次段题于 1299 年,其他的画跋则出自他的兄弟赵子俊之手,其中一跋题于 1299 年。但和前揭的两幅比较,《人骑图》在品质上瞠乎其后。人与马都画得生硬。是以这幅今在北京的画大概可能是一幅根据赵孟頫原画而成的摹本。所写的题款,尤以前两段为然,在技巧上都显出同样的弱点。另外两幅画着马夫和马的同类画迹,是和赵雍、赵麟(其子及孙)所画的《赵氏三世人马图》。一幅现为耶鲁大学博物馆 Ada Small Moore 藏品,另一

94 1959 年此图为北京文物出版社印成一卷,包括了所有的题识跋语,见注84。

95 注 84 已提及此二图。

96 此图已多次刊载于中国大陆刊物中，虽则从未包括所有跋语。参阅《中国古代绘画选集》（北京：人民美术出版社，1963），图版 57。

97 今藏于纽约摩根图书馆（Morgan Library）藏的一古本，载有一幅可能是受元人《鞍马图》一类所产支流的画。在这方面，若把此二图作一比较，亦颇堪玩味。前者亦见于 Basil Gray, Persian Painting（波斯画）（New York: Skira; distributed by World Pub. Co., Cleveland, 1961），pl. 21。至于原画的日期，此书定为 1298 年。

98 弗利尔美术馆，编号 313，复制本见 O. Sirén，同注 1, vol. 6, pl.18。

99 参阅《爽籁馆欣赏》（大阪，1929），第 1 册，图版 18。

100 此画有画者自为题识，随后附有多段跋语，题者包括元代之倪瓒，杨维桢及其他明清鉴赏家，如名鉴藏家高士奇亦其中一。他们全都提及画者的坎

幅则属纽约 John Crawford 藏品。[95]

　　另一幅记录完备的作品《秋郊饮马图》，是一幅设色的小横卷，成于 1312 年，此画前曾为著名的鉴赏家梁清标（1620~1691）所藏，现藏于北京故宫博物院（图 8-13）。[96] 然而，与《二羊图》和《调良图》相比，这幅画的品质又略为逊色。这大概也可能是一幅根据赵孟頫原画的摹本。不过，其构图却特别可观，因为此画显示出一种并非完全源于唐代蓝本的马图，而是把马和山水混在一起的崭新尝试。这次 1312 年的尝试，可反映出赵孟頫晚年进行的新尝试。[97] 至于一幅今藏于弗利尔美术馆的设色、纸本、描写群马渡河的同样画迹，虽然画上亦系有赵孟頫的印鉴和署名，但看来似属于这个新趋势中更后期的作品。[98]

　　在现存元人所画马图中，有数帧多少是属于《二羊图》一类的画迹，可以拿来作更详细的比较。为首的一幅横卷是《骏骨图》，画者是和赵孟頫同时代人龚开。此画今属大阪博物院阿部房次郎藏品（图 8-14）。[99] 画中的主题是神采奕奕的千里马，这是人所共知的。但画中的马却显得着实瘦骨嶙峋而且憔悴，以致画中各跋咸认为大概即象征画者作为一个宋代遗臣，在元初过着潦倒绝望的生活。[100] 由此看来，

坷生活。据高士奇称，龚开在宋末期间即以绘事及诗词名于时，然而自蒙古人大肆蹂躏中国领土后，他和儿子便过着困苦潦倒的生活，不过他仍继续从事绘事。倪瓒在其跋语中暗示那匹瘦马可能是象征那些像龚开自己一样的人，虽然才华横溢，但却遭逢亡国之痛，因而忧愤填胸。最早提及龚氏所画马图，特别是今在大阪那帧的记录之一，见于汤垕《画鉴》页 59 至 60。此书作者指出龚氏所画的马，弱点之一在其颇为粗拙的笔法，此点在今在大阪的那幅画中亦可得见。

图 8-13　元　赵孟頫　秋郊饮马图　1312　卷　绢本　设色　纵 23.6cm × 横 59cm　北京故宫博物院藏

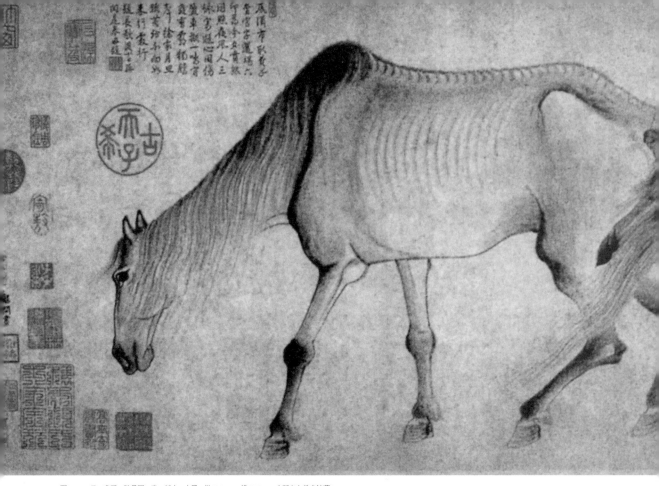

图 8-14 元 龚开 骏骨图 卷 纸本 水墨 纵 29.9cm×横 56.9cm 大阪市立美术馆藏

图 8-15 元 任仁发 出圉图 卷 绢本 设色 纵 34.2cm×横 5201.9cm 北京故宫博物院藏

他是取材自唐代诗人杜甫关于一匹遭到惨淡下场的千里马的诗，借以反映他在元人统治下的际遇。为要借传统的 15 根肋骨来强调马身骨骼毕露，主要的骨架都勾划得清楚分明，其中包括了脊骨、肋骨、四足和其他各部的关节。这种重视体格分明的画法似乎把《骏骨图》和唐代联系起来，正如一些画跋也提出这个说法。事实上，举例来说，题跋者如倪瓒，也指出龚开是由上自唐的曹霸、韩幹，经宋的李公麟、下迄元初的赵孟頫所组成元人公认为最伟大的画马传统发展开来的。画中对光与影的强调、对马的体格和身躯各部分明勾划的重视，在在都反映出和唐画中如韩滉的《五牛图》更密切的关系。然而，这匹神驹大为逊色的不朽性，飘拂的马尾和鬃毛，怠率的笔法和最重要的、象征的性质，全都和赵孟頫的《二羊图》有连带关系。

赵孟頫的《调良图》和《二羊图》以及龚开的《骏骨图》之所以成为元人表现法的一部分，是由于这些画同是脱胎自唐代楷模。在摹拟的手法上，元代的画家并不能常与唐画大家匹敌，这一事实夏文彦在他的《图绘宝鉴》（序文成于 1365 年）中也断然作出以下的评语：

佛道人物，仕女牛马，近不及古。[101]

这段评语虽然只是重复郭若虚在 11 世纪所下的定论，然而仍是 14 世纪画论家的见解。[102] 在若干画迹中，如赵孟頫的《调良图》和任仁发今在北京故宫的一幅同样题材的画（图 8–15），[103] 其画者因适逢当时人重燃起对古代画风的兴趣，而鞍马遂得以再次成为重要的题材，故其基本目的，只是踵继曹霸、韩幹和李公麟所留存下来的主题。

动物画的新趋向正式始于龚开的《骏骨图》，而在赵孟頫的《二羊图》则更为明显。龚开把一向典型的唐代马一变而为代表他个人处境的象征，由是已替文人画中的马图另辟蹊径。倪瓒和其他后世鉴赏家为这幅横卷所题的各段跋文可以证明他们对这个新趋势的了解。是以马成为一个象征，代表处于困顿逆境中的人的精神也能超然物外。赵孟頫继续探求这象征性的一面，似乎更进一步，他用新的题材，同时极力着重于象征的含义。赵氏之所以受到后世画评家和画家一致推崇，完全是由于他的创新画法。

赵孟頫在《二羊图》所采的方向，与元初文人对绘画的概念完全一致，正如我们也记得，文人画之得以发扬光大，乃得力于北宋的一

101　夏文彦《图绘宝鉴》（台北：商务印书馆，1956）页 2。

102　参阅郭若虚《图画见闻志》。夏文彦实际上只引述郭氏之言。

103　此图复制本见于《中国古代绘画选集》，同注 96，图版 59。其先前曾为故宫藏品。欲得关于任仁发的新资料，参阅宗典《元任仁发墓志的发现》，《文物》，1959 年，第 11 期，页 25 至 26；Sherman Lee（李雪曼）and Wai-kam Ho（何惠鉴），"Jen Jen-fa: Three Horses and Four Grooms," Bulletin of the Cleveland Museum of Art, April 1961, pp. 66-71。

班画家，他们各自工于不同的题材，画风也各异其趣，如文同和苏东坡精于墨竹，李公麟擅马和人物，米芾长于山水。元初期间，这种独立性由钱选和赵孟頫继承。赵氏似乎探索过文人画中所有的可能途径，而终于把山水、竹和马重新确立为一般文士所接纳的题材。

六

南宋时马图已趋衰落，只残存于一些牧童和水牛画中，成为次要的题材。不久，就是在这类画中，主要的重点开始从水牛和马转移到牧童和背景的山水上。然而元代初年，画人对马的题材又发生了新的兴趣。这次的复兴是基于若干理由的。最明显的是新统治者造成的需要，蒙古人爱好马匹是众所周知的。这种需求引致在燕京或各省任官的画人如赵孟頫和任仁发，都被请为画马。不过，马图之得以再成为时尚还有其他的原因，其中之一是知识分子的领导人物企图为艺术摸索到一个切实的途径，以适应新政治环境下所产生的难题。正如我在上文指出，赵孟頫正是一位知识分子的画家，他把前人所画过的各种题材加以实验，包括了"山水、竹石、人马、花鸟"，而每一种都能画得淋漓尽致。[104] 从他的各项实验，产生了为后世定下的新方向。因此他对马、牛图和文人画间关系的见解，是值得检讨一下的，而他在元画一般发展过程所占的地位，也是同样深具意义的。

赵孟頫曾称自小便爱画马，他这段记述见于前揭的《辍耕录》；而上述《人骑图》中的一段文字亦表达同样的见解。这幅画迹本身即使是一幅后人的临本，但所抄录的题款仍具体地表现出赵孟頫的思想：

吾自小便爱画马。尔来得见韩幹真迹三卷，乃始得其意云。[105]

由于蒙古人占领南宋首都临安（杭州）时，赵孟頫已二十余岁，所以上文的记载，暗示这位年轻画家对画马的兴趣，是在蒙古人占据中国以前产生的。倘若这是实情，则赵孟頫早年已开始形成他的新见解，企图追寻一个异于南宋的绘画方向，而不是为了迎合一个主子的需求。在他的摸索期间，赵孟頫继续他自童年已开始对研习经史典籍的兴趣；他转向前代的宗师学习。上文所引的记载暗示他最早研习的画很可能并非真迹，李衎在探求文同和王庭筠的真迹时也曾同样尝过这种经

104　这是杨载在 1322 年他死后不久为他修纂行状中的记述，这篇《赵文敏公行状》，亦收于《松雪斋全集》页 11。

105　刊印于 1959 年北京出版的赵孟頫《人骑图》卷中，见注 84。这段用行书写成的题识，见于此图的隔水（即画面和题跋之间的一段丝绢）。从复印本看，题识和那段丝绢二者看来尚觉可靠，颇可能属于原画；但画面及赵氏之自题（此画成于 1296 年，而那段长跋则成于 1299 年）却似颇为薄弱，是以独此一段题识可能取自一张真迹，而此图其他各部分似是临摹的。与此有关的是在《式古堂书画汇考》（台北：正中，1958），页 321 中可找到韩幹所画的一幅马上，亦记录了一段差不多类似的题识，其中不同之点只是赵画中谓"真迹三卷"，而韩画中只称"真迹"。

验。[106] 赵氏游历过中国多处地方，又曾在大都（北京）任官，得到不少欣赏前代名手真迹的机会，正如我们所知，汤垕的《画鉴》引述他曾自言：

> 唐人善画马者甚众，而曹、韩为之最。盖其命意高古，不求形似，所以出众工之右耳。此卷曹笔无疑。圉人、太仆，自有一种气象，非俗人所能知也。[107]

这里最主要的字眼是"高古"和"不求形似"，而这些就是赵孟頫在前代名家所要追求的理想。从另一段记载，可以见出他对这些品质的见解是如何的，他在写给元代最有名的书法家之一鲜于伯机的信中说：

> 都下近见晋人谢稚《三牛图》，妙入神。非牛非麟，古不可言。[108]

我们虽然没有谢稚的画迹可以参证，但我们可信他的画很可能是影响赵孟頫《二羊图》作品中的一帧，因为在赵氏于 1295 年从大都携回的珍品中，此画是其中之一。[109]

赵孟頫的知识日进，一部分是由于他得自前代的发现。1276 年他 23 岁，正值南宋首都陷落，直至 1286 年他 33 岁受忽必烈之诏仕元这十年之间，他埋头研究古经籍、古代音乐、绘画及书法，这一切必然已为他最后所采的方向作好了准备。在他所画的马图和山水画中，他一力追求一些把这种"古意"作具体表现的东西，因为这是前代画评家入于"神品"的画迹所必具的因素，而一个画家只有在超越了形似时才能达到"非牛非麟"的境地。

专心致志于"古意"，是文人画理想之一。在赵孟頫之前，这种精神在李公麟的作品中最能表露无遗。赵氏偶然发现"古意"的情况，究竟是始于他对唐、宋画的研究，还是他对李公麟的作品和思想的研究，我们颇难作出定论。然而，可以肯定的是，这个文人的理想盛行于元初吴兴一带，尤以钱选和赵孟頫二人倡导不遗余力，正如从上文已引的一段脍炙人口的对话可以见之：

> 赵子昂问钱舜举曰："如何是士夫画？"舜举答曰："隶家画

106　李衎（1245~1320 年）这个人所共知的体验，在其名作《竹谱》的序中已有记述。

107　参阅注 91。

108　见于张丑《清河书画舫》卷 10、页 13 中马和之以下一节之末。此书引述自另一名为《赤牍清裁》的书。鲜于伯机（1257~1302 年）与赵孟頫同一时代，为元代名书法家之一。

109　参阅周密《云烟过眼录》页 13。

也。"子昂曰："然观之王维、李成、徐熙、李伯时，皆士夫之高尚，所画盖与物传神，尽其妙也。近世作士夫画者，其谬甚矣！"[110]

这段对话就是赵孟頫自己在追求文人画奥妙时有所发现的迹象。他不满于当时人对士夫画的见解，借着他博览古人画迹和自己创新的努力，从而进一步把握到其中的玄妙。

要明白赵孟頫对文人画的特别贡献，明末鉴赏家李日华所下的评语，颇值得玩味：

赵文敏画马，虽然以伯时为师，而其古淡浑成，若无意标奇处，实得物态之自然。昔人谓图鬼魅者易奇，写狗马者难巧。然狗马之中，亦有出奇取异者。是亦鬼趣也。元人画马：任月山太庸，龚翠岩太奇，惟子昂得马之真，盖其性喜画马。少时遇片纸，辄画而后弃去。精能之极，合乎自然，非浅造者可窥也。[111]

赵孟頫如何努力达到这种逼真的感觉，在下面这段关于他的轶事中可见一斑：

赵承旨画滚马，管夫人隔垣窥公作滚马形，自此绝笔。盖传神之妙，能使生马之神，收入笔端。[112]

李公麟在11世纪末提倡"复古"的思想，以这种思想作为文人画的理想之一，赵孟頫从李公麟学到这些奥妙的一部分。他把绘画作为古典文化训练的一环，这是他最基本的成就，这种思想，使赵孟頫和不少后世画家受益不浅。

元代的画家和鉴赏家，对文人的新概念和传统马图之间的重要关联都极为了解。当时，年轻的郭畀自1308年至1309年在杭州所写的著名日记显出他对赵氏的欣慕。他为赵孟頫所画的一幅马图题了一首诗：

平生我亦有马癖，曾向画图求象龙。
曹韩已矣伯时远，昂公笔底写追风。[113]

倪瓒为赵孟頫一幅马图所作的长诗中，亦表现出同样的见地，一

110　此段英译者为高居翰，引自注86所揭之论钱选一文。

111　这是李日华在赵孟頫《天马图》上所题跋语中的一部分，载于《六研斋二笔》卷1，页25。此跋题于1627年。

112　这是董其昌在其《画旨》所下评语，收于于安澜编《画论丛刊》（北京：人民美术出版社，1960），第1册，页89。

113　这是为赵孟頫《人马图》所题的诗跋，收录于张丑《清河书画舫》卷10，页55。

再把他的画风源流上溯至曹霸、韩幹和李公麟。[114]

在画马的传统上，赵孟頫的重要性并不全在于他的画迹，而在他对李公麟所确立的思想深为了解。无论赵孟頫画马时所用的技巧为何，即如他师法唐人，他那个人的、予人亲切感的笔触和他趋于书法的画法等，李公麟也早已用过。赵孟頫的作为就是在相距约二百年后，正当文人画这一方面为人忽略之际，重新追溯李公麟所画人马的各个阶段，而且更进一步把古典主义的思想从人物和马图中扩展到山水画。这个努力的结果，可见于他的《鹊华秋色图》和《水村图》，在这两幅作品中，他已把古典的因子转向一个崭新的美感的目标——以诗意感作为传统所谓"气韵"的新表现法。

在这方面，《二羊图》是一幅很可玩味的过渡时期的作品。正如赵孟頫在他的题款中说，他以前从未画过羊；从画马改为画羊，这个有趣的实验反映出赵氏创新的精神。他画了不少受曹霸、韩幹和李公麟影响的马；亦已体会到文人画的精髓在于古典主义、人文主义和书法的重要性。但他进而探求一些新的东西，以充实他作品中的绘画和图像内容。在这方面，《二羊图》比他所画的马更堪玩味。赵孟頫从他披阅过和收藏过的马、牛图发展出一个新的题材，并且写下这评语：

虽不能逼近古人，颇于气韵有得。

赵孟頫所带给文人画的是美的品质，是对形体、韵和诗意感的重视，这在文人画发展中确立了一个新境界。

七

到目前为止，《二羊图》的形式方面已经阐释过，但要彻底了解文人画的含义，我们必须进一步探求画者的心灵，才能明白其作品中丰富的想象力和学识。这幅画看来似乎很简单，其实却蕴含着奥妙的情感。赵孟頫在《二羊图》的题款中并没有指明文中所暗示的意思。不过一再审查后，我们可以找到一个有趣的假定。

张彦远《历代名画记》的叙论，开首便强调绘画在传统上的重要性，是在于"成教化，助人伦，穷神变，测幽微，与六籍同工，四时并运"。[115] 从《宣和画谱》中，我们知道绘画题材有传统的分门

114　此诗见于倪瓒的诗集《倪云林先生诗集》（《四部丛刊》本），第 2 册，页 12。

115　参阅《历代名画记》，第 1 章。

别类，都是视其教化功能而排列先后的。[116] 于是道释题材的图画，常高踞首位，而人物画则次之。我们翻阅宋代以前的画迹，其中的宗教和故事性的画都显出基本的训诲意味。所以，文人画家要研究的最重要难题，就是怎样使其他题材亦能符合这种训诲或教化的目的。

在成于 17 世纪初的《清河书画舫》中，张丑在记述韩幹时所下的有趣评语和我们的问题也有关联：

> 古人以良马比君子。故名手马图，亦可入斋室清玩。此外如包虎、何猫、易猿、崔鱼等制，虽为前人推许，仅可张茶坊酒肆也。[117]

这里必须一提的是良马的意象，自古以来在诗词中被用来象征贤德之士。在杜甫赞许韩幹所画马图的一首诗中，良马被称为象征帝王的龙的游伴。[118] 由是，马之被列入特殊阶级，是由于其骏逸高贵的气质，而这些气质都为人公认适合于象征君子的。既是如此，马图的新作用就此得到确立。无疑地，人们把曹霸和韩幹所画的马都看作是高贵勇武精神的具体表现。在李公麟《五马图》这幅文人画中，象征主义必然是作画最主要动机之一。赵孟頫关于《五马图》的诗句，最能表达李氏心中的思想：

> 五马何翩翩，萧洒秋风前。
> 君王不好武，蒭粟饱丰年。
> 朝入阊阖门，莫秣十二闲。
> 雄姿耀朝日，灭没走飞烟。
> 顾盼增意气，美龙戏芝田。
> 骏骨不得朽，托兹书画传。
> 夸哉昭陵石，[119] 岁久当頽然。[120]

是以毫无疑问，李公麟和赵孟頫都是熟悉以马喻人的传统。而且赵氏实在对这幅画感到莫大的兴趣，传说他本人也曾临摹过这幅画迹。[121]

如果马图含有浓厚的象征成份，那么，水牛和羊这些画又如何？首先，我们必须转回到韩滉《五牛图》上赵孟頫所题的第二段跋文，

116 参阅该书之叙论。

117 参阅《清河书画舫》卷 4，页 79。

118 此诗可见于俞剑华同注 12，页 1016。

119 所指为有名的唐太宗陵墓上所刻的六匹骏马，其构图一般传为出自阎立本。参阅 1941 年伦敦出版，喜龙仁的《中国雕刻史》（A History of Chinese Sculpture），第 1 册，页 116 至 117 及图版 426 至 427。

120 此诗见于《松雪斋文集》（《四部丛刊》本）卷 2，页 14。

121 参阅卞永誉，同注 105，页 483，其中引述汪珂玉《珊瑚网》，指出一张赵孟頫临这幅画的摹本曾在云间（今上海附近）发现。

其中一段叙述画家陶弘景所画水牛的故事：

> 昔梁武欲用陶弘景，画二牛，一以金络首，一自放于水草之际。梁武叹其高致，不复强之，此图殆写其意云。

　　这是赵孟頫解释韩滉的画一法，他的见解正确与否是很难臆测的，因为画者并没有直接指出其中的含义。然而牛画在中国画史上却并不常和马图享有同样的地位。虽然前揭的《宣和画谱》企图给牛画加上巫术的意义，但在传统上，人们把它看作属于某种类的画多于作为重要的训诲性主题。是以赵孟頫把韩画作训诲意义的看法，是颇令人诧异的。画中五头牛之一，即最左面那头，确是被金铬系着，而其他的牛都是自由自在，或立或动；最右一头后面还有植物一株，以示田野之意。虽然两头牛和五头牛之间数目有别，不过这些却是赵孟頫把这幅画和陶弘景的故事连在一起的基本因素。

　　无论事实如何，最值得注意的是在文人画中，画者意中的观画者的学识和教养，在奠定其作品的含义，确能起相当重大的作用的。因此，就是韩滉无意把牛和前揭的故事连在一起，但赵孟頫既已确立了这个联想，自然使他觉得此画更为寓意深远。赵氏因读《南史》或张彦远的《历代名画记》，必熟悉陶弘景的故事无疑。[122] 他以象征成分作为文人画的入手方法，遂开始明白到形体和美感方面以外还有别的东西。牛画在他心目中引起这样的象征的意义，这一点事实最为重要，因为这可以对他自己的动物画，特别是《二羊图》，透露若干端倪。

　　在他的题款中，赵氏只提及他画这两头动物时是"戏为写生"，并没有说出任何关于这幅画的含义。但倘若他替别人的画迹，如韩滉的《五牛图》和李公麟的《五马图》加以诠释，那么他选绵羊和山羊这个罕见的题材时，心中必然也有所寄托。他虽没有公然道出，但画中可能隐藏的意义，都可见于那数段画跋了。在明初人所题的跋语，其中数段，包括了张大本、偶武孟、戒得人、至晙、昆丘遗老和石城居士的，都提及苏武这位象征中国历史上贞忠不屈精神的人物其人其事。有趣的是，在大多数的画跋中，题者都接续缕述这个故事，并且慨叹赵孟頫本人却缺乏这种忠贞的热忱。由于赵孟頫是宋室的王裔，他的出仕五朝元帝，在他的人格上永留瑕疵。同样深具意义的是，凡表露这种效忠思想的画跋，都是题于明初的洪武年间（1368~1398），而其时蒙

122　这则轶事首见于《南史》第76卷所载陶弘景的行状中，稍后张彦远《历代名画记》卷7亦有记录。赵孟頫当必熟知这两种资料。

古人已不再统治中国。在新的汉人政权下，民族主义的情感非常激昂，因此这些题跋者遂得以公开发表于赵孟頫《二羊图》中的政治意义。

有元一代，文学和艺术作品常含隐喻，这是因为在蒙古人统治之下，文人只能间接表示他们的愤懑。以文人画来说，元初不少画迹也暗有所指的。宋室遗臣中，名画家郑思肖据说在画兰（兰花亦代表忠贞）时不画地面，借此表达他对元人入主的哀伤。[123] 龚开和任仁发二人的事业虽然各异，但都以象征性的手法来画马。龚开是宋室的忠臣，曾在宋末一朝做官。他拒仕元人，而且常表明自己对故宋的忠心，因此不断受到迫害。正如上文所述，今藏于大阪市立美术馆的《骏骨图》，大概是譬喻一个忍辱受苦的人。[124] 另一方面，任仁发在蒙古人手下做高官，任职都水庸田副使，然而他在今藏于北京故宫博物院的《二马图》题款中，也指出文士所受的苦和瘦马一样，与肥马成一对照，虽然他所指的文士并不怎样明确，但他对这些知识分子的同情是相当明显的。[125] 由此可见，象征性的表现法在元代大概是非常盛行的。

身为一个文人画家，赵孟頫当然熟悉象征性的表现法。他画《二羊图》时，很可能心中已有苏武的故事。赵氏以前虽没有很多画羊的画家（《宣和画谱》只举了五代时一名画家罗塞翁，以他为最工于画羊的能手），但在赵氏所处之世，这个题材并非罕见。事实上，赵孟頫本人也似曾画过一幅这样题材的画。这是一幅题为《苏、李泣别图》的绢本画，载于两部明末清初的画目中，一部是吴其贞纂的《书画记》，另一部是姚际恒纂的《好古堂书画记》。前者谓其作者于 1673 年在杭州亲见此画，并加以如下的描述：

> 画苏武、李陵作别，有号泣状，有一羊立在前面，有留恋之态。左右车夫人马，皆似候起程意思。用笔工细，而有秀嫩之妙，非松雪妙手，孰能到此。为超妙入神之画。

吴氏随谓此画为一位鉴赏家姚友眉所得，而姚友眉可能是姚际恒之父。姚际恒在其目录中关于此画的记录，与吴其贞的甚为相近：

> 赵松雪《苏、李泣别图》，大横幅，画羊衔苏衣，苏顾羊痛泣，李惨容对之。其余男妇，及橐驼、马、羊之类以百数。气韵生动，笔致精微，全法唐人，为文敏画中第一。

123 郑思肖的生平及其思想见于他的《心史》。他对蒙古人入主中国的感受，Frederick W. Mote, "Confucian Eremitism in the Yüan Period（元代儒者归隐的风气）," Arthur F. Wright ed., The Confucian Persuasion（Stanford, Calif.: Stanford University Press, 1960），pp. 234-236 中曾略加讨论。

124 关于龚开及其思想的大部分资料，见于今在大阪市立美术馆所藏其《瘦马图》上各元、明、清鉴赏家所题的跋语。所有跋语和此图复印本，全载于《爽籁馆欣赏》，同注 99，第 1 册，图版 18。至其生平大略则见于朱铸禹《唐宋画家人名辞典》（北京：中国古典艺术出版社，1958）页 402 至 403。

125 此图复印本见于 O. Sirén，同注 1, vol. 6, pl. 39；论述的部分则载于 vol. 4, pp. 33-34；Franscois Fourcade, Art Treasures of the Peking Museum（New York: H. N. Abrams, 1965），pp. 82-83, pl. 31。

既然这两位鉴赏家都一致认为这幅画迹是赵孟頫杰作之一,那么这位名家曾画过如此的一幅画,也是不无可能的。遗憾的是此画今已不存,或是存而不为人所知或不曾刊印过。从这两部著录的描述中我们可以得到关于这幅画的若干概念。文中强调这幅画师法唐人,这点似乎使这幅画和赵孟頫的基本见解保持一致;工细秀嫩的笔法也把这幅画置于其早期作品之列。然而此图所画的羊,却会和赵氏在《二羊图》题款中声称以前未尝画过羊的题材的话互相冲突。或许我们只能把他的话解释为他从未单独画过绵羊或山羊,因为此画的主题是在那两位历史人物,而不在于羊。很可能《苏、李泣别图》是赵氏早期的画之一,而且成于宋亡后至他 1286 年受诏赴京之前这段时期。这时他抱有钱选的古典观念,公然表露对宋室忠心耿耿,而所画的画笔致工细,尽量师法唐人作品,这些特色都已为这两位鉴赏家在记录这幅画时描述过。显然《苏、李泣别图》比《二羊图》早约 15 年之久。

元代还有其他数帧画,同样是以苏武为主题的。和赵氏同一时代的文天祥(1236~1283)是宋代的忠臣,他曾在最后数次战役中率兵和入侵的蒙古人对抗,后来终于被擒,因不屈的精神而就义。文天祥曾为李公麟所画的《苏武忠节图》题了一首诗,其时正当 1276 年的艰苦时期,蒙古军直撕宋都。[126] 另一位宋室忠臣是上述的郑思肖,他亦曾题诗一首,称颂一幅题为《苏、李泣别图》的画,此画标题和前揭那幅传为赵孟頫作的一样。[127] 第三幅画是传为钱选画的《苏、李别意图》,不过此画大概是属于 14 世纪时的作品。这幅今属纽约 Ernest Erickson 氏藏品,而借展于瑞典斯得哥尔摩远东文物馆(Museum of Far Eastern Antiquities)的画迹,亦可证实这个题材在元代曾一度盛行。[128] 再者,画史中载赵孟頫的儿子赵雍(生于 1289 年)曾画过一幅苏武牧羊的画,虽然此画必是成于赵孟頫所画之后,但可作为赵雍的灵感得自其父的迹象。[129]

赵氏那个时代已为人知晓而又流传到今世的一幅横卷《苏、李别意图》,是这个题材中最耐人寻味的一个例子。此画据传是周文矩(10 世纪)所作,今藏于台北的故宫博物院(图 8-16)。[130] 正如展览会的目录指出,画中"文矩"的署名是后人加上的,而且此画的风格也不能证实这个传说是合理的。无疑这幅横卷似乎属于辽代(907~1125)的画风,画中有若干元初人的跋语,其中包括了李孟这位曾于成宗(1295~1307)及武宗(1308~1311)朝中在北京任宰相的有名学者,和在 1286 年奉忽必烈皇帝之命往南方搜访遗逸入仕元廷的程钜夫,而赵孟頫即在他

126 见于《文山先生全集》(《四部丛刊》本)卷 13,页 59 至 60。

127 郑思肖《所南翁百二十图诗》,收于《知不足斋丛书》(台北:兴中,1964),页 5666。

128 复印本见 Bo Gyllensvärd, "Some Chinese Paintings in the Ernest Erickson Collection," Bulletin of the Museum of Far Eastern Antiquities, vol. 36 (1964), pls. 5-6。

129 载于陆心源《穰梨馆过眼录》卷 7,页 18 至 19。由于此图似乎从来未经刊印,故无从确定是否为一真迹。

130 复印本见 Chinese Art Treasures (Taipei: Institute of Chinese Culture, 1961-1962), pl. 9。此图《石渠宝笈》初篇《养心殿》只作简短记录。《故宫书画录》(台北:中华丛书,1956),第 4 章,页 14 至 15 称此图作《牧羊图》,在 1961 至 1962 年间美国展出的目录则称之为《苏、李别意图》,是以其后《故宫书画录》再版时,即以此新的题签取代。

图 8-16　无款　苏李别意图　卷　绢本　设色　纵 33.3cm × 横 89.9cm　台北故宫博物院藏

搜访到的二十余人之首；此外还有比赵孟頫年纪稍轻，亦为赵氏好友的虞集。其中一段跋语的日期是 1316 年，而最后一段则为 1385 年。这些日期显示出这画必定成于元代以前，加以其中的画风，明确地指出是属于辽、金时期中国北方的作品。

　　在 1961 至 1962 年台北故宫艺术品展出于美国的目录中，根据这些画跋的意见，把此画的标题改为《苏、李别意图》。这个标题之正确性，至少以元、明鉴赏家的见解而论，似无疑问。画中的羊群居左，中间是两位旧友相会，而背景则一片雪白，这个主题可证画跋中的见解无误。这些见解，全都一致表扬苏武的贞忠，贬斥李陵叛国，向匈奴投降，这可说是中国历史上最感人的情景之一。

　　这幅苏武与李陵的画之所以特别和赵孟頫的《二羊图》有关，是由于赵氏必定知晓这幅画。在《苏、李别意图》的印鉴中，便有他的"天水郡图书印"，这是此画曾属于其藏品的明证。[131] 而一段题于 1385 年的跋语，更提到赵孟坚和赵孟頫的印鉴都曾系于此图。[132] 不过，在两次详细比较过这些图章后，觉得"天水郡图书印"是唯一可以与赵孟頫有关的证据。然而，这一方印章与他通常所用的并不相同。其实，"天水郡图书印"这一印，是凡姓赵都可用的。因此，却也不能认作是确实证据。可是，由于李孟及程钜夫都是与赵孟頫同时，又同在元廷任官，且又甚为友好，他曾看过这张画的可能性极大。但是，假如他真的曾看过此画，以他这样的题跋名手，何以不在这张画上一题呢？这一事实也并不值得诧异。由于赵氏身处特殊情势，若流露任何与爱国有关的情感，自然是于他不利的。另一方面，对于其他在此画题跋的人来说，他们虽仕于元廷，但忠于国家的问题却不值得争论。事实上，他们可以公然表达他们对苏武的钦敬。举例而言，第一位题跋者李孟（1255~1321）是原籍山西的北方人，且是一位曾仕于数朝元帝的文士，他的跋语写道：

131　这个印鉴和孔达、王季迁合编，同注 7，页 525，编号 12 及 13 所复制的两方相似，但却并不完全相同。

132　此跋为原籍苏州的周公谅所题。

阴山漠漠朔风寒，抱节行人鬓已残。

忽见故交空洒泪，可能携手入长安。

第二位题跋者程钜夫（1249~1318）原籍湖北，然而在入仕元廷的士人中，他是南方知识分子最早的一个，他的跋文如下：

牧乃不如羝，聚食殊欣欣。问君何为尔，于此见故人。

故人本良家，祖父多奇勋。出身事戎伍，志与卫、霍群。

岂期一蹉跌，遂并陷所亲。今晨忽邂逅，握手生悲辛。

相持放声哭，我哭非为身。尔泪入九泉，我声彻高旻。

昔为雪窖囚，今作王家珍。节旄虽尽脱，我脱不可尘。

卫青和霍去病同是汉代著名的大将军，二人在公元前2世纪时和匈奴交战，战绩彪炳。文中在论到苏武和李陵二人不同的事业时，程钜夫明显地是同情前者，因为苏武和上述的两名大将同样伟大。第四段诗跋是虞集（1272~1348）所题，他原籍湖南及江西，在元代中叶位至高官。其跋谓：

归心已绝重歔歐，使节能还万死余。

六合一家无外患，皇华伏杜两舒徐。

以上这些跋语，和元代及明初鉴赏家所题的其他数跋，都或多或少以历史的眼光来论述苏武李陵相会的问题，而对元初的环境和人格个性则绝口不提。由于他们之中有些是北方人，而其余的则是南方人，他们无需像赵孟頫那样负着为国尽忠的责任，是以在讨论这幅画的主题时，他们可以毫无忌惮地一抒己见。这些题跋者的语气和态度，与赵孟頫所画那幅横卷中明初一班人的迥然绝异，这是因为后来那班人对赵孟頫在元初所处的困境全部十分了然的缘故。

我们把《苏、李别意图》和《二羊图》作一比较，便会发觉二者之间的关联，而赵孟頫所隐藏的含义，亦会变得更为分明。虽然二图间没有多大显著的相同点，但细察之下，便能看出赵孟頫是特别得益于这幅画的。二图同是横卷，而构图亦同是以二人或二畜为中心。日期较早的那幅，用的是典型的叙述性风格，画的中央画有二人，左面穿白衣的是

苏武，右面穿黑衣的是李陵；左方的背景画一牧人及羊群，后面是白皑
皑的山峦，而李陵的侍从马匹则立于右方。画者尝试用象征性的画法，
羊群所聚之处，土壤肥沃，而人马所立四周，则贫瘠荒凉，二者成为强
烈的对比。再者，整群羊都画得生气勃勃，而那边的人马则或呼呼入睡，
或作憩息状。最有趣的是一头站在高处的绵羊，它的两角上翘，正在上
面傲然观望整个情景，其站立的姿势，和赵孟頫画中的绵羊完全一样。
有汉一代，是后世所有中国人都公认为是中国历史上最伟大的朝代，看
来赵孟頫这位敏感而创作力丰富的画家，因这个忠于汉室的脍炙人口故
事中这感人的场面而触发起灵感，他把这幅画和他画这个题材的较早期
作品，以及韩滉的五牛图，韩幹和李公麟的马图中所得的概念，戏剧化
地把过去和现在综合起来，成为崭新的艺术性表现。

　　在《二羊图》中，左面绵羊的傲气似乎反映苏武的精神，而山羊
的屈辱神色则似代表李陵。二羊的布置亦反映出是渊源自那幅台北故
宫博物院所藏的画。就是空白的背景也似乎暗示雪地和沙漠的荒芜。
若谓赵孟頫有意使他这幅画和台北故宫所藏的那幅别离情景有关联，
此说虽颇令人怀疑，但以文人画的象征性画法观之，这似乎就是实情。
他对故宋尽忠的问题，使他不能明言苏武牧羊的故事所含的隐喻，而
且，把这个主题实实在在地画出来，就像那幅关于两名汉将相别的较
传统性画迹那样，也绝不会适合这位元代画家的目的；他早年曾经试
过以传统的方式来画这幅画，但现在既身为一个誉满天下的学者和官
员，他下笔便不得不更为玄奥。是以，在他探测文人画的各种可能性时，
赵孟頫发现他若要表达十分严肃的思想，也可以采取一种随和、甚至
正如他在题款所说的戏谑态度；因此，对深思的文人来说，二羊的题
材会立刻引起苏武忠节的联想，而对其他的人，这个题材就只是一幅
平常的动物画，这正是赵孟頫在 1301 年，大约是《二羊图》画成之时，
所说一段话中的意思：

　　　　吾所作画，似乎简率，然识者知其近古，故以为佳。[133]

　　正如我在前一篇论文中所指出，赵孟頫常肩负着他对宋室不忠的
道义重担，而且在他的诗画中表示出来。虽然他因身仕元人，只能把
这种感触以十分隐晦的手法表露出来，然而他的象征主义却逃不过后
世鉴赏家敏锐的眼光。赵孟頫有一幅写《尚书洪范》的画，而其仰慕

133　此语上文已引述过，参
　　阅注 90。

134 这段跋语记录于张丑《清河书画舫》卷10，页45至46。

135 此句源自韩愈的名篇《原毁》中首句。原文全句如下："古之君子，其责己也重以周，其待人也轻以约。"，请参见《韩昌黎集》（商务印书馆，1933），第3册，页65。在这里，顾复引韩愈句来暗示后人不应责赵孟頫过严。

136 鸥波亭乃赵孟頫在其故里吴兴的苕溪沿岸所建，且显然是他多次文会雅集的地点。因此有时有人亦称他作赵鸥波，指的就是这个亭子。

137 此处所指仍为注135韩愈之文，盖文中称周公为才华盖世，后人鲜能与之匹比。

138 诗中"猗兰"的意象似出自一则关于孔子的轶事。《乐府诗集》（《四部丛刊》本，卷58，页2至3）所收《猗兰操》一诗，大意谓：孔子周游列国，欲得诸侯聘任，不果而还；自卫返鲁途中，见幽谷中香兰独茂，喟然而叹："兰当为王者香，今乃独茂与众草为伍！"乃止车援琴鼓之，自伤不逢时，托辞于香兰。就此而言首见于《左传》（宣公三年）的"国香"一词，亦指兰之特有幽香，是以隐含贤者之义。至若首见于屈原《离骚》的"芳草"和"众芳"，亦统指有德之士。参阅 David Hawkes, Ch'u Tz'u: the Songs of the South (Oxford: Clarendon Press, 1959), p. 23, 第13对句。然而此诗之中，所指的似是下面的四句："何昔日之芳草兮，介直为此萧艾也。岂其有他故兮，莫好修之害也。"（同上，p.32，156至157对句）。由此看来，

者文徵明（1470~1559）在画上所题跋语中指出他对此篇论及不忠的概念尤为注意。他又写道：

> 公素精《尚书》，尝为之集注。今皆不书，而独此篇，不可谓无意也。[134]

晚明清初的鉴赏家顾复在其近年才出版的《平生壮观》中，亦附和文氏的见解，他的评语谓：

> 赵文敏画人物、山水、鞍马、禽鱼、兰竹，超妙入神。开辟来，一人而已。后世之题其画者，不能嘿嘿焉。文徵明题《洪范图》，大意以为箕子叔父之亲，兼之师保之尊，白马来朝，陈畴异国。文敏作此，岂云无意？无意者，为赵氏属疏而位卑，可以情恕者也。此昌黎所谓"古之君子，待人轻以约"也。[135]吴文定宽云："苕溪影落鸥波亭，[136]王孙弄笔何曾停？北来戎马暗江浒，千古遗恨归沧溟。"张、陆将相也，殉国何疑，岂可责之位卑属疏者乎？此周公所谓求备也。[137]吴恒云："猗兰岂不佳？晚节谅难保。国香一零落，天涯遍芳草。"[138]此以"今日国香零落尽，王孙芳草遍天涯"[139]之句，而偷其唾余也。此鸠摩罗什所谓"嚼饭喂人，非徒失味，令人欲呕者也。"评人者当以衡山先生为法。[140]

在这段长篇评语中，作者表示他和文徵明一样，认识到赵孟頫虽仕元朝，但对故宋仍存有强烈的感情。对这两位鉴赏家来说，赵孟頫的罪孽是可以原宥的，而元、明二代知识分子对他的非议并不完全公允。从他们的眼光看来，那些非难赵氏的人，不过是以无味而且令人恶心的食物奉人，因为他们只是人云亦云，并没有真正了解赵孟頫的真情

此诗似暗示贤德之士已一去不复返，余下者莫不是庸才之辈。其对赵孟頫的特别含义，可参阅下揭注释。

139 此二句出自道家学者张伯雨（1277~1348）致赵孟頫之子赵雍一诗，载于叶子奇《草木子》（上海，1959），页72。此书本于明初写成，然至1516年始付印，参阅拙作 "The Oberlin Orchid and the Problem of P'u-ming," Archives of Chinese Art Society of America, 1962, p. 53 内关于此诗的讨论。诗中多处引申自屈原的《离骚》，至为明显，例如首句出自《离骚》的"余既滋兰之九畹兮"，末句的"芳草"亦直接采自《离骚》中含有无才德之人的象征。

140 顾复《平生壮观》（上海：上海人民美术出版社，1962），第4册，页26至27，是书序文日期为1692年。

实感。

照这些评语来看，明初鉴赏家在已佚的画跋中把赵孟頫《二羊图》解作苏武的忠节并非出于偶然或主观的臆测，而是以赵氏在元初所处的窘境作为充分的根据。事实上，赵孟頫在假装以游戏性质画这幅画时，很可能心中已负荷着这个沉重的道义重担。在他的诗词中，他一再表示羡慕那些古代的忠臣，而对自己曾晋身仕元感到悲哀。[141] 借着一幅简单的画把道义上的责任感表达出来，这个观念和儒家在乱世中应负同样责任的看法完全吻合。

并且照各跋所言而论，其所以在 17 世纪自这幅画脱佚，并非巧合；明初政治环境的转变，使一些鉴赏家能够把他们领悟到赵孟頫的寓意表达出来。这些题跋者，就是在明初也还不能完全自由发表意见的，因为那位多疑的明太祖的强暴手段逼使不少人将其真实感情藏于心底，特别是和忠于前朝有关的事情。这种压力或许就是其中数位作者所以不署以真实姓名的原因。再者在清初的政治气氛下，忠节的问题又再成为众矢之的（尤以和身仕"外族"朝廷有关的问题为然），文人到处受到迫害，假定有些藏家认为需要割去画上的跋语，只留下僧良琦为首那段没有提到苏武的跋，似乎也是颇合理的。不过，幸亏有了收录这些其他跋语的较早期著录，我们今天得以把赵孟頫对绘画上的形式、风格和含义的入手法门作更深入的了解。

（译者：曾嘉宝）

141 赵氏人格上这一方面，拙作《赵孟頫鹊华秋色图》页 81 至 84 已作论述。

▍ 赵氏一门三竹图 ▍

赵孟頫虽也以竹画著名，

但其声誉通常被山水、马画所掩盖。

其实赵孟頫是偏爱竹子的，这可以从他一幅《自写小像》的画得到证明，

他把自己画于一片竹丛中，看来优雅闲适。赵孟頫的墨竹变化不大，

基本上是从精神领域上去追寻文同、苏东坡的文人画传统；

他是以竹自拟，寄其文采风流及向往高风亮节之文人风度。

其夫人管道昇本以画竹知名，但此画构图则类似赵孟頫的竹画，

或许是夫唱妇随的关系吧。至于赵雍的竹画，

一方面承袭其父"书画本来同"的理论，

一方面也受当时风气的影响，走上纯笔墨、重构图之美的途径。

北京故宫博物院所藏的名画中有不少赵孟頫的佳作，其中包括《人骑图》（1296）、《水村图》（1302）、《秋郊饮马图》（1312）、《秀石疏林图》、《浴马图》等，都因曾经发表过而为众人所知。另有一些画迹虽然尚未发表，而其在元画史及中国画史上都占有极重要的地位。最近有机会看到"赵氏一门三竹图"，是件未曾发表过的珍品。此画包括赵孟頫和其夫人管道昇以及其子赵雍三人所作的墨竹，因而成为元画史上极重要的一幅画。由于此画牵涉的问题很多，因而在此作一较详细的研究。

赵孟頫之多才多艺素为历代所传颂，而其在绘画上的贡献尤巨。赵画题材范围之广，较之前人有过之而无不及。他死后不久，曾受其提拔的杨载为他撰写行状，已经提到这点：

> 他人画山水、竹石、花鸟，优于此，或劣于彼。公悉造其微，穷其天趣，至得意处，不减古人。

其实，此处尚未完全列出赵画题材之范围。因为除了山水、竹石、花鸟外，赵孟頫还善于肖像、马羊、道释等画。换言之，凡是元初较普遍的绘画题材均为其尝试对象，而且都甚有成就。关于赵孟頫的山水、马羊画，笔者曾为文论述 [1]。至于其竹石部分，虽在《赵孟頫二羊图的意义》一文中略有提及，然未尝详细分析。现在以"赵氏一门三竹图"为中心，不但可述及赵氏在竹石方面的贡献，亦可兼述管道昇和赵雍的竹画。

"赵氏一门三竹图"是一幅手卷。该卷由三段组成，均以竹枝为主题。首段（图9–1）写竹一枝，竹竿由左下角起笔，主干两旁有十余枝长短

1　以前曾发表者为 The Autumn Colors on The Ch'iao and Hua Mountains: A Landscape by Chao Meng-fu (Ascona, Switzerland: Artibus Asiae, 1965)；中文本《赵孟頫鹊华秋色图》，由曾嘉宝译，载于《故宫季刊》，第 3 卷，第 4 期（1969年夏季）及第 4 卷，第 1 期（1969 年秋季）；"The Freer "Sheep and Goat" And Chao Meng-fu's Horse Paintings," Artibus Asiae, XXX/4(1969)。中文本《赵孟頫二羊图之意义》亦由曾嘉宝译，载于《香港中文大学中国文化研究所学报》,第 6 卷，第 1 期（1973年 ）。

不齐的侧枝，上均覆以竹叶。竹叶或成"个"字形，或成"介"字形，排列颇有变化，墨色浓淡交替运用，形成分明的层次感。主竿近圆拱形，竹尖垂向右下角。全图结构以拱形竹竿为主，上下侧出的旁枝及上覆之竹叶，形成一竿枝叶茂密的墨竹。更由于这些繁盛的枝叶将主竿压成拱形下垂，因而造成一潇洒儒雅的风姿。墨竹右侧，赵孟頫以其行书题"秀出丛林"四字，正好点出此画于人之感受。墨竹左侧，赵氏之款是："至治元年八月十二日松雪翁为中上人作"并钤"赵氏子"和"天水郡图书印"二朱文印。从墨竹之秀丽、书迹之笔法及用印的部位来判断，此画似赵孟頫的水平。因此该画当可视为一幅可信的赵氏墨竹。

第二段（图 9-2）较短，也是一竿竹枝。仍由画面的左下角起笔，但主竿非圆拱形，而是朝右上伸展。小竹枝由主干向两旁侧出，约有九枝之谱，竹叶则多以"介"字形成，变化无多而较丛密。管仲姬的竹画较之赵孟頫的，于人不同之感受。管氏之竹比较强劲、结实、蓬勃。画的右下角款曰："仲姬画与淑琼"，下钤"管仲姬印"白文印一方。此乃赵孟頫的夫人管道昇的墨竹。

第三段（图 9-3）则较前两段都短，竹叶较疏，结构亦较简易，是以干浓之墨成之。竹竿由右下角伸向左上角，小枝由两旁长出，每枝均有叶丛，然不及前二画之茂密，多者十余片，少者四、五片，虽仍以"介"字形写叶，而结构较疏，且叶之长短不同，亦甚富变化。竹叶之互相交错重叠较前两幅为少，堪称简洁精采。此幅于人的感觉是小巧风趣，是另一种作风。画的左下角有款"仲穆"，下又钤"仲穆"朱文印。此画为赵、管的儿子赵雍之作。

这三张赵氏一门的墨竹，并非作于同一时期。赵孟頫的画上有至治元年款，即 1321 年，也就是他逝世前一年。其时管道昇已过世两年，是故管画必成于 1319 年前。至于赵雍，大约是生于 1289 或 1290 [2]，故1321 年之时他约卅多岁左右。赵雍自小即受教于父母，按说早年当有所成。然而这张赵雍的墨竹却是件十分成熟的作品，以画风而论本有其特长，与元末之竹画较为接近，故其画当不属于和他父母的墨竹同一时期之作品。此幅应系后人集结三竹而成一卷。这种情形与纽约顾洛阜（John Crawford）先生所藏的"赵氏一门三马图"极为相似。顾氏所藏的三段人马图各具年款，亦非同时之作，赵孟頫作于 1296 年，而赵雍与赵麟的两段均作于 1359 年，虽然如此，赵雍的画成于 8 月；赵麟的画成于 10 月，不过题识中说明是承其父命补上的。此亦说明这三

2　关于赵雍生年，翁同文认为赵雍约生于 1289 年，约卒于 1362 年，请参见翁同文《画人生卒年考》，《故宫季刊》，第 4 卷，第 3 期（1970 年春季），后收入《艺林丛考》（台北：联经出版社，1977）页 42 至 46，并有补充。又，姜一涵《赵雍生卒年考》，《艺坛》，第 90 期以为赵生年在 1289至 1290 之间。

3　《赵氏三马图》，见 Laurence Sickman ed., Chinese Calligraphy and Painting in The Collection of John M. Crawford, Jr.（N.Y.: Pierpont Morgan Library; distributed by Philip C. Duschnes, 1962），Catalogue No. 43。

图 9-1　赵氏一门三竹图　卷　第一段　赵孟頫　秀出丛林　1321　纵 34cm × 横 108cm　北京故宫博物院藏

段人马图并非作于同时[3]。

　　从三张墨竹上的题跋与印章来分析，可知此卷约在明朝方为好事者拼凑而成。此卷现知的较早收藏者，是明朝一位无锡收藏家名为安国（1481~1534）[4]，他的一方收藏印"明安国玩"钤在三位画家的印旁。在赵孟頫的画中，他的印钤于两方赵印之上；在管仲姬和赵雍的画中，安国之印则钤于他们的印下。以题跋而论，则最早是都穆（1459~1525）的跋语，其中说明他当时在静伯处见到此卷（图 9-4）：

　　　　元仁宗尝取赵魏公书，合管夫人及其子待制书，装为卷轴，命藏之秘书，曰："使后世知我朝有一家夫妇父子皆善书也。"今

4　关于安国的资料，见《明人传记资料索引》（台北：亚洲协会，1965）页 119。

观静伯所藏竹卷，又有以见赵氏夫妇父子之妙于画，而不止于善书。此固后世之所未见者。宜静伯之宝之也。正德乙亥二月十日京口都穆。"（有"都穆之印"白文）[5]。

正德乙亥是为1515年，其时安国尚在世，约三十五岁左右，是时该卷是否已入安国之手？则无可考。静伯似非安国之号，而都穆较安国年长22岁，因此不至于称安国为静伯。由是可知该竹卷最早的收藏者是静伯。这位静伯，可能是崔深，吴江人，正德时为中书舍人，好书画。时地均与都穆相合[6]。但他未钤其收藏印于画上，以致于难于考查。依此而论，该竹卷装成于1515年前。也许是静伯将三竹合成一卷，故

5　关于都穆的资料，见上注，页642。

6　见商承祚、黄华合编《中国历代书画篆刻家字号索引》（北京：人民美术出版社，1960），上册，页645。

图9-2　元　赵氏一门三竹图　卷　第二段　管道昇　竹枝　纵34cm×横57cm　北京故宫博物院藏

图9-3　元　赵氏一门三竹图　卷　第三段　赵雍　竹枝　纵34cm×横65cm　北京故宫博物院藏

入安国之手时已成一卷。因此我们可以推断,《赵氏一门三竹图卷》可能成于 15 世纪末,至迟亦不超过 1515 年。这距赵雍的晚年约一个半世纪左右。在这段期间,是谁首先将三竹装成一卷? 则无法确知。

其余的题跋均为万历时期的,也可以见到该竹卷在明朝许多鉴赏家的眼中,已成为一件很贵重的珍品。继都穆之后,周天球(1514~1595)的跋语如下(图 9-4):

> 万历癸巳(1593)七月既望,重阅此卷于城南草堂,亦生平于文敏公有缘,乃得竟日展玩也。时清风涤暑,荷香袭人,甚适哉,遂记卷末。八十野老周天球。"(有三印:"六止居士"、"周天球印"及"周氏公瑕",均为白文印。)[7]。

跋文最多者要属王穉登(1535~1612),他也是江南一位著名的鉴藏家和画家,出自文徵明门下。王氏于万历戊戌(1598)购得此卷,欣赏不已,跋了又跋(图 9-4、9-5):

> 文敏公画竹,如仙坛一帚,闲扫落花。管夫人如翠袖天寒,亭亭独倚。待制如珊瑚宝玦,落魄王孙。万历戊戌六月廿又五日购得此卷,坐青箱库展阅题。王穉登。
>
> 往岁在湖州铁佛寺西壁,见管画晴竹两竿,孤挺森峭,有首阳二子风,概不谓此媛笔乃有扛鼎力。是日再题。
>
> 此是琅琊次公故物,流转数姓后,入吾家,虽人琴兴感,终不失为王氏。青毡日在枌桐树杪。又题。
>
> 文敏每画神来,辄以名其子。此一枝焦墨,似非仲穆手作,当是阿翁捉刀。次日松院与家儿无曲同观。漫书。
>
> 王叔明是魏公外甥,俞子中是外孙,书画并以外家法。文氏外孙从曾,亦善书画,来此欣赏,因此谈及。广长庵主。
>
> "石如飞白木如籀,写竹还于八法通。若也有人能解此,须知书画本来同。"此承旨公自题其作古木竹石诗。登。
>
> 嬾嬾青竹竿,一镵可得数十个。余宝此三竿,如石家十尺红珊瑚。侍儿在旁皆一笑。七夕后十日,王禽斋跋罢书。[8]

以上各跋,王穉登均未用印,然字迹甚佳,有小楷,有行书,有草书,

7　关于周天球的资料,见上注,页 315。

8　关于王穉登的资料,见上注,页 71。

但均同出一手。

　　王穉登第三跋，提到"此是琅邪次公故物"，当指王世贞之弟王世懋（1536~1588）而言[9]。王世懋收藏此画时，当在 1570 到 1588 之间。王穉登得之于 1598 年，并谓"流转数姓之后，入吾家。"，故在这其中已数度易手。穉登与世贞、世懋家甚熟，故必曾见过而后购得此卷。然而在王世懋的《澹圃画品》（《佩文斋书画谱》卷 98）中，所列四十余件唐宋元明藏品中，该卷并未列入，故此一竹卷在王世懋之手时，系在其作记录之前或之后了。

　　清初之时，吴其贞曾见此画，并记于《书画记》内（卷 3 页 239）：

> 　　赵家三竹图，纸画三则为一卷。一为松雪，一为管夫人，一为赵仲穆，皆绘竹梢，上有题跋。卷后王百谷（穉登）题跋，系百谷藏物。

　　吴其贞见此画，系在壬辰年（1652），于苏州城归希之家，并云："归本市贾，不善修饰，不置田产，惟耽书画，时鼎革之后。凡故家书画出鬻，希之皆售之，虽荐绅官长求之，勿得也。人知其癖，多怜而护持之。所居楼高大不过丈许，士夫尝诣之，皆作世外交，盖一奇士也。"（卷 3 页 242 至 243）归希之有一印在王穉登各跋后之左下角。

9　关于王世懋的资料，见上注，页 26。

图 9-4　元　赵氏一门三竹图　卷　跋　第一段　北京故宫博物院藏

顾复的《平生壮观》（1692 年序），亦载有此画：

赵文敏竹一段，前题"秀出丛林"，后为中上人款。管夫人
细竹一段，有坡草"仲姬为淑琼作"。仲穆一段，二字款。合一卷。
王百榖、文休承、周右海题。"（卷 9 页 119 至 120）

顾见此画时，此画在何人之手？不得而知。他的记录大致与此卷
吻合。唯一的问题是，除了周天球、王穉登二跋外，他还记下文嘉
（1501~1583）的跋，嘉为文徵明之子，与周天球极熟，因此颇有可能
文嘉的跋为后人割去，乃因其书画兼优，字迹名贵，或被剪去另成一件。

剪去文嘉一跋的，可能是雍乾时期的大收藏家安仪周（约
1683~1744 年后）。这位朝鲜盐商，曾居天津与扬州，收藏极丰，都纪
录在他的《墨缘汇观》（1742 序）上，安氏记载此竹卷最为详尽，且附
其个人赏评：

赵氏一门三竹卷
第一幅　赵孟頫墨竹
白纸本，高尺余，长三尺一寸有奇。竹墨竹一枝，雨叶离披，
枝节圆劲。前书"秀出丛林"四字，后书"至治元年八月十二日

图9-5　元　赵氏一门三竹图　卷　跋　第二段　北京故宫博物院藏

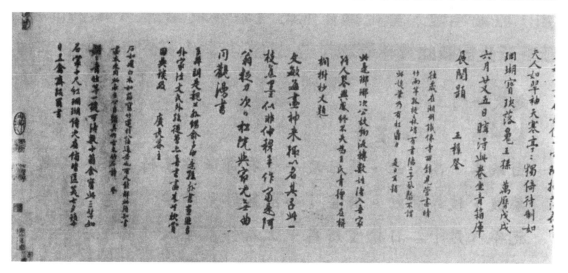

松雪翁为中上人作"字大寸许，法李北海，后押"赵氏子昂"朱文印，及朱文"天水郡图书印"。

第二幅　管道昇墨竹

白纸本。长一尺六寸余。作水墨竹枝，密叶劲节。不似闺秀纤弱之笔。前款"仲姬画与淑琼"，下押"管氏仲姬"白文印。余见唐伯虎墨竹一幅，虽用群鸦入林之法，竹叶排如蟹爪。自题诗内有"夜潮初落蟹爬沙"之句，因名其图为《蟹爬沙》，观此则知伯虎写竹来历。

第三幅　赵雍墨竹

白纸本，长一尺六寸余。作浓墨竹枝，欹斜有致，竹叶萧疏。后款"仲穆"二字，大寸许，下押"仲穆"朱文印。此卷共三纸，每纸接缝有"白石"二字朱文印，"明安国玩"白文腰圆小印。曾经明锡山安氏家藏，后有都穆、周天球二跋，王穉登七题。"（卷4页234至235）。

安岐所载最详，且有尺寸，所载与现存之画吻合。安氏所提到的"白石"二印，亦与现存竹卷上的二印相合。然"白石"印究竟属于那位收藏家所有，则不得而知。据查有两位以"白石"为号的，均为嘉靖时期的人：一是连钎，河北永年人，曾任都察院右副都御史，以诗文书法名；其二是蔡汝楠，浙江德清人，嘉靖进士，究心经学，仕至南京工部右侍郎卒，著有《自知堂集》。据此而言，"白石"二印不会是连钎的，因为他似乎多在河北、北京一带。故此二印可能属蔡汝楠所有，盖因其活动范围都在吴兴至南京一带，正是此竹卷曾经流传之地[10]。但也很难完全确定，因为他的印未见他处。

安岐对此竹卷必定十分欣赏，因而钤印甚多，计有十方，包括："安仪周家珍赏"、"仪周珍藏"、"心赏"、"朝鲜人"、"安岐之印"、"安氏仪周书画之章"、"安仪周书画印"、"思原堂"及"麓村"。此外还有三方不常见之印，也可能是他的。其中"仪周珍藏"这方印曾用二次，都钤在三幅墨竹之连接处。这或许可说明此卷在他手中被重裱过，因而在接连处特别钤上一印。然而文嘉之跋是否为安岐裁去，另置一处，则不得而知。

安岐所藏的书画，后来大部分到了乾隆皇帝的手上。可是此一竹卷却不曾入宫，因而一直在外流传。自安岐后，此画曾为衡永所藏，

10　关于蔡汝楠的资料，见上注，页810。

他有数方印钤在画上："衡永家藏"、"衡永长寿"、"酒仙长物"、"酒仙心赏"及"酒仙鉴藏"，另有"思鹤盦秘籍"和"双梅花簃"也可能是他的印。不过关于这位衡姓收藏家，除了这些印外，我们一无所知。

到了晚清，此画却入了一位广东画家招子庸（1793~1846）之手，其时招正在山东任官，他的跋语提供了更多有关此画历史之记载（图9-6）：

> 画竹之法，通古篆籀。元赵文敏一门三秀，皆书画兼胜。此卷当与文湖州、苏玉局方轨。至三纸用笔，变化各殊，各有意态，津逮后人，非千笔一律，重复无味。第列品既高，知音或寡。予画竹数十年，虽观此稍益笔法，而神韵超妙沉着（清妍古厚），墨彩（光）苍逸（润）秀杰（精奇）不可能也。此卷载松泉老人《墨缘汇观》，后题跋俱符合。嘉庆时，素邨太守购于京师，携赴滇南，阮芸台节相为书额以名其堂，宝气必腾，定有五色云护之矣。道光庚子（1840）暮春南海招子庸再观于东莱郡斋并（并）识。次日窜易数字（一印）[11]

嘉庆时此画在素邨太守手中，此太守不知何人，他既能得阮元为他书额，应是一位重要人物。

及至民国，此竹卷为"亮生"所收藏。这可由徐宗浩（1880~1957）所书的最后跋语中得知。徐乃现代画家及鉴藏家，对此一竹卷甚为欣赏（图9-6）：

> 密叶疎梢并绝工，千秋福慧许谁同。
> 人生知己浑难得，况在红窗翠幕中。
>
> 千里湖山供画本，一门词翰擅风流。
> 王侯蝼蚁须史事，此卷悠悠五百秋。
>
> 甲子（1924）七月三日于　亮生先生筠馆中获观此卷，敬题二绝以志眼福。石雪居士徐宗浩。（二印）

11　招子庸，原名铭山，广东南海人，曾在山东任官。

此外还有两位现代的收藏家。最重要的是庞虚斋，他是中国近代

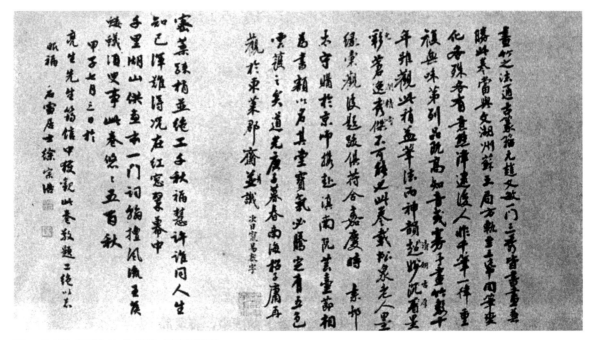

图9-6　元　赵氏一门三竹图　卷　跋　第三段　北京故宫博物院藏

最富收藏的一位上海画家（1864~1949）。他在三幅画上各钤有"虚斋审定"、"庞莱臣收藏宋元真迹"及"虚斋至精之品"三印，在后面的题跋又有"虚斋鉴定"、"三竹庐"、"莱臣心赏"、"吴兴庞氏珍藏"等印，由是可知其对该竹卷之重视。尤其甚者是庞氏因得此竹卷而名其居所为三竹庐。

　　1949年后，庞氏收藏大半为北京故宫博物院及上海博物馆收去，此画大概也因此而入故宫。可是在画卷中赵孟頫一段之首，在庞元济二印之上，另有二印："新化周氏珍藏"、"游子心赏"，这位周氏是否为最后一位私人收藏，则仍未知。新化属湖南，不知谁是这位周氏？

　　以上述的流传经过而论，我们可知此一竹卷约在15世纪时已集成，一直到进入故宫为止，曾为不少名收藏家所珍藏，且有收藏印及题跋可追溯其历史。18世纪时可能为安岐所重裱，以至于今。该卷所载资料显示其流传史，甚为重要，且其素为历代名鉴赏家所珍视，由此亦可见该竹卷实为历代所确信的一幅赵氏一门的墨竹图。

　　赵孟頫一生喜爱画竹。他目前所流传下来的竹画，在北京、台北、东京及纽约都可见到，这类画大约只有一半有纪年，因而尚无法将其一生画竹的发展，有系统地呈现出来。笔者在以前所发表的《赵孟頫二羊图的意义》一文中，曾经提到过一部分赵氏的竹石画，现在愿在此较详尽的讨论其竹画。

赵孟頫于竹之偏好，在一幅名为"自写小像"的画中，表现最为特殊。此画现藏北京故宫，是一张册页。该画不同于一般的肖像画，而只是一幅象征性的小像。他描绘自己着古人装漫步于竹林间，前有小溪流过，溪畔有石，均以青绿设色的古法画成。因此这幅小像并非其肖像，而是他把自己比作古人，为竹林所环绕，而置身于仿古的山水间。这足以表明他对竹之爱好，亦表露其心迹：那时他虽任高官（《自写小像》作于大德三年〈1299〉），然仍将自己比作隐士，徘徊于古人之山水间。既有追溯文人画至文、苏之境，亦有将其自比于古之"竹林七贤"之意。

赵氏曾以水墨作竹、兰及梅，然以竹为最多。他最喜爱的此类题材是枯木、竹、石。在这类画中，大概现存最早的是一幅名为《竹石古木图》（图9-7）的小画，在台北故宫的《宋元集绘册》内之第4页（见《赵孟頫二羊图的意义》文中第7图）。此幅绢本，无款，但有"赵氏子昂"及"松雪斋"二印。[12] 此画竹、石、枯树，各自分开，横列于画面，用笔精细属用心之作。又因其用笔之工细，构图简易，三项题材未能安置调和，故似为其较早期之画。

另有一幅小画，收入同一《宋元集绘册》内第11页，名为《疏林秀石》（图9-8）。此幅为纸本，全以水墨为之。全画以石为中心，石用飞白法，

12　关于此文，见注1所列。

图9-7　元　赵孟頫　竹石古木图　册页　台北故宫博物院藏

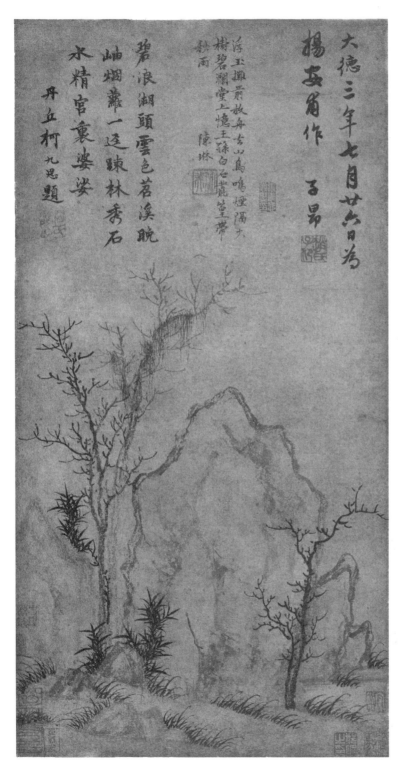

大德三年七月廿六日为
楊安甫作 子昂

浮玉擲前故舟古山鳥鳴煙陽大
樹碧瀾堂上憶王孫白石嵌莒帶
秋雨
陳琳

碧浪湖頭雲色茗溪晚
岫烟蘿一逕疎林秀石
水精宫裏婆娑
丹丘柯九思題

图 9-8 元 赵孟頫 疏林秀石图
1299 轴 纸本 水墨 纵 54.1cm × 横 28.3cm
台北故宫博物院藏

是一新的发展，但在此画中不算很成功。其石无法将石之形状和结构完全表现出，而枯木与竹之排列亦嫌勉强，坡上野草之分布更显板滞。因此，这不是一件成功之作。赵孟頫在右上角落款："大德三年（1299）七月廿六日为杨安甫作。子昂"，并钤"赵氏子昂"印。另有其弟子陈琳及友人柯九思题诗于上，亦可证明此为赵氏之作[13]。

再进一步之发展，大概是一幅横卷，纸本，题为《秀石疏林图卷》（图9-9）。此画之流传史最为详尽[14]。石之右侧有"子昂"款，款下有"赵氏子昂"印，画之右上角有"大雅"印，左下角有"松雪斋"印。此外，元之收藏印有"柯氏敬仲"一方；明藏印则有何良俊、李日华等；清之藏印则出自梁清标、谢淞洲、罗天池、伍元蕙等人。此画实历经名家收藏。另有元人柯九思、危素、王行等跋。然而使此画最为人所熟悉的是，画后赵孟頫本人的一首诗：

石如飞白木如籀，写竹还于八法通。
若也有人能会此，方知书画本来同。

赵氏以此诗，很巧妙的将其画论表达出来：以飞白法作石；以写籀之法写枯木；以永字八法画竹。此画正可视为表达"书画同源"观念之佳作。画中石之结构、枯木与树之排列、竹叶坡草之分布，均较前作为协调。此幅实为赵氏该类画中之佳作。

赵孟頫的枯木竹石画中，最佳之作是一幅名为《古木竹石》之立

13 此画曾发表多次，最早见《故宫书画集》（北平：国立北平故宫博物院古物馆，1931），第6册；亦见于 O. Sirén（喜龙仁），Chinese Painting: Leading Masters and Principle（New York: The Ronald Press, 1956），vol. 6, pl. 21。

14 此画以前只在《神州大观》，第13集发表过一次。最近在穆益勤的《赵孟頫的绘画艺术》，《故宫博物院院刊》，1980年，第4期，页26至34，图版4中曾印出。

15 此画以前仅见于《故宫书画集》，同注13，第42册。

图9-9 元 赵孟頫 秀石疏林图 卷 纸本 水墨 纵27.5cm×横62.8cm 北京故宫博物院藏

轴（图9-10）。大幅，绢本，纯墨成之，现存北京故宫博物院[15]。此幅是同一题材的画中，构图最精者。一块以飞白笔法画成之石块，置于画幅的中下部，大石旁另有二小石相衬。石后有大小不同之枯树三株，最大的一株主干挺直而上，位居全画之中，至较高处左右分出两枝，稍对称而不板滞，主干旁另有一株等粗而稍短，二大株中有一小株穿插并分左右二枝衬于二株之后。如此构图，将各类形象妥为安排而达合而为一之境。另有竹叶三丛，一小丛置于石左，介于大小石之间。有一大丛置于石右，亦在大小石间，然其竹叶向上伸展至全幅之半处，用以平衡主右稍向左之倾势。尚有一小丛竹叶置于石前中下部位。三堆坡草，或置石前，或置石侧，或紧偎于石，错落有致且笔势各异。全幅显得紧凑有力，自构图、用笔、意境及落款（自署"松雪翁"）观之，此画实为赵氏晚年成熟之作。

在以竹为主的画中，赵孟頫的竹画有其一贯作风。他的早期作品，对枝叶的描绘较为精细，如台北故宫的《竹石图》，前面已讨论过。其特征如细致的枝叶、有条不紊的结构、旁枝左右相间互相平衡、叶的形态以"个"字为主而富变化，这在1299年的"疏林秀石"中亦可见到。赵氏中期的竹画，则以大阪市立博物馆的《竹轴》（图9-11）较具代表性[16]。该画有款"子昂"及印"赵氏子昂"，且曾为梁清标、金农所藏。此幅的竹枝由左下向右上伸展，至画幅中央而略倾左方向上延伸，突然而止，另有细枝向右上推出。这种"S"型的构图，曾为文同所创。此外，小枝带叶，有二枝向右，二枝向左，一在中间，因而形成一种较特殊的构图，此一简洁的手法十分成功。赵孟頫在这幅画中的用笔颇为流畅，从小枝的形态可窥其笔法之快捷。与此幅约属同期的另有一轴，名为《窠木竹石》（图9-12），在台北故宫，画中除枯树、石、草外，尚有竹二、三枝。左边那枝竹的结构，与大阪之竹相似，但竹叶较密且厚实。其余二枝在枯树之后，竹叶亦茂密，然笔法一致。有款"子昂"及一印，上有畴斋张伸寿（生于1252）的题诗；下有倪瓒的跋语（于1365年），款、印、题跋均佳，是赵氏较成熟的竹石作品[17]。

在其晚年的作品中，以落款"松雪翁"的那幅《枯木竹石轴》中的三丛竹最为肥润，竹叶以"个"字或"介"字构成，此为赵氏墨竹的特点。这与他在《赵氏一门三竹卷》中的《秀出丛林》一段的笔法较相似，《秀出丛林》的竹枝成圆拱形，小枝及叶生于两旁，由左至右愈右愈密，最右的一丛也就成为其终点。赵孟頫在此画落款亦自署"松

16 此画见《爽籁馆欣赏》（大阪，1930至1939），第2集，图31。

17 此画见《故宫名画三百种》（台中县雾峰乡：台北故宫博物院，共同理事会，1959），第147号。

图9-10　元　赵孟頫　古木竹石　轴　绢本　水墨
纵 108.2cm × 横 48.8cm　北京故宫博物院藏

图9-11　元　赵孟頫　竹图　轴
大阪市立美术馆藏

雪翁"，时为 1321 年 8 月，诚为其晚年之作。此画和王季迁所藏的《枯
树竹石》（图 9-13）轴颇类似。《枯树竹石》，绢本，作于 1321 年 3 月，
较《秀出丛林》早五个月完成，是精心之作[18]。画中有竹三枝，下有石
丛，竹叶，有枯树一株，其后尚有溪流，前景以坡草、蒲公英为点缀。
此三竹之躯干较长而直，枝叶生于上半部，叶形较瘦俏，但构成的样
式大致与《秀出丛林》相同。因此，从这些竹画看来，赵孟頫的《秀
出丛林》实为其墨竹的一件代表作。

　　严格来说，赵虽也以竹画著名，但其声誉仍以山水、马画较著。
赵孟頫的墨竹可说是从文同、苏东坡的文人画传统而来，但他的墨竹
变化不多，若与李衎的墨竹比较，还是李衎的较富变化。纳尔逊博物
馆有一幅李衎的《竹卷》，其后有赵孟頫的诗跋，赵跋书于 1308 年，
也因此赵孟頫可能受了一些李衎的影响。李衎的《竹卷》，经最近的研
究显示，与现存北京故宫的《四清图卷》原为一卷，约在明朝时被分
成两卷。若两卷合观，则更可见李衎画竹之变化，两段画内的墨竹表
现出不同的品种，由是可知李衎画竹的态度是以写实为主[19]。

　　赵孟頫的墨竹原本也属写实一路，后来另有创见，重笔法，将书
入画，而趋于书画合一之境界。这当然是因为赵、李二人的环境、志
趣各异，因而有不同之发展。李衎是位自然学家，他对竹的研究是基
于科学的态度，他到处研究，注意不同品种，将竹分成数十类，因此，
李衎的墨竹，各种形态均有，极富变化。自技巧而言，双钩与写意的
笔法均有，虽然他承袭了文、苏的墨竹传统，但仍以写实为主。赵孟
頫对竹的品种、形态虽然不如李衎那么重视，他只是继承了文、苏的
传统，并继续发展。然而赵孟頫是一位极优秀的书法家，精于各类书体，
对用笔的技巧自然十分注重。他以"八法"画竹，遂将书法与画法合一。
就此而论，赵重笔墨技巧甚于竹之形态、品种，因而赵氏的墨竹在形
态的变化上较少。赵孟頫与李衎画竹之相异处，高克恭有其客观而正
确的评论：

> 　子昂写竹，神而不似；仲宾写竹，似而不神。其神而似者，
> 吾之两此君也。[20]

　　这种评语虽属其自褒之词，却也点出赵、李不同之处，而且甚为
中肯。赵的另一友人虞集，写了几首七绝，道出其墨竹的特点：

18　此画见何惠鉴等编《文人
　　画粹编》第 3 册，《黄公
　　望倪瓒王蒙吴镇》（东京
　　都，中央公论社，1979），
　　图 45。

19　关于两画原系同卷之说，
　　喜龙仁在其《中国画》中
　　已经提过，参见注 13。
　　高木森，《李衎的艺术》
　　（堪萨斯大学，1979）有
　　较详细的讨论，证明两卷
　　原本确系同卷。最近笔者
　　曾在北京故宫详细研究
　　此卷，完全证实在尺寸、
　　笔法、风格以及题款等各
　　方面，二卷确实原为一
　　卷。

20　见王逢《梧溪集》卷 5。

吴兴画竹不欲工，腕指所至生秋风。

古来篆籀法已绝，止有木叶雕蚕虫。

黄金错刀交屈铁，大阴作雨三石裂。

蛟龙起陆真宰愁，云暗苍梧泣湘血。

吴兴之竹乃非竹，吴兴昔年面如玉。

波涛浩荡江海空，落月年年照秋屋。

（《道园学古录》卷2，页2上）

自《秀出丛林》观之，高克恭、虞集二人之评语均十分允当。

在《赵氏一门三竹卷》中，将视线由赵孟頫的墨竹，转至管仲姬的墨竹上，感受就有所不同。管氏此幅的构图大致类似赵孟頫的：竹枝由左下角起笔，向右上拓展，另有一小枝则向左上。仲姬的墨竹，竹竿为极其浓密的竹叶所覆盖，其叶较长，且密集的交错显得有些紊乱。赵氏的构图，疏密相间，由左至右十分有条理，由竿而枝而叶，由简而繁，有节奏感，亦有韵律感。赵氏夫妇中，赵孟頫之名声较高，然管仲姬则以画竹知名，自此画观之，仲姬似乎未尽展其所长。管氏的墨竹与赵氏的墨竹关系密切，但孟頫的画艺高于仲姬的，在此一目了然。

关于管氏的墨竹，较为一般人所熟知的，是在台北故宫的《竹轴》。这幅画曾由陈葆真研究过，以为它是明末清初之作，并非仲姬亲笔[21]。这幅一向被视为管氏之作，现遭否定，那么管仲姬的墨竹将以何为衡量标准？现在"赵氏一门三竹图卷"中管氏之作，比较起来，甚为可信。这可从下列几点予以说明：一是管氏之竹应与赵氏之竹类似；二是据陈葆贞的研究，明清鉴藏家所见到管氏的墨竹是"劲挺有骨"、"以丛茶见长"及"不似闺秀纤弱之笔"，这些特点在这幅墨竹中清楚可见[22]；三是管氏的款印甚为简单，并无特别炫耀于人之处，因而不似伪作。前面已经提过，此卷的三幅墨竹并非同时之作，而是后人拼成一卷，以画之年代而谕，管氏逝于1319年，故其墨竹当早于赵氏作于1321年之《秀出丛林》。试观仲姬之款书，自然的行书，笔力强劲，与竹相似，较之其他传为管氏之作上的款书都好。因此，从以上各角度的分析看来，这幅墨竹，可算是现存的管氏画中，最可接受的一幅[23]。

第三段赵雍的墨竹，其作风与其父母的完全不同。赵孟頫、管仲姬之竹与李衎的近似，继承文同之传统，重竹之形而较为潇洒。虽然

21　见陈葆真《古代画人谈略》（台北，台北故宫博物院，1979）页37至38。

22　同上注，页55至56。

23　见上二注，陈葆真文中曾讨论现存传为管道昇之画，其中无一可完全接受。比较上，最可信的是在台北故宫的《烟雨丛竹》，属"元人八段锦卷"，此画本身甚佳，然其款在另一纸上，俱与全画并不相接。现将该画与《赵氏一门三竹图》内之管画相比，则又证明二画风格不同。因此，《烟雨丛竹》为管仲姬之画的可能性又更小了。

图9-12　元　赵孟頫　窠木竹石　轴　　绢本　水墨
纵 9.94cm × 横 48.2cm　台北故宫博物院藏

图 9-13　元　赵孟頫　枯树竹石　轴　1321　纽约王季迁藏

高克恭评赵氏之竹有"神而不似"，李氏之竹则"似而不神"之语，大致来说，二人均处于元初之时，都重形似以至神似，但有程度上的差异。赵雍生也较晚，与吴镇、倪瓒等属同辈，一方面在理论上承袭了他父亲"书画本来同"的理论，同时也受了当时倪、吴之影响，因此他笔较干，画枝与叶不重形式，且竹叶之变化较多，更重构图。赵雍之墨竹与其父母的相较，虽系一脉相承，但已趋向元末的作风，走上纯笔墨之美的途径。上面所录王穉登题跋，以为这是他父亲捉刀之作，显然是猜度，并不正确。

目前所流传赵雍的画中，以山水、马画居多。至于墨竹，仅有另一小幅，现藏沈阳辽宁省博物馆，名为《竹枝图》（图9-14），是为杨瑀作《竹西草堂图卷》（张渥作）的引首。兹将其两幅墨竹排比，是同出一人之手，毫无问题，构图完全雷同，仅竹叶之分布稍异，疏密程度亦大致相同。两画"仲穆"之款，亦完全一致。唯辽宁的竹画上，多一首七言绝句：

> 篱外涓涓涧水流，竹西花草弄春柔。
> 茅檐相对坐终日，一鸟不鸣山更幽。

此段则又可视为赵雍标准之墨竹。

就此而论，《赵氏一门三竹图卷》中之三幅墨竹，实可谓其父母、儿子三人典型之作。此卷既可用以比较及了解其三人墨竹风格之不同，亦可用以研究他们的墨竹画。此外，我们也因而体会到，赵孟頫在画

图9-14 元 赵雍 竹枝图 卷 辽宁省博物馆藏

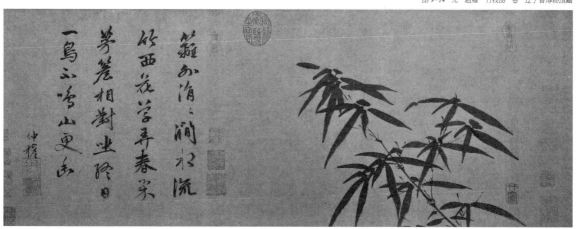

竹方面的成就，以至于更进一步的了解他在元代绘画史上的重要性。

赵孟頫在中国画史上对画竹的贡献，在其流传至今的作品中不易显示。若将其现存之墨竹，与当时人们对其的评语相互对照，则更可见其重要地位。赵孟頫与李衎都以画竹著名于元初，他们的墨竹均属文同、苏东坡文人画的传统。对后人而言，赵、李两人的墨竹十分相近；然而当时的人却看得很清楚，感受到他们两人作风之不同。前面已提过高克恭、虞集的看法，两种作风比较而言，赵氏所代表的，较近于文、苏之原意，而逐渐发展成文人画竹的主流，那就是将画法与书法结合，形成书画合一的境界，而予以后人画竹最重要之启示。这点在虞集跋赵氏的墨竹中已经提到：

> 黄山谷云："文湖州写竹木，用笔甚妙，而作书乃不逮。以画法作书，则孰能御之。"吴兴乃以书法写竹，故望而知其非他人所能及者云。（《道园》卷 11）

许有壬《至正集》中，亦有题赵氏的竹石如下：

> 坡仙戏墨是信手，松雪晚年深得之。
> 两竿瘦竹一片石，中有古今无尽诗。
> （《至正集》卷 29）

许诗中所提到的赵以书法写竹，以及他从苏东坡得到此一墨戏的手法，即为书画合一之关系。赵孟頫书画兼优，遂能将此一论点运用在其竹画上，这点在他自己的诗中有最明确的比喻，此诗前面虽已提过，在此可以再录：

> 石如飞白木如籀，写竹还于八法通。
> 若也有人能会此，须知书画本来同。

此诗完全表达了赵氏的理论，观其画而知其用意用笔。他的石块皴之以飞白法；枯木则以写篆的笔法成之；竹叶以永字八法为之，故中锋、侧锋、横笔、直笔、长撇、短撇以及捺等笔法，在《秀出丛林》中大约可见。赵氏"书画本来同"的理论，在其山水、马羊等画中，不易完全表达，但在他的竹枝及竹石画中则显而易见。

从这方面来说，我们可洞察其于墨竹画之贡献。赵氏的"书画本来同"之论，在其作品中已有一良好之肇端。然而此一高论，在管道昇的画上却不明显，她的墨竹变化较少，似乎没有运用到赵的理论，主要也由于她画她自己的繁竹。不过到了元朝的后期，赵氏之论已深植于许多画家的心中，如柯九思等对此论深为了解，而吴镇、倪瓒等则有更进一步之发展，画竹渐重神似，而离形似愈远。赵雍的墨竹则可视为介于赵孟頫及吴、倪之间，一种过渡时期的作风。中国文人墨竹画自此以降，至于明、清，此一趋势愈演愈盛。因此，赵孟頫的地位，在墨竹的发展史上极为重要。倪瓒于 1365 年，在赵的《窠木竹石轴》（台北故宫）上题云：

> 赵荣禄书画之妙，殆是凤成。早年落笔，便为合作。岁月既久，愈老愈奇耳。"

文人画发展之初，墨竹即为其中极重要的一门。究其原因，墨竹为文人寄意之所在。画家常写墨竹，又自题诗。目前所流传赵孟頫的竹石画中，除《秀石疏林卷》，有其著名的"书画本来同"的诗外，其余的不见题诗，但他对竹之偏好是不言而喻的。前面已经提过其 1299 年的自画小像，他将自己置于竹林古山水中，已充分表现了他对竹之深情，以及他拟竹自比之意。

赵孟頫一生画了不少墨竹，曾为不少人所题咏，有时可见于其画，有时则被收入文集，这些资料都显示当时之人，对赵氏竹画之体会。与赵同时的刘岳申，在其《申斋文集》内，有"题赵子昂竹"：

> 其翛然也，有儒者之意；其温然也，有王孙之贵；其颓然也，有茅檐之味；其俨然也，有玉堂之气。清而不寒，高而不畏，古之人与，今之人瑞也。呜呼！以嗜者尚其致。（卷 14）

一向对赵最尊敬的杨载，曾为其撰写行状，也题过其墨竹：

> 蕙兰倚修竹，寂寞生幽谷。
> 比德如夷齐，于此受命独。

　　侧石状奇峭，横竹枝扶疏。

　　狷兰复参立，信哉德不孤。"

（《杨仲宏集》卷8，页1下）

杨载另有一首咏赵孟頫的《兰竹石》，诗云：

　　石上兰茗已蔚然，竹枝相间复娟娟。

　　正如王谢佳公子，文采风流并世传。"

（《杨仲宏集》卷8，页3上）

　　以上这些诗，都是以竹比王、谢佳公子，正有如他们的风流文采，也是文人的写照，同时也和古代有德行之士相比，如伯夷、叔齐等，都有其深意。

　　赵孟頫在其文集中，有两首诗是题李衎的竹画：

　　偃蹇高人意，萧疏旷士风。

　　无心上霄汉，混迹向蒿蓬。

（《松雪斋全集》卷5，页5下）

　　此君有高节，不与草木同。

　　萧萧三两竿，自足来清风。

（卷5，页8下）

　　这也表明赵氏及其友人对竹之观点，且将竹自拟，寄其文采风流、清风高节之文人风度。无怪乎元、明、清之文人画家，均自比于竹。赵孟頫题高克恭"竹石"之诗，其意亦同。（画在北京故宫）[24]。

　　赵孟頫在其《秀出丛林》的款书中，有"为中上人作"等字。此处之中上人，可能是指中峰明本禅师（1263~1323）。中峰较赵年少九岁，钱塘人。元军入临安（杭州）后，决意出家，随高峰原妙学道，声誉渐隆。至元间，迁吴兴创幻住庵于弁山，因与赵相往还。赵以师事之，常向其叩问佛旨，关系甚密。1319年，管道昇逝世后，赵曾上书中峰数札，请其为亡妻化缘普渡，情意恳切，亦显示他们两人关系之密切。仲姬死后至其卒年1322年，赵孟頫都留在吴兴，因此与中峰必定过从甚密，而赵必曾为中峰作画，以答谢其相助之情，故《秀出丛林》必定为其

24　高克恭的《竹石图》，见《故宫博物院藏花鸟画选》（北京：文物出版社，1965）图22。

中的一幅[25]。

赵孟頫以"秀出丛林"为画题，有可能也是以竹比喻中峰，以颂扬其高深之道行。赵曾为中峰写像，并赞云：

> 身如天目山，寂然不动尊。
> 慈云洒法雨，遍满十方界。
> 化身千百亿，非幻亦非真。
> 觅赞不可得，为师作赞竟。
>
> （《松雪斋文集》卷10）

此赞将中峰比诸天目山。天目在杭州以西，为浙西名山，以雄奇名。"慈云"两句则赞其说法影响之广，变化之多，如幻如真。赵于中峰之推崇可谓极矣。而赵孟頫的墨竹，一枝独秀，画技超群，用以赠中峰，亦可视为对中峰的赞扬。

1321年是赵逝世之前一年，中峰逝世之前二年，其时赵已67，而中峰亦已58。赵曾任高官，中峰亦最受敬重。赵在此时年事已高，不宜画较工细之作，以写意墨竹为之，最是合适，一方面流露着文人的风流潇洒，另一方面也借以颂扬中峰之道行。这是赵孟頫的一贯作风，以表明其深意，同时也流露出他年老之心境：秀出丛林。

从以上的讨论而言，《赵氏一门三竹图卷》，是一件很重要的作品。赵孟頫、管道昇和赵雍一家三人的墨竹都在一卷上，使我们了解他们三人的墨竹属同一源流，但又各有不同，各自有其特殊的风格，且各见其长。从此卷亦可更进一步了解赵孟頫个人的贡献。他不但在山水、马羊、人物、道释、梅兰画等有其成就，而且在墨竹方面，亦为后世奠定了不可磨灭的基础。

25 中峰明本的材料流传甚多，最详尽者为《中峰广录》，洪武版，其中以其弟子祖顺于1324年所撰之《中峰和尚行录》（卷30，页9），又笔者最近在《赵孟頫之师承》，《故宫季刊》第16卷，第3期中对赵与中峰之关系，亦颇有涉及。